청년 위기

청년 위기

초판 인쇄 │ 2002년 4월 10일
초판 발행 │ 2002년 4월 15일

지은이 │ 알렉산드라 로빈스 · 애비 윌너
옮긴이 │ 김난령
펴낸이 │ 홍석
편집주간 │ 김순진
편집진행 │ 이명희
디자인 │ 강이경 김선영
마케팅 │ 양정수 김명희 김주원

펴낸곳 │ 도서출판 풀빛
등록 │ 1979년 3월 6일 제8-24호
주소 │ 120-193 서울특별시 서대문구 북아현3동 176-46
전화 │ 02-363-5995(영업), 02-362-8900(편집)
팩스 │ 02-393-3858
homepage │ www.pulbit.co.kr

정가 │ 12,000원

ISBN 89-7474-876-2 03330

청년 위기

알렉산드라 로빈스 · 애비 윌너 지음 | 김난령 옮김

Quarterlife Crisis

삶에 도전하는 20대를 위한 특별한 인터뷰

풀빛

청년 위기, 도대체 무엇인가?

　요즘 세상 사람들의 관심은 중년 위기라는 문제에 크게 쏠려 있다. 정신적 타격을 가져다 줄 수 있는 중년의 과도기가 어떤 것인지, 그것을 완전히 극복하는 방법은 무엇인지를 설명하는 잡지기사, 책들, 영화들이 도처에서 넘쳐나고 있다. 그러나 중년 위기는 인간이 나이와 관련하여 유일하게 경험하게 되는 위기는 아니다. 스타워즈에서 요다(Yoda)가 루크 스카이워커(Luck Skywalker)의 귀에다 낮게 속삭였던 말처럼, 분명 '하나가 더' 있다는 말이다.

　또 다른 하나의 위기는 청년 위기로 중년의 위기만큼이나(혹은 더욱 심하게) 파괴적일 수 있고 개인의 인생을 완전한 혼돈과 마비 상태로 몰아넣을 수 있다. 이것은 또, 한 개인이 일생동안 경험하게 되는 삶의 과정 중에서 자신의 미래에 대한 질문을 스스로에게 가장 잔인하고도 집요하게 던지면서, 동시에 과거 사건들을 더듬어가게 되는 기간이 될 수 있다. 이 위기는 학교세계에서 현실세계로 가는 과도기에 나타나며, 연령 대는 청소년기 말에서 30대까지 걸쳐 있지만 보통 20대에 가장 집중적으로 나타난다. 이것이 바로 우리가 이 책에서 '청년 위기'라고 부르는 실로 위태로운 삶의 현상인 것이다.

　청년 위기와 중년 위기는 근본적으로 동일한 문제에서 비롯하지만 그 결과로 인해 나타나는 혼란은 그렇게 대조적일 수가 없다. 근본적으로 이 두 가지 위기는 모두에게 있어서 인생의 주요한 변화를 일으킨다. 중년 위기의 경우, 가끔은 침체된 느낌이 돌변하여 변화의 욕구를 불러일으키기도 한다. 이 시기에 있는 사람들은 자신이 살아온 인생이 어렸을 때(혹은 20대 때) 꿈꾸었던 이상과 어느 정도 일치하는지 가늠해 보면서 과거를 회상하기도 한다. 다른 한편으로 중년 위기에 처한 사람들 가운데 미래에 대한 걱정을 지나치게 하는 경우, 자포자기의 감정이 고조되면서 가끔은 죽음을 맞게 되는 시점까지 자신을 내몰기도 한다.

이와 달리 청년 위기의 현상은 다소 공통적인 특징을 보이는데 그 이유는 중년기의 사람들은 중년기만이 가질 수 있는 안정된 기반 위에서 예측불허의 일을 저지를 수 있는 반면, 청년기에는 그런 안정된 기반이 없다는 점이다. 약 20년 동안을(대학원이나 전문 대학원으로 진학하는 경우는 그 이상을) 학교라는 안전한 울타리 속에서 보내고 난 대다수의 대학 졸업생들은 현실세계에서 일종의 문화적 충격을 경험하게 된다. 대학이라는 학문적 풍토 속에서는 목표가 칼로 자른 듯 분명했고, 그 목표를 이루기 위한 원칙이나 방법도 그 누구나 공감할 만큼 분명했다.

좋은 대학 혹은 대학원에 입학하기 위해서는 우수한 성적으로 졸업하는 것이 도움이 되고, 우수한 성적으로 졸업하기 위해서는 학교 성적을 잘 받아야 하며, 좋은 성적을 받으려면, 열심히 공부하면 되었다. 만약 운동선수가 목표라면 후보선수로 들어가서 기술을 익히고, 체중 관리를 위해 체육관에서 부지런히 땀을 빼고, 팀 동료나 코치들과도 잘 어울리면서 마침내 대학 대표 팀으로 선발되는 것이 하나의 정해진 길이었다. 더 나은 실력은 더 많은 시간의 운동을 의미했고, 이것은 또한 더 좋은 성적을 의미하는 것이었다.

하지만 졸업을 하고 나면 그 모든 길이 뿌연 안개 속에 휩싸이게 된다. 사람들이 흔히 현실세계라고 부르는 그 무모하고 야만적인 집단 속에서는, 그것이 직장이든 경제활동이든, 혹은 가정생활이든 사교생활이든 간에, 점 A와 점 B를 잇는 뚜렷한 선은 존재하지 않는다(비록 술집을 몇 차례 순례하고 나면 열에 일곱은 괜찮아진다는 비과학적인 이론도 있긴 하지만).

졸업 후 20대들은 극단적인 회의에 빠지게 된다. 그것은 수십 년 동안 일련의 교육과정을 통해 밟아왔던 확실한 경로가 이제는 수십만 개의 다양한 선택가능성들로 분산되기 때문이다. 확실히 가능성의 문은 다방면으로 열려 있고, 이것은 분명 희망적인 일이다. 이것이 바로 사람들이 너나없이 20대들을 보고 '앞날이 구만리 같다' 라든가 '앞날이 창창하다' 라고 말하는 이유이다. 하지만 끝도 없이 늘어선 결정의 과정들은 사회 초년생들이 방향감각을 완전히 상실하게 되는 요인이 될 수도 있다. 따라서 중년 위기가 정체된 삶, 다시 말해서 주위의 세상은 빠르게 돌아가는데 자신의 삶만 정지해 있다는 불행한 느낌을 수반한다면, 청년 위기는 불안정한 삶의 기반, 끊임없이 변화하는 환경, 선택을 기다리는 너무나 많은 가능성들 등에 의해 압도된 당혹스러울 정도의 무력감을 수반한다. 무미하고 단조로운 생활이 자신의 문제에 병적으로 집착하는 위험한 상태로 내몰 수도 있듯이, 삶에 대한 불확실성도 사람을 혼돈상태로 몰아넣을 수 있을 만큼 위험한 것이다.

아동기에서 성년기로(또는 학교에서 현실세계로) 넘어가는 과도기는 오늘날 대부분의 20대들이 전혀 대비하지 못한 하나의 급작스런 충격으로 밀어닥친다. 그 결과 무기력하고 대책 없는 느낌, 막연하고 불안한 느낌 등이 바로 우리가 청년 위기라고 부르는 실제적이고 보편적인 경험을 형성하게 된다. 중년기에 접어든 사람들은 자신에게 어떤 일이 닥칠지는 어느 정도 예상할 수 있다. 왜냐하면 오늘날 중년 위기는 매우 광범위하게 인식되어져 있고 이 시기를 겪는 사람들에게 도움을 주는 단체나 책, 영화, 인터넷 사이트들이 도처에 널려 있기 때문에 최소한 자신들이 어디에다 도움을 청하면 될지는 알 수 있기 때문이다.

반면에 20대들은 예상보다 훨씬 더 강력하게 몰아치는 위기상황에 홀홀 단신으로 직면해야 한다. 그 타격으로 받은 상처가 특히 고통스러울 수밖에 없는 이유는, 오늘날 20대들이 대부분 자신이 친구나 동료들 보다 훨씬 더 힘겨운 과도기를 겪고 있다고 믿기 때문이다. 다시 말해서 20대는 인생에 있어서 가장 '쉬운 시기'라고 인식되어 왔고, 그 누구도 이러한 문제들을 터놓고 이야기하는 사람이 없었기 때문에 그 어려움을 예상하고 대처하기가 더욱 힘들다는 것이다. 그러기에 이 유약하고 회의로 점철된 시기에 밀어닥친 청년 위기는 아주 치명적인 결과를 낳을 수 있다.

청년 위기, 왜 문제인가?

숨 쉴 틈없이 몰려드는 새로운 책임감, 새로운 자유, 새로운 선택들은 20여 년간 머물렀던 학교 울타리에서 막 벗어난 20대들을 압도하기에 충분하다. 우리는 그들이 요람에서 나올 때까지 줄곧 겨울잠에만 빠져 있었다고 말하려는 게 아니다. 청소년기 내내 휴화산처럼 혼수상태로 일관해왔다는 것은 더욱 아니다(이렇게 되고자 시도 해본 사람들이 더러는 있겠지만). 하지만 그들이 주위의 수많은 위험으로부터 그들을 보호하기 위해 학교나 부모님이 만들어 놓은 고치 속에 싸여 지내왔다는 것은 부인할 수 없는 사실일 것이다. 그 결과 졸업생들이 세상 밖으로 풀려나왔을 때 그들이 가진 꿈과 패기는 당혹감으로 변하고, 그들 가슴 속에 가득 찬 희망은 두려움으로 인해 어리석고 아둔한 절망의 진창 속으로 빠지게 되는 경우가 종종 발생하는 것이다.

혹자는 인류가 탄생한 이래로 청소년기에서 성년기로 가는 의식을 치러 왔고, 과거에도 물소의 변이나 창과 같은 도구들이 동원되는 의례나 의식을 통해 이 과도기를 넘긴 기록이 있기 때문에, 이를 결코 '위기'라고 단정할 수 없다고 주장할지 모른다. 사실 인류역사를 통틀어 이 시기가 언제나 위기로만 여겨지지는 않았을 것이다.

그러나 오늘날 이것은 분명 하나의 위기로 나타나고 있다. 그 이유가 어쩌면 지난 수십 년 사이에 급격히 증가한 직업이나 경제활동의 기회들이 사회초년생들에게 출세에 대한 압박감으로 작용하고 있기 때문일지도 모른다. 또는 최근 몇 년 동안 급격히 증가한 한탕주의에 빠진 얼간이들이 사회 분위기를 잔뜩 흐려놓았고, 이들이 끼친 영향으로 우리 젊은이들이 새로운 친구, 연인, 룸메이트와 관계를 형성하는데 더 큰 두려움을 느끼게 된 것인지도 모른다. 또는 수면 위로 갓 떠오른 수십만 명의 동년배들에게서 느끼는 경쟁심이 동료들 보다 앞서가려면 더욱 열심히 일해야 한다는 압박감을 조장했을지도 모른다. 이유야 어떻든지 간에 청년 위기는 지금 수많은 졸업생들의 안녕을 위협하는 수준에까지 도달해 있으며, 따라서 이것을 심각하게 받아들이지 않으면 안 되는 상황에 놓여 있는 것이다.

 희망이 20대들의 일반적인 정서라고는 하지만, 절망의 기세도 희망 못지 않다. '인생은 쉬운 게 아니다' 라는 단순한 진리는 — 이것은 어떤 이에게는 하나의 기회로, 어떤 이에게는 작은 불편함으로, 그리고 몇몇 사람에게는 엄청난 타격으로 다가온다 — 청년 위기에서 가장 괴로운 측면으로 작용하는데, 특히 주위에 도움을 주는 단체가 없고 자기 회의에 자주 빠지게 되는 20대에게는 더욱 그렇다. 이런 상황에서는 청년 위기를 단지 인생에서 응당 거치게 되는 한 시기로만 여겨서는 안된다. 아주 위험한 상태로 전개될 수 있는 가능성이 도사리고 있기 때문이다. 그렇다고 청년기에 있는 사람들이 모두 이렇게 위험한 침체 상태에 빠진다는 것은 아니다. 이것이 이 책에서 자기회의와 우울증을 한 장에서 따로 분리하여 다루려는 이유이다. 하지만 우울증이 청년 위기에 나타나는 일반적인 증세라는 것은 여기서 분명히 말해두고 싶다. 그래야만 우울증이 이 과도기를 이해하는데 있어 왜 그렇게 중요한 것인지를 설명할 수 있기 때문이다.

 이 과도기 때문에 침울한 상태에 빠져 있다고 호소한 수십 명의 20대들과 인터뷰를 마치고 난 우리는 어떤 결론을 내기에 앞서 '불안감 치유하기(The anxiety cure)' 를 저술한 조지타운 의대 심리학 교수 로버트 듀퐁 박사를 찾아가 조언을 구했다. 듀퐁 박사는 이렇게 말했다.

 "지금까지의 연구를 통해 모든 유형의 혼란이 이 연령집단에서 위험한 수

준으로 나타나고 있음을 발견했습니다. 그 혼란이란 중독, 불안, 우울증, 그리
고 청소년기에서 성인으로 이동할 때 생기는 스트레스와 이로 인해 발생되는
여러 다양한 문제들이 있을 수 있겠죠. 그리고 그 이동을 위한 지도가 지금까
지 늘 익숙해져왔던 방식과는 다르기 때문에, 이들은 더욱더 큰 스트레스를
느끼게 됩니다. 옛날 방식은 문제를 발견하고 난 즉시 해결하는 식이었어요.
이것은 절박한 경제사정이 큰 요인으로 작용했기 때문이겠지요. 하지만 이제
는 더 이상 그런 식으로 처리할 수 없게 되었어요. 게다가 옛날 지도는 무용지
물이 돼버렸기 때문에 스트레스는 더욱 가중되었지요. 이제 사람들은 제 스스
로 자신만의 지도를 고안해야 하는 지경에 이르렀어요. 쉽게 말해서, 과거에
는 대학 학위가 인생의 이정표와 같은 역할을 했지만, 이제는 대학을 나간 후
에 진로를 스스로 찾아내야 하는 실정입니다."

그러나 그 '위험한 수준의 혼란'은 명확한 수치로 확인할 수 없
었다. 바로 이것이 우리가 이 연령집단에 대한 통계자료를 들이밀
면서 독자들을 꼼짝 못하게 만들지 못하는 이유이다. 통계자료는
존재하지 않았다. 우울증이나 자살에 관한 통계자료도 없었고, 20
대에 대한 심리학적 연구도 수행된 바 없었다. 우리는 20대 환자
들을 치료한 임상자료를 구하기 위해, 미국국립정신의료원
(National Institutes of Mental Health), 미국정신과협회(American Psychiatric

Association), 미국국립우울병 및 조울병협회(National Depressive and Manic Depressive Association) 등 몇 군데 주요 국립정신건강 협회에 찾아갔었다. 그러나 그 어디에서도 우리가 필요로 하는 자료는 찾을 수 없었다. 어느 심리학자가 우리에게 귀띔해 준대로, 협회들은 이 연령집단에 부합하는 자료를 따로 분리해 두지 않았던 것이다. "왜냐하면 이것은 그들의 흥미를 끄는 주제가 아니기 때문입니다. 그들은 모든 사람들에게 다 써먹을 수 있는 것만 연구하죠."라고 그는 말했었다. 왜 우리 연령 대에 대한 심리학적 연구가 없는지에 대해 다음과 같이 추측해 볼 수 있겠다.

첫째, 일반인이나 언론매체들은 대체로 21세에서 35세의 연령 대를 하나의 세대로 받아들이지 않는다.

둘째, 20대들 중 상당수가 심리치료를 받을 만한 여유가 없기 때문에, 전문가들이 사회초년생들의 우울증에 대한 정확하고도 표준이 될 만한 기록을 만들 수 있는 기회가 충분하지 않다.

셋째, 20대들은 심리치료를 받는 것을 하나의 치욕으로 생각하는 경향이 있다. 그래서 그들은 자신의 문제를 여간해서는 남에게 말하려 하지 않는다.

위에서 설명한 바와 같이 우리는 20대 중 우울증에 빠져 있는 사람들이 어느 시기에 얼마나 분포하고 있는지 비율이나 수치를 독자들에게 제시할 수 없다. 또한 얼마나 많은 20대들이 정신치료를 받고 있는지도 말할 수 없다. 그렇다고 해서 대학에서 사회로 이동하는 과도기가 20대가 정상적으로 느끼는 불안보다 더 큰 혼란상태를 조장해냈을 거라는 식의 그럴듯한 추리로 독자들을 미혹시킬 생각도 없다. 따라서 이 책에서 우리가 할 수 있는 것은, 인터뷰를 통해 도출된 결론(독자 여러분이 생각하는 것보다 훨씬 더 많고 귀중한 결론)과, 인터뷰에 응해준 백 명 이상의 20대들이 겪은 경험담을 가감없이 담아내는 일일 것이다.

청년 위기, 어떻게 알 수 있나?

청년 위기를 한 마디로 요약하면 정체성 위기라고 할 수 있겠지만, 정체성 위기는 또한 다양한 방식의 감정적 충돌을 야기시킨다. 어떤 경우에는 극단으로 치달은 상실감과 자기회의로 인해 정신적 공황상태에 빠질 수도 있다. 대학졸업과 함께 잠시 동안 만끽하게 되는 만사태평의 비정상적 행복감이 사라지고 나면, 연이어 인생의 궤도에서 이탈한 것 같은 상실감이 밀려온다.

대학시절에는 코를 맞대며 지냈던 친구들이 이제는 뿔뿔이 흩어지고, 기숙사 화장실에서 사람 마주치기만큼이나 쉬웠던 사교생활도 기근으로 갈라진 논바닥처럼 바짝 말랐으며, 생활의 기본 틀과 목적을 제공했던 강압적인 대학 과제들도 이제 모두(한편으론 다행스럽게도) 끝이 났다. 인터넷에 달려들어 필사적으로 직업을 찾든지, 아니면 무위도식하며 코미디 센트럴(Comedy Central : 미국의 코미디 전문 케이블 TV 채널 – 역자 주) 앞에만 죽치고 있는 신세로 전락하든지 간에, 결국은 모든 것이 변화하는 상태에 놓이게 되는 것이다. 졸업생들이 4년 간(혹은 여기서 2,3년 더) 이른바 고등교육이라는 것을 받았지만, 그것이 인생의 중요한 결정을 내려야 할 처지에 놓인 이들에게는 전혀 도움이 되지 않는 것이었으며, 또한 생계를 꾸려 나가기 위해 필요한 기술과도 무관한 것이었음을 깨닫게 되자마자 이들에게 세상은 갑자기 낯설게 보이기 시작한다. 20대들은 그들 앞에 불쑥 다가선, 언뜻 보기에 무한히 펼쳐진 듯한 광활한 선택의 바다를 항해하기 위한 최선의 방법이 '시행착오'일 것이라고 생각하는 경향이 있다. '주먹구구식'의 완곡 어법처럼 들리는 '시행착오'는 어찌 보면 생산적인 방법 같기도 하다.

졸업과 동시에 수십만 명의 20대들이 체험하게 되는 혼란과 무기력감은 어쩌면 도박판에 막 들어갔을 때 느끼게 되는 감정과도 흡사하다 하겠다. 자신들의 인생을 걸고 하는 도박 말이다.

청년 위기가 어떤 사람들에게는 삶의 지체현상과 이것의 거부라는 원인과 결과의 관계를 의미하기도 한다. 이들이 새로운 삶에 적응하기 위해 흔히 취하는 방식은, TV 앞에 식물인간처럼 죽치고 있는 백수건 달 같은, 막다른 골목에 갇힌 듯한 자포자기의 모습이다. 대학에 발을 디딘 순간부터 취업준비에 목을 매는 야심만만한 사람들도 있지만, 사실 그렇지 못한 사람들도 많다. 그런가 하면 과도기를 전혀 실감하지 못하는 못 말리는 낙천가들도 있는데, 이들조차도 순조로운 삶과는 거리가 먼 처지에 놓여 있다. 이들이 겪고 있는 어려움은 한때는 든든한 후원자 구실을 해 주었던 부모님이나 친척들의 경제적 지지기반이 이제는 더 이상 존재하지 않는다는 사실과도 관계가 있다.

지금 이 시각에도 끊임없이 변화하고 있는 오늘날의 경제구조는 20대들의 부모세대 상황과는 너무나 다른 모습이다. 당시에는 닷컴 회사들이 존재하지도 않았다. 뿐만 아니라 당시의 과학기술은 현재와 비교하면 보잘것없는 수준에 불과했다. 의사가 꿈이면 의대로 가면 되었고, 변호사가 꿈이면 법대에 갔으며, 교사가 꿈이면 교육학을 전공하면 되었다. 직업과 인생의 패턴은 칼로 자른 것보다 더 분명했으며, '가족을 부양 해야 했기 때문에 '네 일을 사랑하라' 라는 구호는 덜 강조되었다. 사람들은 지금보다 훨씬 더 이른 나이에 결혼을 하고 자식을 가졌다. 모든 것이 지금과는 달랐던 것이다. 구직을 위한 현재의 사회 환경이나 경제구조가 과거 세대의 그것과는 판이하게 다르다는 것은 오늘날의 졸업생들이 예전보다 훨씬 더 큰 책임감을 스스로에게 부여해야 함을 의미하는데, 이것이 바로 졸업생들이 받아들일 준비가 되지 않아 자주 당황하는 부분이다.

20대 중반과 말기에서 흔히 관찰되는 청년 위기는 "이것이 내가 바라던 것이었나?"라는 식의 회의와 실망감을 수반한다. 어쩌면 그토록 원했던 직장이 결국은 그다지 매력적인 곳이 아니며, 흥미를 붙일 만한 데가 그 어디에도 없다고 느끼게 될 수도 있다. 또는 1년간의 유럽 여행이, 아무리 유스 호스텔에서 자고 라면으로 끼니를 때웠다 하더라도 지갑도둑을 당한 것 같은 쓸쓸한 기억만 안겨주었을지도 모른다. 혹은 유행의 첨단을 걷는 대도시로 옮겨 산다는 것도 기대했던 만큼 굉장한 경험이 아니었다는 결론에 도달할 수도 있다.

선배 세대들은 20대들을 보고 그 무엇이든 시도해 볼 수 있는 인생에 있어서 최고의 시기에 있다고 입을 모아 말하지만, 당사자인 20대들은 이 시기에 한 번 내린 선택이 도미노 현상처럼 30대, 40대, 50대, 그리고 향후의 인생에 영향을 미치게 될 것이라고 믿고 있다. 그 결과, 20대들은 그들 앞에 펼쳐질 인생을 보다 풍요롭게 만들기 위해서는 바로 이시기에 인생의 의미와 지표를 결정해야 한다는 강박관념에 사로잡히게 되는데, 인생의 대 역전 드라마가 이 시기에 많이 일어나게 되는 이유이기도 하다. 한 은행가가 파혼을 선언한 뒤 평화유지단에 지원하고, 한 투자 컨설턴트가 돌연 자신의 일이 다른 사람들의 삶에 진정한 의미에서 영향을 주지 못한다는 생각에 괴로워하고, 한 웨이터는 생계를 보장하는 봉급을 내팽개치고 헐리우드에서 성공해 보리라며 달리던 차의 방향을 돌리고, 한 법대 졸업생이 변호사가 자기 적성에 맞지 않는다는 사실을 발견하고 결국 테크놀러지 분야에 투신하게 되는 이유인 것이다.

젊은이들을 향해 무자비하게 퍼부어 대는 변화의 공격은 삶의 충만감을 찾기 위해 열심히 노력하고 있는 사람에게는 이루 표현할 수 없는 고통을 안겨줄 것이다. 많은 사람들은 이러한 압박감이 사람을 얼마나 숨막히게 하는지 이해하지 못한다. 그 대신 20대들은 더 나이든 사람들만큼 많은 책임을 지고 있지 않기 때문에, 그들이 이 과도기를 비교적 쉽게 넘길 거라고 쉽게 추측해 버린다. 그러나 책임이 크지 않기 때문에 선택의 범위는 더욱 넓어지고, 이로써 결정은 더욱 어려워지는 것이다.

예를 들어, 여기 한 20대의 가족이 있다고 가정하고, 그의 모친은 주식투자 같은 위험한 재산증식 방법에는 관심이 없다고 하자. 만약 초로에 든 그의 부친이 병에 들었다면, 그는 남아메리카를 여행하기 위해 1년간 떠나 있을 생각은 하지 않을 것이다. 그러나 대부분의 경우, 20대들은 이러한 절박한 상황에 처해 있지 않으며, 이것이 앞 세대의 부러움을 사는 이유이기도 하다. 하지만 선택범위가 책임질 요인들에 의해 제한되지 않기 때문에, 그들은 더 많은 결정을 내려야 할 상황에 놓이게 된다. 이 상황이 반드시 나쁜 것만은 아니라고 해도, 사태를 매우 복잡하게 만들 수 있다. 보다 충만한 삶을 영위하기 위해 어떤 변화를 시도해야 할 것인지를 판단하는 것은 지극히 어려운 일이 아닐 수 없다. 또한 인생의 변화를 결정하고 그것에 맞추어 따라가는 것은 엄청난 정신력을 요구하는 일인데, 그 정신력은 오로지 자신한테만 의존해야 하는 삶을 오랫동안 살아보지 못한 최근 졸업생들이 갖추기는 힘든 요건이다.

청년 위기가 가장 광범위하게, 가장 무섭게, 그리고 어쩌면 가장 다루기 힘들게 드러나는 양상은, 그가 직업도 친구도 없이 부모에게 얹혀 살고 있든지, 큰 아파트와 좋은 직업과 수많은 친구들에 둘러싸여 살고 있든지 간에 그의 곁으로 슬금슬금 다가오는 감정의 파문이다. 자존심이 강하든 약하든, 자신감이 크든 작든, 행복에 대한 개인적 잣대가 높든 낮든 상관없이, 20대는 자기회의에 빠져들기 쉬운 시기이다. 그들은 자신들이 내린 결정, 능력, 자격, 자신들의 과거, 현재, 미래, 그리고 무엇보다도 자기 자신에 대해 끊임없이 의심한다. 20대는 집중적인 질문의 시기이다. 그 질문들은 대부분 해답을 바로 찾아내기 힘든 자아성찰이나 자기계발에 관한 것들이다. "판타지 야구리그에 가입하기 위해 백 달러를 써야 하는가?"라는 사소한 문제들로부터, "가정을 갖는 시기는 언제가 적당할까?"와 같은 엄청나게 큰 결정에 이르기까지 다양하게 망라된다. 물론 자신에 대해 회의를 갖는 것은 어느 정도 건전한 태도라고 할 수 있다. 그리고 이따금씩 자기평가나 자기 점검의 시간을 갖는 것은 자아성장을 위해 반드시 필요한 일이기도 하다. 그러나 만약 그 회의의 기간이 지나치게 오래 지속되면서 질문 공세가 끝날 기미가 보이지 않는다면, 20대들은 질식할 것 같은, 소용돌이 속으로 꺼져 내려가는 듯한 느낌을 받게 될 것이다. 그 회의가 줄어들기는커녕 눈덩이처럼 점점 커지는 경우가 종종 발생하는데, 그 이유는 무엇보다도 20대들이 그런 회의를 가지는 것이 스스로가 비정상적인 것이라 생각하기 때문이다. 그 나이에는 누구나 이러한 회의를 품고 있다고 말해주는 사람이 아무도 없었던 까닭에, 자신에 대해 끊임없이 질문을 하게 되는 자신을 발견하게 되면, 자신이 어딘가 잘못되었다고 생각하게 되는 것이다.

청년 위기, 어떻게 해야 하나?

이 책이 그러한 인식을 바꾸는데 도움을 주리라 믿는다. 그렇다고 해서 이 책이 청년 위기의 문제를 해결해 주지는 못할 것이다. 중년 위기에 관해 쓰여진 수백 권의 책들이 '아저씨들'을 더 젊게 만들어 주지 못하는 것처럼 말이다. 하지만 청년 위기를 헤쳐 나가는 첫번째 단계는, 먼저 그 위기가 존재한다는 사실을 인식하는 일이다.

우리는 20대들을 괴롭히고 있는 몇 가지 아주 심각한 질문들을 도출해냈다. 그 질문들은 상대방에게 하는 질문이 아니라 자기 자신들을 향한 것으로써, 대학시절에는 흔하지만 졸업 후에는 극히 보기 드문, 인생에 관한 철학적 주제를 놓고 벌이는 철야토론에서나 나올 법한 그런 질문들이다. 그 다음 우리는 그 질문들을 전국에 있는 20대 백여 명에게 던져 보았다. 그들이 털어놓은 불확실성, 우유부단, 그리고 실패에 관한 이야기들을 — 또한 그들의 성공과 그 성공을 쟁취한 방법들까지 — 우리는 이 책을 통해 독자들과 함께 나누고자 한다. 이를 통해서, 20대들이 회의와 의혹으로부터 정규적으로 격렬한 공격을 받는 것은 비정상적이거나 드문 일이 아니라는 사실을 알게 되면, 이 순간 여러분 중 누군가가 겪고 있을지도 모르는 망각의 구렁 같은 이시기가 다소 덜 위압적으로 느껴질 수 있을 것이다.

최근 대학 졸업생들에 대한 심리학적인 연구가 비교적 부족한 이유는 이 연령집단에 속해 있는 구성원에 대한 사회적 인식 부족에서 크게 연루한다. 다시 말하면, 20대들은 사실상 경제구조 속에서 거의 눈에 띄지 않는 존재들이다. 중년 위기와 청년 위기에 대한 인식 가운데 가장 큰 차이점 중 하나는, 중년 위기에 쏟아지는 관심과 동정심은 후한 반면, 20대의 시기를 '깊은 상처에 싸여서 완전히 인정받지도 못하는 힘든 인생의 전환점'으로 부르려는 사람은 지금까지 아무도 없었다는 점이다. 물론 이러한 인식의 결여는 청년 위기를 더욱 더 어려운 경험으로 몰아넣는 가장 큰 요인이 되어왔다. 졸업생들이 다른 졸업생들도 똑같이 강한 자기불신의 회오리바람을 경험하고 있다는 사실을 의식하지 못하기 때문에, 그들은 스스로에 대해 한층 더 큰 회의에 빠져들게 된다. 지금은 잘 알려진 '산후 우울증', '주의력 부족' 또는 '활동항진성질환'에서부터 다소 생소한 '의대학생질환', '무생물체공포증' 등등에 이르기까지 모든 정신질환, 혼란, 또는 불편함 등이 제 병명을 가지고 있다는 사실을 고려해 볼 때, 학생의 삶에서부터 사회인의 삶으로 이동하는 이 힘든 변화의 시기를 아직까지 아무도 명명하지 않았다는 사실은 실로 놀라운 일이 아닐 수 없다.

몇몇 비평가들은 그런 위기는 존재하지도 않기 때문에 그 아무도 청년 위기라는 이름을 지어 부르지 않았던 것이라고 반박할지도 모른다. 우리가 이 책을 저술하게 된 이유는 엄밀하게 말해서 그러한 사고방식에 대항하기 위해서이다. 우리가 대화를 해 본 20대들 대부분이 자신이 겪고 있는 정체성 위기가 비정상적인 것이라고 믿고 있었는데, 이런 생각이 그들의 고립감을 더욱 가중시키고 있었다. 그러나 재미있게

도, 그들이 모두 너무나 흡사한 경험을 겪고 있었던 것이다.

오늘날의 20대들이 고독감을 더 많이 느끼는 이유 가운데 하나는, 그들을 하나의 그룹으로 뭉쳐놓기가 무척 힘들다는 점이다. 그들은 자신들의 정체성을 형성하는데 지속적으로 도움을 주는 강렬하면서도 집단적인 공감대를 형성시키는 역사적인 순간을 경험하지 못했다. 베이비붐 세대들은 베트남 전쟁과 그 이후의 여파, 케네디 암살사건과, 마틴 루터 킹 주니어의 그 유명한 연설, 그리고 시민권 운동 등을 경험했다. 그보다 더 그 이전 세대는 경제 대공황, 세계 대전, 냉전시대 등을 함께 겪었다.

오늘날의 어린이들이나 10대들은 컴퓨터가 하나의 필수품이며 인터넷이 주요한 커뮤니케이션 수단이 된 정보시대에서 성장하는 제 1세대들이다. 그들은 또 학교가 더 이상 안전한 곳이 아니라는 공포심을 함께 공유하고 있다. 그렇다면 20대들은 구엇을 공유하고 있는가? 굳이 예로 든다면, 우주선 챌린저호의 폭발 참사를 들 수 있겠다. 그것은 의심할 바 없는 비극적 사건이었지만 20더들에게 논쟁의 주제가 되지도 못했고, 삶의 방침을 바꿀 정도로 큰 교훈적 유산을 남기지도 못했다. 그냥 슬픈 사건이었을 뿐이었다. 또 다른 것으로 걸프전을 말할 수 있겠다. 하지만 그 사건은 그 전쟁에 직접 뛰어들어 싸우지도 않았고, 게다가 중동에 배치된 군인들을 개인적으로 알고 있지도 않았던 그들에게는 남의 일처럼 받아들여졌었다. 그 외에는 미국인들의 주목을 끌어서 시가전이나 저항활동으로 확산될 만큼 커다란 전쟁이나 사건은 일어나지 않았다. 어쩌면 커트 코베인(Kurt Cobain(1967~1994), 미국의 전설적인 록 그룹 너바나(Nirvana)의 리더 싱어. 권총자살로 27세의 생을 마침 - 역자 주)의 죽음이 비극적이고 비통한 사건으로 그리고 한 세대인 그들 모두의 삶에 영향을 미친 역사적인 사건으로써 기억되면서 집단적인 공감대를 피부로 느낄 수 있게 해주었는지도 모르겠다. 그러나 사실은 그렇지 못했다. 그 사건은 아픔과 실망과 분노를 주었지만 20대들을 하나의 공동체로 결성해 주지는 못했다. 그 아무것도 그렇게 하지 못했다.(지금 독자들은 이 책을 읽으면서 지난 9월 11일 전 세계를 공포와 경악으로 몰아넣었던 미국에 대한 테러공격과 여기에 대한 보복조치로 감행된 10월 7일 이후 미국과 영국의 아프가니스탄 공격을 떠올릴 것이다. 이 책은 그 참사가 일어나기 전인 2000년도에 발행되었기 때문에, 우리는 20대들의 집단적 공감대를 형성할 수 있는 역사적인 사건으로 이것을 예로 들지 못했다. 그러나 이 책의 필자진은 웹 사이트를 통해 지속적으로 20대들의 목소리를 모으고 이들의 문제를 함께 고민하고자 노력을 기울여오고 있는데, www.quarterlifecrisis.com로 방문하면 그 역사적 사건에 대한 20대들의 생생한 목소리를 들을 수 있다 - 역자 주)

지금쯤이면 우리가 청년 위기의 주 대상 층으로 20대를 주목하고 있다는 사실을 독자들도 눈치 챘으리라 믿는다. 우리가 20대를 대상으로 하는 이유는 다음 두 가지 사실에 근거하고 있다.

제일 먼저, '1/4분기세대(qarterlifers)'라는 말은 다소 정확한 표현으로 들리지 않는다. 왜냐하면 마흔에서 예순 사이에 있는 사람들을 '중반기세대(midlifers)'로 부르지 않고, 백 살에 이른 사람들을 '말기세대(endlifers)'라고 부르지 않기 때문이다. 이건 정말 비열하기 짝이 없는 표현이 아닐 수 없다.

다음으로, 일반인이나 매체들이 이 연령 대를 표현하는 말로 'X세대(GenXers)'라는 표현을 자주 사용한다는 데 주목하였다. 사람들은 베이비붐 세대나 'Y세대'라는 끔찍한 말로 지칭되는 좀더 젊은 세대조차도 가지고 있는 '집단의식'을 20대들은 소유하고 있지 않다는 사실에 주목하고는 여기다 번지르르한 광택저를 입히고 있을 뿐이다. 사실 X세대란 말은 빌리 아이돌(Billy Idol)이 이끄는 밴드 이름이었고, 1965년도에 발행된 영국의 자립생활 입문서의 책제목이었다. 그러다가 어떤 이유에선지 더글라스 코플랜드(Douglas Coupland: 캐나다 작가)가 그의 소설 『X세대 : 가속화된 문화에 대한 이야기』를 1991년에 발표하면서 20대를 묘사하는데 이 용어를 사용하였다. 그러자 비즈니스계의 귀재들이 이 용어에 와르르 달려들어서는, '청교도인들이 대륙에 발을 디딘 이래 열세번째 세대'인 이들의 등판에다가 순식간에 'X세대'라는 영구불변의 상표를 낙인찍기에 이르렀던 것이다. 하지만 X세대라는 문구는 이 용어가 포섭할 것이라고 생각되는 세대에게는 아무런 의미가 되지 못한다. 이 책의 필자팀은 따라서 우리가 이해하지 못하는 이런 상표명으로 우리 자신과 동료들을 부르지 않을 것이다. 우리의 견해로는 대부분의 20대들에게 적용할 수 있는 사실은 단 두 가지밖에 없다는 생각이다. 그 하나는, 이들이 명백하게 같은 연령 대에 있다는 것이고, 그 둘은 바로 이 시기에 그들의 인생이 위기양상에 빠지는 경향이 있다는 것이다.

이 책이 내셔널 지오그래픽 채널에서나 나올 법한 자연생태 프로그램과 같은 인상을 줄 수도 있을 것이다. 다시 말해, "자 지금부터 자연생태계에 살고 있는 20대라는 생물 종을 관찰해 봅시다. 천한 팝문화와 카페인으로 살아가는 이들을 보세요. 이들이 출생지로 돌아갈지 아니면 자진해서 3진 아웃 당할지를 고민하는 모습을 어디 한번 지켜볼까요?"라는 식으로 말이다. 사실 다른 세대들에게 20대들은 다소 미스테리한 존재로 보일 수 있다. 따라서 우리는 이 책을 우선적으로 20대들에게 맞추면서도, 동시에 오늘날의 20대들이 어떤 존재들인가에 대해 이해하고 싶어하는 사람들을 위해 이 책을 쓴다.

이 책에 등장하는 20대들은 수십 개의 대학과 지리적으로 골고루 안배하여 뽑은 전국 여러 도시의 출신들로 이루어져 있다. 이들은 지난

10년 이내에 대학 학위를 취득한 사람들로서 다양한 인종적 · 경제적 · 윤리적 · 민족적 · 종교적 배경을 가지고 있다. 우리는 이 책에서 그들의 목소리를 하나의 집단적인 표현으로 담지 않을 것이다. 대신, 개별적으로 분리되어 있으나 널리 화합될 수 있는 다양한 목소리의 콜라주로 담아내고 싶다. 일반적으로 이 세대에겐 대변인이 없으며, 최근 졸업자들의 이해를 대변하는 단체도 없다. 우리는 이 책에 등장하는 많은 20대들이 우리 모두를 위해 다소 모호하지만 독특한 스타일로 들려주는 이야기들이, 하나의 집단적인 목소리로 부상할 수 있기를 희망한다.

이 책을 읽는 독자들 중에는 청년 위기를 이미 경험했거나 혹은 지금 경험하고 있는 20대도 있을 것이고, 대학 재학생이나 대학원 학생으로서 때때로 파괴적으로 다가오는 이 과도기에 대해 호기심을 가지고 있거나 앞으로 다가올 그 시기를 준비하고자 이 책을 읽는 사람도 있을 것이다. 어쩌면 당신은 21세기에 20대로 산다는 것이 어떤 것인지를 이해하고 싶어하는, 그리고 20대들이 성년기로의 진입을 가능하면 쉽고 무리없이 해낼 수 있도록 돕고 싶어하는 부모나 친구 · 동료 · 은사 · 이웃 · 혹은 친척일 수도 있다.

목 차

Quarterlife Crisis

나는 내가 원하는 일이 무엇인지 모르는 상태에서 대학을 졸업했고,

지금도 여전히 모르는 상태에 있지만, 지금은 내 자신에 대해 많은 것을 발견하고 있어요.

그리고 높은 봉급 때문이 아니라 예상치 못했던
새로운 상황을 경험할 수 있다는 사실에 더욱 만족하고 있어요.

1

'나'는 누구인가?

*　*　*

자아에 대한 탐구는 어린 시절부터 시작되지만, 20대들이 현실세계로 진입하게 될 때 다시 겪게 되는 이 과정은 특히나 힘들게 느껴진다. 그것은 이 시기에 삶의 많은 국면들이 이미 대 혼란 속에 빠져 있는데다가, 더구나 이 시기를 혼자서 헤쳐 나가야 하기 때문이다. 청년 위기가 진정한 정체성 위기일 수밖에 없는 것은 바로 이러한 상황에서 비롯한다. 졸업생들은 학교 울타리 밖으로 내몰리자마자 현실세계의 모든 측면들을 재빨리 파악해야만 한다. 하지만 이것보다 더 중요한 것은 바로 자기 자신에 대해 파악하는 일이다. 우리와 대화를 나누었던 20대들은 올바른 태도, 결단력, 편견 없는 마음, 그리고 가끔씩은 '완전한 운' 등이 함께 결합된 공동전선을 통해 과도기를 극복했거나 혹은 대처하고 있다고 말했다.

델라웨어 주의 윌밍톤에 거주하는 제프(24세)는, 20대가 자신을 파악하게 되는 계기는 예기치 않게 마주치게 되는 일상 속의 사건들을 통해서라고 말한다. 제프의 이야기를 들어보자.

∞ 매일매일 나 자신에 대해 새로운 사실을 깨닫게 해주는 상황들이 벌어져요. 나는 10년 전부터 개를 몹시 키우고 싶었어요. 우리 집에서

키우던 개가 죽고 난 후였죠. 그때부터 내가 원하는 개의 이미지를 마음 속으로 그려왔어요. 내 개는 덩치가 크고(내가 몸집이 아주 크거든요), 튼튼하고, 억센, 그야말로 사람들이 '사나이의 개' 하면 바로 떠올려지는 그런 개의 조건들을 다 갖추어야 한다고 생각했어요. 그리고 어린 강아지 때부터 훈련시켜서 아주 훌륭한 개로 키울 작정이었어요. 그래서 여자친구와 강아지를 고르려고 애완견센터로 갔었죠. 하지만 마음에 드는 개들은 대부분 다른 사람들이 이미 골라 논 후였어요. 거기 있는 직원이 약 일주일 후면 시베리안 허스키(에스키모 개)와 독일산 셰퍼드 사이에서 나온 괜찮은 놈 몇 마리가 새로 들어올 거라고 하더군요. 그 놈들은 엄청 큰 개들이거든요. 그래서 나는 아주 잘됐다고 생각했죠.

제프는 말을 계속 이었다.

∞∞ 그런데, 상점을 나오는 도중에 우연히 왼쪽을 보게 되었는데, 바로 거기에서 이 개가 정말로 우스꽝스러운 표정으로 나를 쳐다보고 있는 거예요. 그래서 나는 걸음을 멈추고 이 놈을 쳐다봤지요. 이 놈은 약간 부끄럼을 타는 듯 하면서, 꼭 애교 많은 강아지마냥 맘에 들게 구는 거예요. 말할 필요도 없이 지금 우리는 이 작은 비글(토끼 사냥용의 귀가 처지고 발이 짧은 사냥개 – 역자 주)에 아주 만족하고 있어요. 정말이지 작은 개를 키우게 되리라고는 꿈에도 생각지 못했었는데 말이죠.

제프는 이 경험을 통해 모든 일이 언제나 계획한 대로 일어나지는 않는다는 교훈을 얻었다.

∞∞ 거의 대부분의 상황들이 결말에 가서는 조금씩 다르게 나타나기 때문에, 그런 의외의 상황에 의연히 대처하려면 항상 긴장의 끈을 놓지 않고 있어야 해요. 예를 들면 우리 누나처럼, 평생을 의사가 되고 싶었지만 결국에 가서는 큰 물품조달회사에서 관리교육을 담당하게 될 수도 있으니까요. 우리가 명심해야 할 사실은, 인생의 모든 것이 제 자리를 잡고 자신에 대해 모든 것을 알게 되는 날은, 우리 몸이 '이제 그만 둬야겠어'라고 작정하고 우리 마음이 '썩 나쁜 생각이 아니야'라고 맞장구를 치는, 바로 인생의 종착역에 도착한 날이라는 것입니다.

* * *

자신이 하고 싶은 일을 어떻게 알 수 있을까?

대부분의 20대들은 졸업 후에 정체성을 파악할 수 있는 가장 쉬운 방법이 '무슨 일을 하느냐'에 따라 '어떤 사람인가'를 규명하는 것이라고 생각한다. 이들은 때때로 자신들의 직업을 소개할 때 직업에 대한 설명을 자신들의 정체성에 적용하려고 한다. 왜냐하면 그것이 자신들이 가진 것 중에서 현재 유일하게 확실한 것이기 때문이다.

몇몇 20대들에 따르면, 방금 만난 누군가와 대화가 오고간 지 몇 분도 채 안 되어서 항상 누군가가 상대방에게 직업이 뭐냐고 묻게 된다는 것이다. 그 사람이 대답을 하면, 질문자는 무의식적으로 그 대답을 통해 상대방을 판단하게 된다. 그러나 대부분의 사회초년생들이 졸업 후에 거치게 되는 처음 한두 개의 직업들은 만족할 만한 것이 못되기 때문에, 직업이 정체성 파악에 주요한 정보가 된다는 인식은 이들을 의기소침하게 만들 수 있다.

오하이오 주의 오벌린 대학을 1996년도에 졸업한 가브리엘라는 이렇게 말한다.

∞ '자아'에 대한 관념은 대학시절 나의 시간을 송두리째 앗아간 주제예요. 인문대학의 문턱을 넘어서면서부터, 사실 자의식을 키우는 것이 우리 모두의 전공이 돼버렸어요. 비현실적인 망상과 방종의 경계를 넘나들면서요. 그것은 때로는 사치스럽고 때로는 망상적인, 대체로는 이 둘을 혼합해 놓은 경험이었죠. 하지만 그것은 언제나 심각한 학문적 용어, 문학, 혹은 팝 문화의 레퍼런스나 쓸데없는 가십거리 등과 멀찌감치 떨어져서 토론할 수 있는 다소 안전한 주제였어요. 졸업하고 난 후 더 이상 전공이나 다니던 대학으로 내 자신을 규정할 수 없게 되자, '자신'을 표현할 만한 게 내겐 거의 없다는 사실을 발견하고는 경악을 금치 못했어요. 내가 지금까지 속해 있었던 학교라는 단순한 구조 바깥에서는, 인생의 모든 것이 지극히 유동적이고 가변적이라는 사실을 깨닫게 되었죠. 내가 변하고 있었던 것일까요? 아니면 나를 제외한 다른 모든 사람이 변하고 있었던 것일까요. 그렇다면 난 어떻게 해야 되죠?

가브리엘라에 따르면, 20대들이 자신들의 정체성과 일반적으로 같은 노선에 있는 전공이나 동아리 활동을 할 수 있었던 학교세계로부터 이제 막 벗어났기 때문에, 이제는 직업이 그 역할을 대신하여 그들을 규정해야 한다고 믿고 있다는 것이다. 가브리엘라의 말을 계속 들어보자.

∞ 많은 사람들, 특히 미국의 중상류층에 속한 사람들은 학교를 나오면 곧바로 직업으로 자신을 규정해 버리는 경향이 있어요. 나는 이런 사고방식이 상당히 불편해요. 왜냐하면 비록 내가 이 일을 – 보석 디자인 및 판매 – 좋아하고 있긴 하지만, 지금 내가 하고 있는 일이 진정 나를 한 개인으로서 묘사한다고는 생각하지 않기 때문이에요. 이건 내 천직이라 할 수 없어요. 졸업하자마자 부랴부랴 서둘러 '성장'하고, '현실세계'로 들어가서는 오직 일과 다음 번 봉급을 위해 나머지 일생을 바쳐야 한다는 생각은 정말 끔찍스럽고 터무니없는 발상이 아닐 수 없어요. 직업은 나를 말해 줄 수 없어요. 그 누구도 직업 설명서에서 자기 자신을 발견할 수는 없다고 생각해요.

가브리엘라는 직업을 통해 자신을 규정하려는 20대들의 경향과 정면으로 맞서고 있다. 이를 통해서 그녀가 그 경향에 편승함으로써 알게 되는 것 보다 자신에 대해서 더 많은 부분을 알 수 있게 되었다. 주류에 맹종하기보다 그것과 결별함으로써, 자신을 위해 더 나은 견해를 찾을 수 있었던 것이다.

∞ 나는 내가 원하는 일이 무엇인지 모르는 상태에서 대학을 졸업했고, 지금도 여전히 모르는 상태에 있지만, 지금은 내 자신에 대해 많은 것을 발견하고 있어요. 그리고 높은 봉급 때문이 아니라 예상치 못했던 새로운 상황을 경험할 수 있다는 사실에 더욱 만족하고 있어요. 나는 직업에 의해 나를 규정하고 싶지 않았고, 미국이라는 큰 기업의 부속품이 되고 싶지 않았어요. 그리고 언젠가는 만족스런 삶을 살아가는 방법을 알아낼 것이라고 확신하고 있었어요. 그래서 여행을 시작했고, 여행을 통해 다른 문화권의 민족들에 대해 아주 많은 것을 배웠어

요. 그리고 내 자신의 믿음, 강점, 약점 등에 대해 알게 되었죠. 하지만
똑같은 질문과 걱정들 속에서 끙끙대고 있는 내 또래의 모든 젊은이들
과 마찬가지로, 나도 지금까지 경험해 본 적이 없는 힘든 시간을 보내
고 있어요. 때로는 삶의 중심을 잃어버릴 만큼 힘들 때도 있어요. 내가
만약 어떤 진지한 사무직에 종사하면서 완전히 그 일에만 매달리는 상
황이었다면, '나를 행복하게 만드는 것이 무엇인지', '나의 가치는 무
엇인지', '장래에 무엇을 하기를 원하는지' 등과 같은 거창한 질문의
해답을 알아내기가 더욱 힘들었을 거라고 생각해요. 그런 일은 판에
박힌 일상적인 생활로 나를 몰아갔을 터니까요.

내 나이 또래의 사람들 대부분이 나와 똑같은 문제들을 겪고 있다는
사실을 알게 되면 젊은이들에게 큰 도움이 될 거예요. 우리 모두가 직
면하고 있는 자아위기에 근거하여 하나의 공동체를 형성할 수도 있을
거예요. 공동체야말로 이런 문제들을 해결하는 데에 그 어떤 것보다
도움이 될 거라고 생각해요. 파티나 술집이나 사무실이나 동창회 같은
데서 대화의 장을 만드는 겁니다. 우리는 모두 계속해서 변화하고 있
지만 특히 이 과도기는 갑자기 우리를 어떤 불안정한 재조정의 상태로
몰아넣어 버려요. 그 결과 모든 것에 대한 구체적인 해답을 즉각적으
로 얻기를 원하지만, 그것은 현실적으로 지극히 불가능한 일이지요.

가브리엘라의 말대로 20대는 '자아 위기'를 경험하는 시기이다. 이
위기를 훨씬 더 위태롭게 만들 수 있는 요인은 20대들이 일반적으로
이 문제에 대해 이야기하지 않으며, 그들의 정체성에 대한 깊고 통찰
력있는 견해들을 공유할 기회가 대학을 졸업한 후에는 극히 드물다는
것이다. 그 결과 최근 졸업생들은 수많은 동년배들도 자신과 똑같은
회의의 과정을 겪고 있다는 사실을 깨닫지 못한다고 그녀는 지적한다.

샌프란시스코에 살고 있는 린지(26세)는 장의 제목에 특히 크게 공감한다고 하면서, 그 이유는 자기를 제외한 모든 사람들이 자신들이 하고 있는 일을 정확히 파악하고 있는 것처럼 생각되기 때문이라는 것이다.

∞∞ 내 정체성에 대해 잘 파악하고 있다고 생각하고 있었지만, 이것을 직업이나 경력으로 어떻게 연결시켜야 할지는 잘 모르겠어요. 외국 여행을 하면서 깨달은 사실인데, 여기 미국에서 누군가가 '당신 뭐 합니까?'라고 물으면, 그때 '무엇을 한다'라는 것은 보통 직업을 가리키지, 그 사람이 댄스를 하는지, 어떤 노선을 가진 사회 활동가인지, 가족이 있는지, 어떤 강좌를 듣는지, 혹은 그림을 그리는지 등등에 관한 질문과는 아무런 상관이 없다는 거예요. 이런 차원에서, 남은 인생동안 내가 '무엇을 할 것인가'에 대한 질문은 졸업을 한 이래로 줄곧 나를 괴롭혀오고 있어요. 내가 하고 싶은 일(사람들과 직접적으로 관련된 일들이죠. 아이들과 관계되는 일일 수도 있고, 또는 다른 나라나 다른 문화적 배경을 가진 지역에 있는 사람들을 대상으로 할 수도 있겠지요)이 무엇인지는 잘 알고 있어요. 하지만 지금까지 그 어떤 직업도 내 열정을 담을 만한 그릇으로 내 눈에 확 띄는 것이 없었어요.

스스로 생각하기에 나는 꽉 짜여진 전형적인 직업과는 전혀 맞지 않는 타입인 것 같아요. 대학에 있는 취업상담소는 전혀 도움이 되지 못했어요. 거기서는 대기업이나 대학원 진학에 대한 정보 외에는 다른 정보를 찾기가 매우 힘들어요. 지금도 모든 것이 언젠가는 구체화될 것이라고, 내가 열정을 가지고 하고 싶은 일이 언젠가는 나의 직업이 될 것이며, '이게 바로 나를 위한 일'이라는 것을 직감으로 알 수 있는 일을 우연히 발견하게 될 거라고 생각하고 있죠. 2년이 지난 지금 나는 세번째 직장(그것이 무엇이 될지는 아직 몰라요)으로 옮기려고 하고 있어요. 요즘은 안정감을 느끼지 못하고 가끔씩 좌절감에 빠지기도 해요. 그리고는 수시로 내 자신에게 이렇게 묻곤 하지요. '내 주위의 다른 모든 사람들은 그들이 무엇을 하고 싶어하는지를 어떻게 알게 되었을까?'라고요. 한편으로는 그렇지 않을 것이라는 생각도 하지만요.

* * *

내 앞에 길이 휘어져서 안보이는 것일까?

비록 무엇을 하고 싶어하는지를 파악하고 있다고 해도, 지금 하고 싶어하는 일이 영원히 하고 싶은 일이 될 것이라는 것은 보장할 수 없다. 이에 대해 1996년 오클라호마 주립대학을 졸업한 스코트는, "대학 졸업 후 4년이 지난 지금에야, 내가 지금 가고 있는 이 길이 적성에 맞지 않은 것 같은 회의가 들기 시작했다."라고 말한다. 스코트의 말을 들어 보자.

∞ 정말 이상한 일이에요. 왜냐하면 내가 가진 직업과 지금의 상황은, 적어도 내가 졸업하던 당시 계획에 따라 말하자면, '이보다 더 완벽할 순 없다'거든요. 사실, 나는 내가 하려고 계획했던 것을 정확하게 이루어냈고, 이렇게 되기까지는 쉽지 않은 일이었어요. 내 친구들과 달리, 나는 투자상담이나 경영 컨설팅과 같은 고임금이 보장되는 직장을 선택하지 않고 그 대신 마음속으로 항상 열정을 품고 있었던 정치 분야에서 경력을 쌓아갈 수 있는 길을 선택했어요. 하지만 정계

는 발을 들여놓기가 쉽지 않은 세계여서, 나는 밑바닥에서부터 시작해야 했어요. 그것도 최하 밑바닥에서요. 친구들이 첫 직장에서 연봉 4만 달러에 별도 상여금을 받으며 여유로운 독신생활을 누리는 동안, 나는 부모님께 얹혀 살았고, 용돈을 벌기 위해 밤에는 레스토랑에서 일하면서 무급으로 선거운동 자원봉사자로 일하고 있었어요. 하지만 나는 열심히 일한 대가가 결국에는 돌아올 것이라는 것을 믿으며 열심히 일했어요. 초고속 승진을 거듭하여 마침내 2년 반만에, 나는 그토록 꿈꾸었던 국회에서 일을 하게 되었어요. 기분이 아주 좋았죠. 지금도 여전히 내 일을 사랑하고, 내 사무실, 함께 일하는 동료들, 심지어는 상사까지도 좋아하지만, 충족감은 느끼지 못해요.

스코트는 20대 초기에 '꿈꾸던 직업'을 찾는 데 성공했지만 20대 말에 들어서자 그것이 '평생직업'이 아니었음을 깨닫고 다시 이를 찾기 위한 고민에 빠져 있었다.

∞∞ 4년 전까지만 해도 내가 이 직업에 만족감을 느끼지 못하게 될지 누가 알았겠어요? 지금 나는 언제 어떻게 내 평생직업을 찾게 될지를 고민하고 있어요. 이제는 내 나이도 내일 모레면 서른이에요. 친구들 중에는 결혼 한 친구들도 많아요. 한 놈은 벌써 애까지 있어요. 그런데 나는 내 스스로 만든 '걱정마 나라'에 갇혀 있는 거예요. 다른 분야도 찾아봤지만, 귀가 솔깃해지는 평생직업을 찾아내기란 쉬운 일이 아니에요. 내가 파고들고 싶은 분야가 하나 있긴 하지만, 어떤 때는 그냥 TV를 보거나 기타를 치거나 혹은 친구들과 나가서 어울리고 싶어요. 그러니 어쩌면 내가 정말로 그 일을 할 작정이 아니었는지도 모르죠. 저 하늘에서 뭔가가 내 머리 위로 뚝 떨어져서, 잠시 정신을 잃은 다음

다시 깨어나 보니 내 앞에 펼쳐진 길이 선명하게 보이더라는... 뭐 그런 일이 일어났으면 좋겠어요. 단지 내 앞에 길이 휘어져 있어서 안 보이는 걸까요? 언제 알게 될 것인가? 이것이 문제예요.

20대들이 생계를 위해 무슨 일을 하그 싶은지를 정확하게 알고 있다 해도 - 그리고 이미 그 직업을 잡는데 어느 정도 성공을 했다고 해도 - 그것이 그들이 원하는 모든 것을 알아냈다는 의미는 아니다. 오스틴에 있는 텍사스 대학을 1996년도에 졸업한 헬렌은 자신의 일을 즐기는 성공적인 비즈니스 우먼이라 할 수 있다. 왜냐하면 오래 전부터 전력을 다해 이루려던 목표를 마침내 달성했기 때문이다.

∞ 나는 항상 비즈니스 세계에서 일하고 싶었어요. 그래서 나는 명문 비즈니스 스쿨에 들어갔고, 장학금도 받았고, 그리고 두개의 학위를 받고 졸업했어요. 졸업 후에는 마케팅 회사에 취직이 되어 기업 연수 프로그램을 담당하면서 경력을 쌓아가고 있었죠. 하지만 언제나 '내 미래는 대체 어디로 향하고 있는가?' 라는 의문이 머리를 떠나지 않고 있었어요. 지금까지는 어느 정도 계획한 대로 이루어졌다고 할 수 있어요. 학교를 다니고, 좋은 성적을 얻고, 좋은 직장을 얻는다. 이 모든 것은 다 이루어졌어요. 나는 문자 그대로 '~ 할 거야' 라는 계획을 따라왔어요. 그 다음 단계는, 매니저로 승진하는 것이겠죠. 그래서 세 번 정도 승진한 후에, 매니저가 되었어요.

이제 헬렌은 자신이 소원한 바를 이루었다. 그러나 그녀가 돌보지 않았던 인생의 다른 부분들은 저절로 제 자리를 잡아가 주지 않았다. 오직 성공만을 위해 매진했던 그녀는 마음 속에서 그려왔던 정상에 순식간에 도달하게 되자, 다음에 무엇을 해야할지 알지 몰라 방황하게 된 것이다.

∞∞ 난생 처음으로, 내 계획표에 새로운 목표가 없는 거예요. 분명히 '다음'이 있어야 하는데, 내 인생에서는 언제나 '다음'이 있어왔는데 말예요. 고교를 졸업하면, '대학에 가야' 하고, 대학을 졸업하면, '취 직해야 하는 것'이 있었고, 직장을 잡은 다음에는 '열심히 일해서 승 진하는 것'이었죠. 그 결과 20대 독신에 성공한 마케팅 매니저가 된 순 간에, 도대체 내 인생의 다음 단계는 무엇인지 몰라 당황해 하고 있는 거예요. 나는 아직도 내 다음 목표를 알아내지 못했어요. 지금까지 나 는 계획을 세우고 그것을 성취하기 위한 방법을 찾는 데에만 급급하면 서 시간을 보내왔어요. 그사이 진짜 삶은 나를 지나 흘러가고 있었는 데 말이죠. 내 나이또래의 다른 사람들의 인생과 비교해 보냐구요? 물 론이죠. 저도 사람인데요. 하지만 그 누구도 '정답'을 가진 사람은 없 어요. '반드시 추구해야 할' 최선의 목표 같은 것도 없고요. 그것이 가장 두려운 일이죠. 공부를 열심히 했다고 시험에 통과한다는 보장도 없고, 열심히 일했다고 승진이 보장되진 않아요. 이젠 현실세계에 들 어온 거예요. 현실이 내가 예상했던 것과 다르다한들 어쩌겠어요. 이 미 그 세계로 들어와버린 걸요.

＊　＊　＊

타협으로 얻어낸 인생의 의미

몇몇 20대들은 자신들이 진실로 원하는 것이 무엇인지 그리고 그것을 얻기 위한 방법이 무엇인지를 탐색하는 과정에서 미약하게나마 자진해서 상황과 타협할 마음이 생기게 되었다고 말한다. 눈높이를 낮추는 문제이건, 몰두하는 대상을 변경하거나, 혹은 단순히 관점을 바꾸는 문제에서건 간에, 그들은 단기적인 관점에서 희생으로 여겨지던 것들이 장기적으로는 상황을 더 이롭게 만드는 요인으로 작용했다고 자신들의 경험을 통해 설명해 주었다. 휴스턴에 살고 있는 데본(27세)의 경우, 단기적인 관점에서 희생으로 여겨지는 것은 지리적인 것과 관련되는 문제였다.

∞ 말하자면, 나는 운좋게 여기까지 온 거예요. 미술교사의 꿈은 내 나이 6살 때부터 싹트기 시작했어요. 어떻게 그걸 기억하냐고요? 약 3년 전에 내가 초등학교 1학년 때 쓴 글을 발견했는데, 거기에 내가 자라서 무엇이 되고 싶다는 내용이 쓰여져 있었거든요. 대학교 때, 나는 학구파와는 거리가 먼 약간 아웃사이더였어요. 그때 한 가지 분명하게 생각하고 있었던 건, 내가 어디에서 교사생활을 하게 되든지 간에, 고향 휴스턴과는 멀리 떨어진 곳이어야 한다는 거였어요. 그곳을 벗어나고 싶어서 안달이었죠.

그래서 데본이 졸업 후 직장을 지원할 때 전국을 대상으로 했으나 단한 군데, 고향은 제외시켰다.

∞ 나는 사실 '꿈의 직업'을 거의 가질 뻔했어요. 그건 초등학교 정규 교사직이었는데, 정확하게 내가 원하던 거였죠. 면접 당시 나는 침착하고 자신만만하게 해냈어요. 그 학교 교장과 천연스레 농담도 주고받으면서, 열두 명 면접관들의 입이 딱 벌어지도록 똑 부러지게 해냈죠. 그 교장이 내게 지원자들 중에서 고득점자 그룹에 속한다고 통지해 주었고, 그래서 우리는 곧 연봉 협상에 들어갔어요. 그러던 중 차 사고가 나게 됐어요. 그러자 모든 상황이 바뀌어 버렸어요. 나는 네번째 면접을 위해, 다시 내 '꿈의 학교'로 '꿈의 상사'를 만나러 갔어요.

그런데 그 사람 말이, 내가 최종 면접 날 참석하지 않았기 때문에 이젠 자격이 없다는 거예요. 나는 차 사고 때문에 부득이 참석할 수 없었다고 설명했고, 심지어는 그 날 내 차 사고 장면이 실렸던 신문까지 들고 가 보여주면서 그에게 내가 올 수 없었던 사정을 납득시키려 했어요. 그는 내게 진짜로 직장을 원한다면 그 직장을 얻을 수 있을 거라고 하더군요. 그래서 나는 그에게 그 직장을 너무나 원하며 그 자리에서 계약서 사인을 할 준비가 되어 있다고 말했어요. 그런데 그는 내게 '노'라고 딱 잘라 거절하면서 이렇게 말하더군요. '데본 씨, 여기는 현실세계입니다. 학교 사회가 아니라고요. 당신이 직장을 원한다면 그것을 얻을 방법을 강구해야 하는 것입니다. 잘 가십시오.' 그 날 난 완전히 깨졌죠.

얼마 후 그녀의 최초 레이더망에는 전혀 잡히지 않았던 또 다른 취직 가능성이 계획 B라는 이름으로 데본에게 제시되었다.

∞ 그 어처구니 없는 곳에서 일할 운명이 아니었던가 보다고 스스로 수긍하게 되기까지는 얼마간의 시간이 걸렸어요. 운이 따랐던지, 우리

고향의 학구(school district; 프랑스나 미국에서는 일반 지방행정 구역단위와 별개의 구역단위로 구성된 '학구'라는 것이 있는데, 이는 우리나라에서 쓰이는 통학이나 취역 구역을 지정하는 제도 그 이상의 의미로, 법인격을 가진 조직체를 말한다 – 역자 주)에서 내가 사고를 당한 사실을 알고는 기간을 일주일 더 연장해서 나에게 면접 기회를 열어주더군요. 나는 정말로 재미 삼아서, 공손한 척 가장하며 그 학구에서 면접시험을 봤어요. 원래는 머리에 총 천연색으로 물들이고 그물 같은 망사 옷을 입고 다녔었는데, 그 날은 정장차림에 안경을 쓰고, 서류가방을 든 채 나타났어요. 그리고 그 옷차림에 딱 어울리는 행동을 했죠. 면접관들이 좋은 인상을 받은 것 같았어요. 어쩌면 즐거워했거나요. 그 많은 인터뷰 절차를 다 거치고 나니까, 교실 수업 시범을 보여 달라고 하더군요.

나는 속으로, '내가 그 자리를 얻기에는 경험도 없고 너무 젊어서, 이 사람들이 나를 고용하지 않으려고 하는구나'라고 짐작했죠. 그 사람들이 날 가지고 장난하고 있다고 생각했던 거예요. '그래, 좋아. 저 사람들이 쇼를 원한다 이거지. 제기랄, 그렇다면 내가 멋진 쇼를 보여주지.' 나는 이렇게 마음을 먹고는, 무작위로 선정된 고등학교의 어느 교실에 나타났죠. 내 앞에는 나보다 크게 어리지 않는 학생들과, 교장 두 분과, 미술 교사 한 분이 자리하고 있었어요. 나는 땀 한 방울 흘리지 않았어요. 내 스스로도 즐거운 시간을 보냈다고 할 정도였어요. 그리고 그들이 내게 교사 자리를 제공했을 때, 정말 내가 얼마나 놀랐는지는 말하지 않아도 아실 거예요. 내가 이 직장을 얻을 수 있었던 것은 단 하나, 내가 지옥 같은 곤경 속에 처해 있다고 스스로 생각하지 않았기 때문이라고 확신해요. 나는 지금 휴스톤뿐만 아니라 9년 전에 내가 졸업했던 모교에서도 가르치고 있어요. 모교에서 가르치는 것은 당시 '10대의 고뇌'로 판단했던 것처럼 우중충한 경험은 결코 아니더군요.

데본은 직장을 위해 장소문제와 타협을 했다. 이와는 달리, 마케팅 전공으로 시라큐스 대학(뉴욕 소재)을 1999년도에 졸업한 페니의 사례는 자신의 전체 관점과 타협한 경우이다. 페니는 성년기의 삶에 관한 모든 것을 파악하고 있다고 생각하는 사람들 중 하나였다. 그래서 그녀는 청년 위기라는, 현기증이 날 정도로 질문이 계속되는 이 시기를 전혀 대비하지 않았던 것이다. 페니는 다음과 같이 말한다.

∞∞ 나는 확고부동한 신념과 아이같은 기대감으로 대학을 졸업했어요. 그리고 쌍수를 들고 그 변화를 반겼죠. 모든 사람들이 항상 내가 사막에 떨어뜨려 놔도 잘 살 거라고, 그리고 모두가 낙향을 해도 나만은 잘 견딜 거라고 생각했어요. 그런데 이상하게도 일이 황당하게 꼬이는 바람에 그 예상을 완전히 뒤집고 말았어요. 그래서 나는 그 어떤 때보다도 더 내성적이 되어 나만의 문제에만 침잠해 있었어요.

내가 열정을 품고 있는 일이 무엇인지 알고 있었지만(대안의학 분야) 학위가 없었고, 어디에서 살고 싶어 하는지 알고 있었지만(서부 지방) 그 곳으로 가지 않았어요. 대신 한 남자가 나에게 원하는 것이 무엇인지를 알았기 때문에(아니 그렇다고 생각했죠), 나는 그의 곁에 머물렀어요. 그러자 의문은 점점 더 커져만 갔죠. 마침내 초현실적인 질문들이 꼬리를 물며 이어졌고, 나는 내면의 세계로 점점 더 깊이 침잠해 들어가서는 정신과 육체의 연결고리를 끊어버리기 시작했어요. 지난 한 해 동안 나는 마치 내 인생을 이야기하는 해설자처럼 지내왔어요.

먼저, 페니는 자신의 경력에 유리할 것이라고 생각되는 일자리를 구하기 위해 두 차례 면접을 보러 오하이오로 날아갔었다. 그녀는 직장을 구했다고 확신하고, 콜럼버스의 변두리에 버려진 옥수수 농장 근처에서 새로운 삶을 위한 계획을 세우기 시작했다. 그러나 몇 주가 지나자 결국 그 직장을 얻은 게 아니었다는 사실을 깨닫게 되었다.

∞∞ 안개가 걷히고 현실적인 눈으로 직시하니까, 다시 고향으로 돌아와 '임시 생활' 상태에 머물러 있는 ᄂ 자신을 발견할 수 있었어요. 이제는 고향을 떠나지 않을 생각이었기 때문에, 미국 어디에도 나를 면접하고 싶어하는 데가 없었죠. 갑자기 다른 장소로 옮겨 사는 것에 자신이 없어지고, 점점 더 과거의 향수에 젖어 지내기 시작했어요. 내 남자친구는 여전히 시라큐스에서 대학을 다니고 있었는데, 나는 그렇게 떨어져서 지내는 상황을 나 자신이 더 이상 원하지 않는다고 확신했죠.

페니는 그 당시 몇 가지 사건들을 경험하게 되는데, 그로 인해 자신이 이끌어오고 있다고 확신하고 있었던 자신의 삶을 면밀하게 살펴볼수 있게 되었다. 그녀는 직장을 구했지만 첫 출근 바로 전날 사임했다. 왜냐하면 자연 건강식품 업계의 한 기업으로부터 마케팅 부서자리를 제안 받았기 때문이다. 그 회사에서 몇 개월을 근무한 후, 그녀는 아침에 일어나기도 힘들었고 그 특정 시장분야를 공략하는 일에 전혀 흥미를 느낄 수도 없었다. 그러나 어쨌든 일터로 나갔고, 남들처럼 헬스센터에 등록하고, 사람들과도 만났다. 간단히 말해서, 이것이 그녀가 대학을 졸업한 후 보냈던 1년간의 삶의 전경이다.

그러나 사회의 지나친 독단이 중상무략을 일삼는 '사내 정치'를 키우고 진실을 은폐시키는 상황들을 경험하면서, 자신은 그 환경에 살아남을 수 있을 만큼 충분히 독단적이지 못하다는 사실과 대학교 때 가졌던 그녀의 드높은 기상은 말단 직원에게는 아무 쓸모가 없다는 것을 알게 되자, 다시 그녀의 남자친구를 만나기 위해 시라큐스로 왔다갔다

하는 생활을 시작하게 된다. 그러던 중 남자친구가 생명이 위태로울 정도의 큰 사고를 당하게 되자, 그녀는 직장에서 쫓겨날 위협을 느끼면서까지 병원 문이 닳도록 남자친구의 병실을 들락거렸다. 그러나 남자친구는 그녀에게 "여기 올 필요없다"는 매정한 말을 던졌고, 그때 그녀는 자신의 삶에 변화가 필요하다는 것을 깨닫게 된다. 그리고 해가 바뀌어 2000년이 되었지만, 그녀의 삶에는 이렇다할 변화가 일어나지 않았다(그녀를 둘러싼 '모든 것들은 변화하고 있었는데' 말이다).

그러나 결국 변화는 일어나고야 말았다. 그녀는 남자친구와 헤어지고, 새 차를 구입하고, 그런 다음 사고로 차를 망가뜨렸다. 그녀는 지금 직장에 사표를 내고, 데이트를 하고, 태양을 즐기고, 요가도 더욱 열심히 하고 있다. 그리고 최근에는 그녀의 표현대로 '세상과의 재 접속'을 한창 진행 중에 있다. 페니는 지난 시간을 돌이켜 보면서, 자신이 인식하고 있는 이미지에 자신을 맞추느라 너무 집중했기 때문에 실제로 자신이 누구인가를 판단하는 관점을 상실했었다고 말한다.

∞∞ 지난 1년간 내가 골몰한 주제는, 동화 주인공 푸우(Pooh)처럼 '단지 존재하는 것'이 아니라 '내가 진짜로 누구인가'에 대한 것이었어요. 겨우 지난 몇 주 전부터야 오분 넘게 자리를 잡고 앉아 명상을 하면서 내가 지금 얼마나 젊은지를, 그리고 내 인생의 보편적인 목적을 내가 잊어버리고 있었다는 사실을 깨달을 수 있게 되었어요. 그런 명상의 시간을 갖고 나면 어떤 해방감이 느껴져요. 이런 시간이 제겐 더욱 필요다고 생각하고 있어요. 나는 지금까지 내가 인생에서 무엇을 하기를 원하는지 파악해왔어요. 하지만 그것도 내일이면 바뀌게 될지 모르죠. 모든 것은 자신이 어떤 상황에 처해 있느냐에 달려 있어요. 어디에도 완전하게 자리를 잡은 사람은 없다고 생각해요. 모든 것은 결

국 마음의 문제니까요. 우리는 호메오스타시스(사회조직 등의 평형 유지력)의 중력에 끌려가면서 부단히 변화하는 존재들이죠. 사람은 남이 많이 다니지 않았던 길을 여행한 후에야, 다시 말해 자신만의 독특한 경험을 겪고 난 후에야, 자신에 대해 그리고 인생의 행로에 대해 알게 되는 것 같아요.

페니의 경우와 마찬가지로, 미네아폴리스에 살고 있는 사만다(25세)도 보다 실리적이고 유혹적이라고 생각되는 인생의 행로를 좇기 위해 자신의 본능을 무시하려 했었다. 아이들을 좋아했던 그녀는 어릴 때부터 교직을 장래의 직업 중 하나로 생각해 오고 있었다.

∞ 그런데 대학에 들어간 후, 그 직업이 나에게 맞는 것인지 의문을 가지기 시작했어요. 봉급도 낮고 사회적 위치도 낮아서 다른 길을 찾아봐야겠다고 생각했죠. 말하자면 고등학교 동창회에 나가서 사람들에게 강한 인상을 심어 줄 수 있는 그런 직업들 말이에요. 나는 대학에서 심리학을 전공했어요. 언젠가는 '이거였어'라며 반할 수 있는 무언가를 찾게 되리라는 기대 속에서요. 내가 진정으로 좋아하고 봉급 수준도 높고, 부모님이 자랑스러워할 만한(그리고 부모님들이 등골이 빠져라 등록금을 댄 것이 아깝지 않다고 여기실 만한) 그런 직업 말입니다.

대학 졸업 후 한 해 두 해가 가고, 아직까지도 행정 보좌인 최말단 자리에 묶여 있다 보니, 자연히 내 직업이 나를 비참하게 만들고 있다는 생각이 들기 시작했어요. 자신의 일에서 행복을 느끼는 것이 얼마나 중요한 것인지를 깨닫게 되자, 내 마음은 또 다시 교사직으로 선회하게 되었어요. 나는 여전히 아이들을 좋아하고, 아직도 내가 좋은 선생님이 될 수 있을 거라고 생각되었죠. 게다가 교사말고는 달리 무엇을 할지를 전혀 생각하고 있지 않은 상황이었어요. 그래서 나는 학교로 다시 돌아 갈 생각을 하면서 대학원 석사과정을 살펴보기 시작했어요.

사만다는 결국 그녀의 행복을 위해 자신의 자존심과 타협했다. 이것 은 장기적으로, 남들이 그녀를 어떻게 생각할 것인가에 대해 훨씬 더 무관심해질 수 있게 해 주었다. 사만다는 이렇게 말한다.

∞ 대학에 다닐 때 나는 다른 사람들이 부러워할 만한 직업을 가져야 한다는 생각에 너무나 집착했어요. 그 직업이 어떤 것일지는 전혀 짐작 도 하지 못한 채 말이죠. 20대 중반기에 와서는 10대 때 품었던 불명확 하고 비현실적인 기대들과 이별을 고했죠. 인생의 전체 행복에 직업이 미치는 영향이 얼마나 큰지를 깨닫게 되자, 사회적 위치나 경제적 보상 과 같은 피상적인 관심은 버릴 수 있었어요. 가르치는 일은 내 적성에 아주 잘 맞을 거예요. 그 일을 생각하면 내가 오랜 시간동안 느꼈던 것 보다 더 행복하고 미래에 대해 더욱 안정된 마음을 가지게 하니까요.

* * *

내 열정이 머무는 곳 그 어디일까?

페니와 데본은 적어도 그들이 열정을 가지고 있는 분야가 어디인지 를 알고 있었다는 점에서 그나마 운이 좋은 경우라 할 수 있다. 그들은 자신들이 행복해질 수 있는 위치에 도달하기만 하면 되었던 것이다. 그러나 대부분의 20대들은 자아발견의 기간동안 그들이 어떤 분야에

50

열정을 가지고 있는지를 알아내기 위한 시도들을 수도 없이 반복하게 되는데, 이 과정은 여러 해 동안 진행될 수도 있다.

프린스턴 대학을 1994년도에 졸업하고 미육군 소위로 복무하고 있는 트레이시는 자신의 20대를 '두려운 일들을 시도해 보고 계산된 위험을 감수하는 시기'라고 풀이한다. 그녀는 "어떤 일을 경험하고 난 후에는 그 일을 회상하면서 내가 좋아했던 것과 싫어했던 것을 파악한다."고 말한다. 트레이시는 이러한 공식을 확장하여 자신의 열정을 파악하는 방법으로 사용하고 있다. 그녀는 다음과 같이 말한다.

∞ 나는 내가 좋아하는 것이 어떤 것인지, 정력을 고갈시키기보다 생기를 북돋워주는 일들이 어떤 것인지 잘 알고 있어요. 언제라도 그런 일들을 만나게 되면 그것을 기억해뒀다가 미래에 내가 하고 싶은 일에 적용해 보려고 노력합니다. 이런 일을 반복해서 시도하고 있어요. 결국에는 그 모든 것들이 쌓여서 하나의 천직이 될 날이 오겠지요.

네브라스카 주 링컨 시에 사는 로빈은 2001년도에 뉴욕 대학에서 석사학위를 받게 되는데, 그녀도 위와 비슷한 견해를 가지고 있었다.

∞ 자신의 열정을 불러일으키는 일을 알아내는 것은 결코 쉬운 일이 아니지요. 나는 내가 기쁘게 달려드는 일이 뭔지 모두 다 알아내려고 아직도 노력하고 있습니다. 만약 내가 그것들을 모두 나열하게 된다면, 어떤 이유나 동기도 없는 뒤죽박죽이 된 목록이 될 겁니다. 하지만 그것은 나를 다른 사람과 차별화시키는 아주 중요한 단서가 되겠지요. 바로 나의 개인적 특질 같은 것 말입니다. 사람의 열정은 새로운 경험과 새로운 만남에 따라서 지속적으로 변화한다고 생각해요.

51

그러나 평소에는 침착한 상태에 있는 20대의 심장을 두근거리게 만드는 그러한 일들을 찾아내기란 쉽지만은 않다. 사실, 졸업 후 몇 개월 동안에는 어느 한 곳에 정착한다는 것을 상상하기란 힘든 법이다. 이런 이유 때문에, 콜로라도 주립대학(포트 콜린스 소재)에서 수의학을 공부하고 있는 에린(23세)은 '진정한 열정이 무엇인지를 찾아내기 위해서는 졸업생들이 자기가 살아온 시간 중에서, 시간과 정열과 자신이 좋아하는 것에 대해 확신을 충분히 가지고 있었던 안정된 한 시기를 반추해 볼 필요가 있다'고 제안한다. 에린은 이렇게 말한다.

∞ 커트 보네거트(Kurt Vonnegut(1922~) : 미국 저명한 SF소설가이자 시각 예술가. 한국에 번역된 작품으로는 『도살장Slaughterhouse-Five』, 『태초의 밤Mother Night』, 『저 위의 누군가가 날 좋아하나봐The Sirens of Titan』 등이 있다 – 역자 주)는 진정한 행복을 찾는 유일한 방법은 어린시절 꿈을 실현하는 것이라고 했어요. 그 작가가 얼마나 심각한 사람(잘 아시잖아요. 커트 보네거트)인지는 잘 모르지만, 나는 때때로 보네거트와 비슷한 생각으로 직업을 선택해왔던 것 같아요. 다섯 살 때부터 나는 수의사가 되고 싶어서 이 과를 선택했고, 이제 학교에서 해방될 날을 2년 정도 남겨놓고 있어요. 내가 지금까지 한번도 회의한 적이 없다고는 말할 수 없지만, 내가 이 전공에 뛰어들기 전에 품었던 열정만큼 열심히 해보려고 노력했어요. 그리고 자기들이 한 선택에 만족하고 있어요. 지금 내가 하고 있거나 목표를 정해놓고 나아가고 있는 일에 만족하는 것. 나는 이것이 진정으로 자기 자신을 위해 할 수 있는 모든 것이라고 생각해요. 10년이나 20년 후에도 내가 여전히 수의사라는 직업에 만족할 것인지는 장담할 수 없어요. 하지만 유년기의 관심사는 현재 당신의 모습에 대해 아주 많은 것을 말해 준다고 믿고 있어요. 왜냐하면

유년기적 관심사는 지금까지 살아오는 동안 형성된 선입견을 거치지 않은 채 우리 내부에 자리하고 있기 때문입니다.

에린과 마찬가지로 많은 20대들은 열정은 변할 수 있으며, 그에 따라서 자신의 삶도 바뀌어질 수 있다는 사실을 받아들일 수 있는 편견 없는 마음을 가지는 것이 중요하다고 말한다. 에린은 또 이렇게 말한다.

∞∞ 비록 희생을 치르게 된다하더라도, 나는 인생에서 내가 선택한 모든 것이 이미 이루어졌다고 느끼게 되는 일이 없길 바래요. 내가 원할 때마다 내 인생이 변화할 수 있다고 생각하고 싶어요. 내 안에 언제나 열정을 품고 있으려면 반드시 그렇게 되어야 한다고 생각해요. '안정되어 있다' 라는 표현은 내 미래가 어떻게 되었으면 좋겠다는 것을 묘사할 때 쓸 수 있는 표현이겠죠. 어느 날 아침 자리에 일어났을 때 직장도, 가족도, 친구도, 돈도, 그리고 미래도 없는 상황이 될 가능성이 희박하다고 믿고 싶어요. 그렇게 되려면 해야 할 일이 아주 많겠죠.

* * *

신앙으로 신념을 다져가고…

20대들 중에는 대학에서 사회로 이동하는 기간 동안 그들 주의의 모든 것들이 삐걱대는 것처럼 보일 때, 자신들의 삶 속에서 몇 안 되는 든든한 구원의 원천에 의지하고자 하는 사람이 있다. 최근 졸업생들 중 몇몇은 종교를 자기성찰의 도구로 의지하게 되면 과도기를 잘 보낼 수

있다고 이야기한다. 다음은 요크대학(펜실바니아 소재)을 2000년도에 졸업한 데이비드의 말이다

∞∞ 신앙은 나의 정체성을 찾을 수 있도록 큰 도움을 주었어요. 그리고 나의 자아상(像)이 흔들릴 때마다 본래의 나로 돌아갈 수 있도록 인도해 주었어요. 나는 내 자신이 누구인지 인생에서 원하는 바가 무엇인지를 알고 있어서 행운이라고 생각합니다. 내 종교인 유대교와 아티스트라는 내 정체성이 나의 세계관과 삶에 대한 인식을 형성시켜왔습니다. 이 중요한 두 가지가 아트 데라피스트(art therapist: 음악이나 미술 같은 예술을 통해 모든 심리적 질환의 진단과 치료를 행하는 전문가 – 역자 주)를 직업으로 정할 수 있도록 이끌어 주었어요. 아트 데라피는 내가 가진 창조적 재능을 정신적 영적인 치유가 필요한 사람들을 위해 사용할 수 있는 분야입니다. 그것은 세상에 대한 나의 종교적 신념과 예술의 힘에 대한 나의 믿음을 절묘하게 배합할 수 있는 분야지요.

오레곤 주 포틀랜드 출신의 안드레아(22세)는 종교를 통해서 자신의 정체성의 한 부분을 깨닫게 된 경험을 들려주었다. 안드레아와 종교와의 관계는 결코 변치 않을 특별한 관계로써, 이를 통해 그녀는 언제나 안식과 위안을 얻을 수 있을 것이라고 말한다. 다음은 안드레아의 말이다.

∞∞ 지난 몇 년 동안의 내 삶은 현대적 자유로부터 탈출하려는 안간힘으로 점철되어 있었던 것 같아요. 현대적 자유로부터의 탈출이란, 어떤 것에 대해 내가 '진짜로' 어떻게 생각하는지를 밝혀낼 수 있는 '기회'로부터, 나의 '내면의 목소리'를 들을 수 있는 '자격'으로부

54

터, 그리고 내 스스로 인생을 살아가기 위해 배우는 '규칙'으로부터의 탈출을 말하는 겁니다. 대학 새내기 시절, 나의 이러한 탐색은 궁극적으로 하느님과 만나게 해 주었어요. 그리고 그때부터 내 인생은 완전히 달라졌어요. 나는 어릴 적에 교회에 다니면서 성장했는데, 그 경험을 하찮게 여기고 싶지 않아요. 왜냐하면 그런 경험들을 통해 오늘날의 내가 있게 된 거라고 생각하니까요.

하지만 대학시절의 경험을 통해, 나는 더욱더 진지하고 내 신념을 과단성 있게 실행할 수 있는 사람이 되었어요. 나는 하느님의 사람에 대한 하느님의 사랑의 말씀이 아주 다양한 형태의 자유로 드러난다는 사실을 발견했어요. 그 자유는, 우주를 다스리시는 창조자께서 내게 '있으라'고 하셨기 때문에, 내가 어떤 대단한 사람이 돼야 한다는 것에 연연하지 않아도 되는 자유입니다. 또한 그 자유는, 물질적 성공과 명성이 내 삶의 가치를 결정하지 않기 때문에, 속세의 물질적 성공이나 명성을 기약해 주지 않는 힘든 일을 내가 할 수 있는 자유이기도 하고요.

* * *

시행착오가 때론 좋은 결과를

20대들이 관심을 가지는 것 한 가지는 어떤 계시를 통해 자신이 진정 누구인가를 파악하는 것이다. 다소 평온한 삶을 추구하려는 20대들은 우연히 "아! 이거야"라고 느낄 만한 것을 발견하게 될 때까지 어떻게 하면 큰 기복없이 인생을 버텨낼 수 있는가 하는 데 관심이 있지만 사회 초년생들 중에는 뜻밖의 행운을 만나게 되기를 희망하면서, '성공이냐 아니면 실패냐' 식의 단순한 이론을 추종하는 사람들이 있다. 그리고 그들은 자신들에게 가장 중요한 것이 무엇인지를 알아내기 위해서는 시행착오를 통해야 한다고 생각한다(여기서 또한 필자가 지적하고 싶은 사실은, 수많은 20대들이 직업을 통해서 자신들을 규정하고 싶지 않다고 주장하고는 있지만, 우리가 만나 이야기해본 거의 모든 사람들이 여전히 자신들의 정체성에 대한 해답을 직업을 통해 찾고 있다는 사실이다).

유타대학(솔트 레이크 시티 소재)을 1997년도에 졸업한 저스틴은 자신이 일하고 싶은 분야가 어린이나 가정생활과 관련 있는 분야라는 사실을 파악하고 있었다. 하지만 자신이 교육계로 진출하기를 원하는지(긴 여름방학에도 불구하고)는 확신할 수 없었다. 졸업 후, 그녀는 완전히 다른 분야의 직장을 구해보기로 했다. 그녀는 주택담보 대출업무를 하는 금융관련 회사에서 얼마간 근무하면서 이 분야의 지식을 얻었지만, 곧 비즈니스 우먼은 자기 적성에 맞지 않는다는 사실을 깨닫게 되었다. 그리고는 다시 자신의 뿌리로 돌아갔다. 각양각색의 가족 집단들을 사회학적 관점에서 연구하는 가족학(family studies) 석사과정을 시작한 것이다.

이것으로 그녀가 가질 수 있는 직업영역에 헤드 스타트(Head Start: 미국 저임금 가정의 어린이와 그 가족을 위한 영유아 개발 프로그램, 또는 이를 관장하는 미국 행정 부서 - 역자 주)와 같이 중저임금 가족들을 위한 다양한 생활 프로그램들을 고안하고 평가하는 일과, 가족을 위한 복지정책분야의 일을 포함하게 되었다. 하지만 이런 일들이 저스틴이 진정으로 추구하고 있는 것일까?

그녀는 아직 확신하지 못하고 있다면서 이렇게 말한다.

∞∞ 하지만 나는 이 분야를 선택했어요. 이것말고 달리 무엇을 선택

56

해야 할지 확신이 없었거든요.

위의 경우와 비슷하게, 20대들의 상당수가 그것이 직장이든 취미생활이든 혹은 라이프 스타일과 관계된 것이든지 간에, 그들이 인생에서 하고 싶은 일이 무엇인지에 대해 막연한 생각을 가지고 있다. 그리고는 자신들의 능력과 기호에 적합한 분야를 찾기 위해 시행착오라는 방법을 사용한다. 이와 관련해서 오마하 출신 스티브(22세)는 자신의 관점을 분명히 밝히고 있다. 그는 넓은 의미에서 시행착오의 방법을 사용하고 있는데, 왜냐하면 많은 동료와 마찬가지로 그도 자신이 무엇을 해야 할지에 대한 단서가 전혀 없기 때문이라는 것이다.

∞ 나는 계속해서 한 프로젝트에서 다른 프로젝트로, 어떤 활동에서 다른 활동으로 끊임없이 옮겨다니고 있어요. 나는 평범한 삶은 원치 않아요. 특별한 삶을 살고 싶어요. 내게 어느 정도 그런 재능이 있다고 생각해요. 문제는 내가 육체적, 영적, 정신적인 모든 면에서 도전해 보고 싶은 그런 적절한 분야를 찾아내는 일이죠. 도전적이면서도 나의 기예를 십분 발휘할 수 있는 그런 일을 원해요. 내가 진정으로 열정을 가질 수 있는 일 말이에요. 만약 그게 뜻대로 안되면, 내 열정을 쏟을 대상으로 직업 이외의 다른 활동을 찾을 겁니다. 그리고 방아쇠를 당길 만한 그 무엇을 찾을 때까지 계속해서 탐색해 나갈 겁니다. 그것이 펜싱이 됐든 카약이 됐든, 혹은 체조나 댄스가 됐든 말이죠.

우리 인간들이 무엇인가를 잃어버린 채 살고 있다는 생각이 들어요. 마치 이마에 걸쳐놓은 안경을 찾느라 하루 종일 헤매는 노인처럼 말이죠.

　질문에 대한 해답을 바로 눈앞에 두고도 못 찾고 있는 20대의 과도기적 상황을 명확하게 표현한 스티브의 은유 속에는, 20대는 그들이 찾고자 하는 것과 결국은 우연하게 마주치게 된다는 암시가 내포되어 있다. 이것을 설명할 수 있는 사례가 뉴욕에 살고 있는 리즈(29세)에게 일어난 일인데, 그녀의 경험은 시행착오를 통해 자신의 천직을 찾아낸 성공적인 사례라 할 수 있다.

　리즈는 졸업하고 나면 한동안 유럽 배낭여행을 갈 계획이었다. 그러나 대학 4학년 내내 몹시 불안한 상태에 있었다. 자신을 기다리는 확정된 일자리가 없는 상태에서는 유럽으로 떠나고 싶지 않았기 때문이다. 그래서 어쨌든 일자리를 찾아냈고, 그녀는 유럽 배낭여행을 갔다 올 수 있었다. 여행에서 돌아온 후 리즈는 '정말로 끔찍스러운 직장생활'을 시작했다. 그녀는 퇴근 시간 오기만을 기다리며 하루하루를 보냈다. 직장 상사가 그녀를 너무나 어리게 보고 업무상으로도 그런 식으로 취급했기 때문에 그녀는 자기 능력에 대한 자신감을 잃어가고 있었다. 리즈는 당시 상황을 이렇게 설명한다.

∞∞ 돌이켜보면 단지 직장을 얻기 위해서 취직한다는 것은 지극히 어리석은 일이었어요. 하지만 대학 4학년 마지막 몇 개월 동안은 내내 초조와 불안감에 싸여서 지냈어요. 특히 우리같이 순수 예술을 전공하고, 엔지니어링을 공부하지 않았기 때문에 컨설팅 회사 같은 곳에서 일하는 건 생각도 할 수 없는 사람들은 더욱 그렇죠.

　만약 이렇다할 진로를 찾지 못하면, 졸업 후 엄청난 자괴감에 빠지게 돼요. 왜냐하면 나는 '그 대단한' 교육을 받았기 때문에 나 자신에게나 부모님에게 그 교육이 쓸모없는 것이 아니었음을 증명해 보여야 하잖아요. 큰 출세나 더 큰 부자가 되겠다는 생각은 차치하고라도, 최

소한 직장을 얻을 수는 있어야 하잖아요. 아무튼 내가 들어간 그 직장
은 나이든 사람들이 대부분이고, 35세 이하는 나를 포함해서 다섯 명
뿐이었어요. 그래서 대화를 나눌 거리도 상대도 없었어요. 나는 외로
웠고, 거의 아무것도 먹지 않았어요. 이건 내가 침울해 있을 때 하는
버릇이에요.

그 일을 한 지 8개월째 되던 시점에, 그녀는 다른 직업을 찾기 시작
했다. 그녀는 큰 홍보 관련 회사에 끊임없이 이력서를 보냈으나 아무
런 답변을 받지 못했다. 심지어는 대학원을 지원하기도 했는데, 자신
이 달리 무엇을 해야 할지 몰랐기 때문이었다. 그러던 어느 날, 마침내
그녀는 면접시험을 보게 된다.

∞ 거기서 일하고 싶은 생각은 없었어요. 왜냐하면 면접관이 거만한
데다가, 내 수준을 낮춰서 면접을 받게 된 거였거든요. 8개월이나 직
장생활을 한 뒤에 인턴 자리를 지원했으니까요. 나는 너무나 끔찍한
기분이었어요. 여전히 부모님 집에서 얹혀 살고 있었고, 직장이 있는
그 도시로 매일 오랜 시간을 소비하며 통근해야 했고, 게다가 쥐꼬리
만한 인턴 봉급을 받고 있었으니까요. 여러모로 보아 후퇴한 셈이었
죠. 하지만 갑자기 30세 이하가 백여 명이나 되는 회사에서 근무하게
된 것은 정말 고무적인 일이었죠. 인턴들 중에는 대학교를 졸업하고
그 직장이 처음인 사람도 더러 있었어요. 그러니 내가 첫 직장에서 보
낸 8개월은 배부른 경험이라 할 수 있죠. 인턴 기간은 원래 12주인데
나는 단 4주 만에 끝냈어요. 근무 성적이 아주 좋았기 때문이었죠. 그
리고 회사는 내게 전국을 돌면서 주요 광고 캠페인을 벌이는 매체 대
변인 자리를 제안했어요.

리즈가 그 전국순회 캠페인을 마치고 돌아왔을 때, 그녀는 자신에 대해 많은 것을 알게 되었다. 그녀는 자신의 직장생활에 만족하고 있다. 그러나 이전에 시행착오가 좋은 결과를 낳게 했기 때문에, 다시 한 번 더 그 시행착오가 좋은 결과를 낳을 수 있을 거라고 생각하고 있다. 그녀는 이렇게 말한다.

> ∞ 이렇게 큰 대기업체에서 일하게 될 줄은 생각도 못했었어요. 이 회사는 전 세계에서 가장 큰 홍보 대행사 중 하나거든요. 하지만 내가 하고 있는 일이 지적으로 도전적인 것인지에 대한 의문은 계속 가지고 있어요. 고차원의 사고력을 사용하지 않으면서 하루종일을 그저 희희낙락하고 있어요. 그래서 이것 때문에 가끔씩 허망한 느낌이 들곤 해요. 내가 한 일이 그다지 대단한 일이 아니라는 생각이 들 때나, 심지어는 직장 상사로부터 좋은 평가를 받을 때조차도 지겨운 생각이 들어요.

최근 리즈는 법과대학원에 지원했다. 하지만 시행착오의 방법을 항상 사용할 필요는 없다. '어둠 속에서의 조준'도 무시할 수 없는 것이니까. 다시 말하면, 20대들이 뜻밖의 행운을 염두에 두고 마음을 항상 열어 놓고 있어야만, 시도해 볼 가치가 있는 일을 발견할 수 있는 예민한 후각을 가지게 된다는 것이다. 퍼먼 대학(사우스 캐롤라이나 그린빌 소재)을 1996년도에 졸업한 카라는 언제나 순수 예술 분야에서 자신의 경력을 쌓아야 한다고 생각했었다.

> ∞ 나는 독학으로 그림과 회화공부를 했는데, 그것이 내 고교시절 학교생활의 중심이었어요. 나는 그림공부에 대한 자신감과 신념으로 충만했고, 그래서 어른이 되면 뉴욕으로 이사해서 혼자 살면서 예술가

가 될 거라는 생각을 했었죠. 그래서 대학에서도 순수 미술을 전공했
고요. 대학에서도 여전히 신념을 갖고 했지만, 과제 제출 마감일을 맞
추어야 한다거나 그림 공부 외에도 해야 할 일들이 산더미처럼 많았기
때문에, 고교 시절의 느낌 같지는 않았어요. 하지만 나는 그 공부에 매
진했죠. 그리고 그래픽 디자이너나 사진작가가 되리라 생각했어요.

하지만 카라는 졸업 후에 대학교 때 만난 베네주엘라 출신 애인을 따
라 그의 고국으로 가기로 결정한다.

∞ 그 당시 나는 내 '꿈'을 좇아 뉴욕으로 가서 아티스트가 되겠다
는 생각은 상상도 할 수 없었어요. 너무 비현실적으로 보였거든요. 그
래서 베네주엘라의 어느 사립학교에서 영어를 가르치기 시작했어요.
거기 있는 동안 갑자기 이런 생각이 떠오르더군요. '이것이 바로 내가
진정으로 하려고 했던 일이다'라고요. 가르치는 일은 모든 면에서 좋
았어요. 그리고 대학시절 매년 가던 여름 캠프에서 아이들을 가르치던
걸 좋아했었다는 사실도 떠올랐어요.

  남편과 함께(우리는 베네주엘라에서 결혼했어요) 다시 미국으로 돌아
온 후, 나는 유치원 교사로 취직했고 그와 동시에 초등학교 교사자격
증을 받기 위해 다시 학교를 다녔어요. 2년 동안 열심히 공부한 후, 지
금은 유치원 교사로 일하고 있으면서 나의 진정한 꿈을 이루어나가고
있어요. 내가 하는 이 일을 너무 사랑하기 때문에, 다른 일을 하는 것
은 상상할 수도 없어요. 한편으론, 여전히 취미로써 예술 활동을 하고
있어요. 마감시간도 어떤 압박감도 없이 다시 자극을 받게 되어 너무
좋아요.

* * *

세상만사 맘먹기 나름!

'시행착오'라는 방법이 내키지 않은 20대들은 지금까지 스스로와 타협하는 것에 익숙해 있지 않기 때문에, 그 대신 어떤 사안들을 영구적으로 바꾸는 방식을 택하게 된다. 간단히 말하면 그 무슨 이유에서건 자신의 생각을 바꾸는 것이다. 오하이오 웨슬리교 대학(오하이오 델라웨어 소재)을 1997년도에 졸업한 산드라는 대학 졸업 후 많은 문제에 있어서 자신의 생각을 바꾸었고, 아직도 자신의 선택이 현명한 것이었는지 아닌지 의심스러워하고 있다. 산드라는 이렇게 말한다.

∞∞ 가끔씩 자신감에 가득 차서 아무 걱정도 하지 않을 때도 있지만, 어떤 때는 내가 지금 뭘 하고 있는지, 어디로 향하고 있는지, 그리고 내가 인생을 허비하고 있는 것은 아닌지에 대해 나 자신에게 심각하게 묻곤 하지요. 대학에 다니던중에 약혼을 했었는데, 6개월 만에 파혼했어요. 참기 힘들 만큼 고통스러웠지만 필연적인 결단이었어요. 그 후 약 2년 동안은 내 자신과 인생에 대해서 그 어떤 두려움이나 걱정도 하지 않고 보냈어요. 그 대신 어떻게 하면 인생을 재미있게 보내는가에만 집중했죠. 지금에 와서야 내가 간과해 왔었던 모든 문제들과 맞닥뜨리기 시작했는데, 나는 이런 문제들을 처리하고 있는 이 상황이 좋아요. 비록 언제나 어질러져 있는 내 아파트를 볼 때나, 스스로를 낙오자라고 생각할 때면(정말로 이렇게 생각하지는 않지만) 정말 우울한 기분이 들기도 하지만요.

62

20대에게 있어 마음을 바꾸는 것은 극단적인 공포와 두려움을 수반하는 커다란 모험일 수 있다. 산드라가 지적한 대로, 그것은 모든 것을 다시 원점에서 시작하는 것과 같기 때문이다. 산드라는 이렇게 말한다.

∞∞ 마침내 내가 인생에서 무엇을 하고 싶은지를 알아냈어요(내 생각으로는요). 하지만 그것을 이루지 못할 거라는 생각에 너무나 두려워요. 나는 항상 생각했었죠(대학시절에요). 결혼을 해서 아이들을 기르게 될 거라고, 그것이 내가 진정 원하는 삶이라고 말이에요. 그런데 파혼하고 나니까 내 인생에 그런 상황이 일어나지 않을 거라는 생각이 드는 거예요. 그리고 결혼을 인생의 목표로 삼고 싶지도 않았어요.

왜냐하면 만약 결혼이 인생의 목표라면, 나이 서른이 되어서 단지 '지금 아니면 너무 늦다'는 이유만으로 감에 내키지 않는 남자와 정착을 하게 될지도 모르기 때문이죠. 그건 내가 대학 다닐 때의 사고방식이었어요. 그래서 '괜찮다' 싶은 남자를 만나서 그와 약혼을 했죠. 하지만 나는 그를 사랑하지 않았어요. 그리고 한 번 그런 상황을 당해보니까, 다시는 그런 일이 일어나서는 안 된다는 생각이 더욱 굳어지는 거예요. 지금 나는 결혼에 대한 기대는 전혀 하지 않아요. 그래서 좀 힘들어요. 왜냐하면 가정을 가지지 않는다는 결심을 확실히 하려면 필요와 결핍 사이에 균형을 유지해야 하니까요.

나는 결혼을 바라지 않아요. 대신 대안이 한 가지 있어요. 내가 만약 30살이 되어서도 결혼하지 않은 상태라면 고양이를 한 마리 산다는 거예요(지금도 두 마리를 기르고 있어요). 그리고 35살에도 여전히 독신이면 고양이를 한 마리 더 사고, 40이 되어서도 여전히 독신이면 고양이한 마리를 더 사는 거예요. 말하자면 내 계획은 이런 거예요. 40살이 되었을 때, 결혼을 하든지 아니면 다섯 마리의 고양이를 기르든지...

산드라는 계속 말을 이어갔다.

∞∞ 내 인생의 다른 측면에 대한 계획은... 나는 사실 5개년 계획이니 목표니 하는 거창한 계획을 세워본 적이 없어요. 그리고 내 앞에 어떤 기회가 찾아들든지 간에 마음의 문을 열어놓고 있으며 인생의 방향도 어떤 식으로든 규정하지 않으려는 성향이죠. 나는 내 인생이 완전히 자리 잡히는 시기가 오게 될 거라고 생각하지도 않고, 이 사실을 어느 정도 반기고 있어요. 솔직히 말해서, 그것이 바로 20대의 좋은점 아니겠어요? 완전히 자유롭다는 것. 다달이 부어야 할 주택부금도 없고, 아이도 없고, 15년 동안이나 봉직해온 직장도 없어요.

하지만 문제는, 우리 엄마한테 수만 번이나 설명한 것처럼, 자유란 것은 정말로 커다란 짐이 될 수도 있다는 거예요. 모든 선택 가능성이 열려 있을 때는 엉덩이를 붙이고 앉아서 어느 것을 선택할까 고민하는 게 그리 쉬운 일이 아니죠. 나는 아주 오랜 시간을 그런 식으로 보냈어요. 한 3년 정도 그랬을 거예요. 나는 결국 컴퓨터업계에 썩 괜찮은 일자리를 구했어요. 한 2년 동안은 그 일이 아주 좋았죠. 하지만 최근에 다른 분야에서 일하고 싶다는 생각을 하게 되었어요. 그래서 지금 다시 모든 것을 처음부터 시작해야 할 시점에 와 있어요. 하지만 인생에 있어서 내가 무엇인가를 확신하고 있다는 것은 좋은 일이에요. 불확실성은 우리를 죽일 수도 있으니까요.

몇몇 20대들은 지금 이 시기에, 다시 말해서 책임져야 할 일이 더 적고 영향도 덜 받는 이 시기에 자신의 마음을 바꿀 수 있다는 사실에 위안을 얻는다. 레하이대학(펜실바니아 베들레헴 소재)을 1995년도에 졸업한 잭은 직장생활을 즐겁게 보내고 있으며, 함께 일하는 동료들도 좋아하고, 봉급도 괜찮은 수준으로 받고 있고, 게다가 회사 지원으로 학교도 다니고 있다. 그가 하는 일은 지금 당장은 만족할 만한 것이지만, 그는 그 회사에 ― 또는 그 업계에 ― 오랫동안 근무를 계획이 없다. 잭의 이야기를 들어보자.

∞ 나는 관둘 생각을 항상 하고 있어요. 특히 주가가 떨어졌을 때는 더 심하죠. 여길 나가면 음악이나 다른 분야의 일을 하게 될 거예요. 난 이 컴퓨터 업계에서 오랫동안 종사할 마음이 없어요. 왜냐하면 난 컴퓨터를 그리 좋아하지 않거든요. 그래도 안정된 생활이나 다른 취미생활을 영위하는 데는 아주 적격인 직업이죠. 하지만 이것도 제겐 무의미해요. 나는 가르치는 일을 좋아하는데, 이 직업은 너무 수학적이고 논리적이죠. 나는 항상 사람들을 지도하는 것을 좋아했어요. 그것은 만족감을 느끼게 해요. 누군가를 가르친다는 것이 다른 사람보다도 내가 더 똑똑하다고 느끼게 만들기 때문인지도 모르죠. 그 일이 아니면 캠핑 지도원이 되고 싶어요.

나는 야외에서 생활하거나 돌아다니는 것을 좋아해요. 꼼짝 않고 앉아 있는 것은 질색인데, 지금 이 일이 바로 엉덩이를 붙이고 있어야 하는 직업이죠. 돌아다니는 직업 중에서 사람들이 하고 싶어하는 일은 종류가 그리 많지 않죠. 아무튼 지금 내 생각은, 직장을 가지게 되면 그게 무슨 일이든 상관하지 않고 내 인생을 재미있게 즐길 거라는 겁니다. 취미와 사생활이 내 삶의 중심이 되는 거죠. 따라서 지금 내 직장은 내 인생의 다른 면을 즐길 수 있게 해주는 지원책이라 할 수 있어요.

*   *   *

'구르는 돌'은 '이끼'를 원치 않는다

지금의 20대가 30년 전의 20대와 크게 다른 점 하나는, 21세기의 사회 초년생들은 직장문제에 있어서 더 빨리, 더 자주, 더 쉽게 마음을 바꾼다는 것이다(그 이유는 양날 검의 이치와 같다. 즉 선택의 범위가 커지게 되면 보다 많은 선택 항목들을 갖게 되겠지만, 이것은 동시에 결정해야 할 사항이 더 많아졌음을 의미하기도 한다. 이것은 5장에서 자세히 다루게 된다).

구세대의 직장생활 지침서는 젊은 직장인에게 한 직장에 적어도 9개월에서 1년 정도는 머물러 있으라고 조언하고 있지만, 전국은 지금 구세대 때보다 훨씬 더 많고 다양한 취업시장이 펼쳐져 있다. 20대들은 '직업 바꾸기'가 비록 하나의 견실한 직업이력을 확립하기 위한 최적의 방법은 아니어도 10여 년 전처럼 경력 상의 오점으로 인식되지는 않는다고 생각하고 있다. 직장 바꾸기는 현재 많은 고용주들도 받아들이고 있는 하나의 일반적인 추세가 되었다. 사회 초년생들이 항상 '탈직脫職' 상태에 있다는 말은 무엇을 뜻하는가? 위스콘신 매디슨 대학을 1997년도에 졸업한 릭의 생각을 들어보자.

∞ 나는 한 무역 업체에서 임시직으로 일하고 있어요. 내가 꿈꾸는 이상적인 직업은 아니지만 배우고 있는 중이죠. 정규직원이 되고 싶냐구요? 그럼요. 더 나은 직장을 원하냐구요? 말해서 뭘 하겠어요. 하지만 첫 술에 배부를 리 있나요. 하찮은 일자리지만 그럭저럭 만족하고 있어요. 재무관계의 일을 아주 많이 배웠는데, 이 지식이 후에 재산 증식이나 다른 분야에 종사할 때 도움이 될 거라고 생각해요. 이런 경험

들은 차곡차곡 쌓여서 마침내 하나의 집을 완성시키는 벽돌과 같다고
봐요. 이 직장은 임시로 있는 것뿐이에요. 최대한 9개월 정도 있을 예
정이에요. 그런 다음 다른 직장을 찾을 거예요. 너덧 군데 분야가 다른
곳에서 일해보고 싶어요. 그러고 나면 내가 하고 싶은 일이 뭔지 확신
이 들 것 같아요. 마음과 호주머니, 두 곳을 모두 만족시킬 수 있는 곳
으로 말이죠.

한편으로, 몇몇 20대들은 언제나 직장을 관둘 수 있으며 그래도 여전
히 다른 직장을 잡을 수 있다는 인식에 대해 우려를 표명하기도 하는
데, 그 이유는 직장 옮기기를 자신의 눈높이를 과하게 올리는 데에 이
용할 수 있기 때문이라는 것이다. 만약 한 직장에서 오는 권태감이 문
제라면 다음 직장에서도 똑같은 권태감을 맞게 될 것이다. 20대들은 이
른바 '2개월 병'에 물들까봐 두려워하고 있는데, 2개월 병이란 한 직
장에서 오래 못 있고 철새처럼 이리저리 옮겨다니는(왜냐하면 가능하기
때문에) 행태를 일컫는 말이다. 이 문제에 대한 해결책으로 릭은 다음과
같은 방법을 제안한다.

∞∞ 싫증이 나면, 사무실 내에서나 혹은 자신이 해보지 않은 다른 부
서에서 흥미를 느낄 만한 일들이 없는지 찾아보세요. 권태감을 심하게
느낀다면, 자신의 내면을 들여다보세요. 하지만 당신이 있는 위치에 1,
2년 이상 있었던 사람들을 살펴보고, 그 사람들도 여전히 권태감을 느
끼고 있는 것을 발견하게 되면, 이제 다른 곳으로 옮길 시기가 된 거라
고 봐야죠

릭의 설명은 계속된다.

∞ 직장을 자주 바꾸는 것이 나쁘다고는 할 수 없어요. 하지만 우선 자신이 지금 몸담고 있는 직장을 좋아하려는 노력은 해야 해요. 그래도 안 되면 안 되는 거죠. 그러면 옮기는 거예요. 2개월 만에 딴 배로 올라타는 게 무서워서 다른 직장을 거부하지는 마세요. 한 번 시도해 보세요. 그리고 그 회사를 물 먹였다 한들 어쩌겠어요? 자신의 정신적 · 직업적 건강을 스스로가 챙기지 않으면 누가 해 주겠어요?

제임스 매디슨대학(버지니아 해리슨버그 소재)을 1993년도에 졸업한 데릭은, 권태가 직장생활에서 피할 수 없는 부분이라는 것을 20대들이 예상하고 있어야 한다고 말한다.

∞ 직장생활이 권태로울 수 있어요. 아마 그렇게 느끼게 될 겁니다. 대학을 졸업하고 나면 제일 먼저 아주 지겨운 직장을 얻는 것이 일반적인 절차니까요. 그때는 이것을 기억해야 합니다. 자신은 젊고 그 직장에서 평생을 보내지 않을 거라는 사실을요. 그리고 중요한 것은 내가 돈을 벌고 있으며 이 돈으로 생활하고 있다는 사실입니다. 어떤 곳이든 자신이 몸담고 있는 직장에 적어도 1년은 근무하려고 노력해야 합니다. 1년이 지나면 움직여도 상관없죠.

네브라스카 주의 링컨 시 출신인 로빈에 따르면, 20대들은 '직장 옮기기'를 주로 시행착오의 한 방법으로 이용하고 있으며, 이렇게 함으로써 진로를 위한 직업의 선택범위를 좀더 좁힐 수 있게 된다고 한다. 로빈의 말을 직접 들어보자.

∞ 우리 아버지께서는 항상 이렇게 말씀하시죠. '나를 봐라. 이제

쉰 여덟이 됐는데도 여전히 맘에 드는 이상적인 직장을 찾지 못했다. 따라서 내가 잘 할 수 있고 즐길 수 있는 일을 찾을 때까지 다른 일들을 계속해 볼 생각이다. 내가 평생을 이렇게 해 온 그 이유는, 여러 다른 분야나 직장들을 경험해 봐야지 네가 진정으로 즐길 수 있는 일이 무엇인지를 알 수 있기 때문이다. 그건 6개월이 걸릴 수도 있고 2년이 걸릴 수도, 혹은 12년이 걸릴 수도 있다. 하지만 어딘가에는 반드시 너에게 딱 맞는 일이 있는 법이다. 그런 완벽한 일을 만나게 될 때까지는 네가 좋아하는 것이 무엇인지를 알아내기 위해 여러 다양한 분야를 섭렵해 보아야 한다.' 나는 그 말씀이 진정한 충고라고 생각해요.

대학을 졸업하고 나서 1년 동안 비즈니스 업계에서 일하고 있는데, 나와 안 맞는 부분이 아주 많다는 사실을 발견하게 되었어요. 그래서 불어학 석사과정을 시작하러 다시 학교로 돌아갈 결심을 하고 있어요. 그 학위를 받아서 정확하게 무엇을 하게 될지는 아직 기다려 봐야 해요. 하지만 그것이 내가 진정으로 즐겁게 할 수 있는 일이고, 앞으로 내가 하게 될 일과도 잘 맞물릴 수 있는 것이기를 희망하고 있어요.

비록 마음을 바꾸는 과정이 이미 쓰라린 경험을 겪고 있는 사회 초년생들의 심장에 후춧가루를 뿌리는 꼴이 될 수도 있지만, 이 과정을 통해 그들은 종종 자신에 대한 아주 중요한 사실을 깨닫게 된다. 콜비대학(메인 주, 워터 빌 소재)을 1996년도에 졸업한 메러디스는 이렇게 말한다.

∞∞ 나는 어릴 때 30대의 어른이 무척 되고 싶었어요(왜냐고는 묻지 마세요). 물론 30대도 그들만의 문제들이 있겠지요(그것도 아주 많이요). 하지만 내 눈에는 그들이 잘 살아가고, 뭐든 잘 해내고, 멋진 직장도 있고... 말하자면 완벽한 여피족처럼 보였어요. 나도 그렇게 되고 싶었

어요. 특히 성공한 여피가요.

그러나 전공을 선택할 때가 되었을 때, 메러디스는 여피가 되고 싶은 자신의 꿈과는 다소 거리가 먼 경제학이나 회계학을 택하게 되었다. 그 대신 졸업할 때는 스피치 커뮤니케이션speech communications 학위를 가지고 대학 문을 나섰다. 대학 4학년 말 추수감사절 시즌 즈음에, 메러디스는 전미 컨설팅 회사 중 최고로 손꼽히는 회사에서 직장생활의 첫발을 내디뎠다. 그리고 4년 동안 그 자리를 유지했다. 메러디스는 말한다.

∞∞ 돈을 많이 벌었냐구요? 꽤 많이 벌었죠. CEO(chief executive officer:최고경영자)나 COO(chief operating officer:최고업무진행 책임자), 혹은 다른 VIP들을 많이 만나봤냐구요? 그럼요. 많이 만났죠. 신입사원들 기죽이느라 '분위기 끝내주는' 레스토랑이나 술집에 가봤냐구요? 물론이죠. 그리고 만족하냐구요? 아뇨, 천만에요. 1년 전부터 내가 아무에게도 도움을 주지 못한다는 생각이 들기 시작했어요. X 클라이언트의 연차보고 담당 부서의 운영방식을 내가 재편성해 주지 않아도, Y 회사의 전 직원을 교육하지 않는다 해도 세상은 여전히 잘 돌아갈 테니까요. 사실, 내가 인사계획을 최적화시키는 방법을 알려주지 않았다면 500명이나 되는 사람들이 여전히 직장을 가지고 있었을 거예요. 하지만, 맙소사, 그게 바로 내가 해온 일들이에요. 나는 지금이 내 삶에 있어서 아주 중요한 시점이라는 걸 깨달았어요. 내 룸메이트는 이사를 나갔고 그것으로 2년 간 공들였던 관계는 종말을 고하게 되었죠. 거기다 할아버지마저 병이 나셨어요.

어느덧 20대 말에 이르러, 자신의 삶을 둘러싸고 있던 모든 경계들이 무너지는 느낌이 들게 되자, 메러디스는 무엇이 어떻게 돌아가는지 알 수 없는 상태가 되었다.

∞ 그렇다고 내가 술을 과하게 한다거나 음식을 지나치게 탐닉한다거나 하는 문제가 없었기 때문에 정신상담이 필요하다고 생각지는 않았어요. 하지만 심각한 혼란 상태에 빠지기 시작했다고 생각하고 있었죠. 그때 나는 이런 질문을 내 자신에게 건졌어요. '내가 여든이 되었을 때 내 인생에 등장했던 사람들이 나에 대해 어떻게 말해 주기를 원하는가?'라고요. 그것은 내가 올바른 견해로 많은 문제들을 바라볼 수 있게 해 주었어요. 그 질문에 답하기 위해서 나는 현재의 혼란상태를 넘어서서 미래를 생각해야 했어요. 그리고 지금의 내가 있기까지 어떤 길을 걸어왔는지, 과거에는 그렇게나 중요하게 생각되었던 모든 것들이 지금에 와서는 왜 시시하게 여겨졌는지, 또 나를 왜 이다지도 괴롭히는지에 대해 생각했어요.

메러디스는 한동안 인생의 우선사항들에 대해 곰곰이 숙고하고 난 후, 만약 자신의 직업에 대해 자랑스러움이나 만족감을 느끼지 못한다면 그 직업은 가질 만한 가치가 없다는 결론에 도달하게 되었다. 그래서 자신의 진로를 완전히 바꾸기로 결심했다.

∞ 내 삶의 이력서가 온통 칭송으로만 채워지지는 않겠죠. 먼 훗날 친구들이나 가족들이 내가 그들에게 어떤 존재였는지 말하게 될 거예요. 그래서 나는 이런 생각을 하게 되었어요. 내가 여든 살이 되었을 때, 사람들에게 따뜻하고 정 많고 남의 이야기 잘 들어주고 눈물도 많고 웃음도 많은 사람, 그리고 어려운 처지에 놓인 친구나 가족들이 도

움을 청하기 위해 제일 먼저 의지했던 사람, 선의의 웃음을 제일 먼저 나누고 싶었던 사람으로 기억되고 싶다고요. 그런 사람이 되려면 언제나 본연의 내 모습을 잃지 말아야겠죠. 그리고 내가 지금 친구와 가족들에게 쏟아 붓는 것과 똑같은 에너지를 직업 속에서도 사용하려고 노력해야 합니다.

메러디스는 정체성 위기와 정면으로 대응함으로써 자신이 행복하지 못한 이유를 파악하는 통찰력을 갖게 되었고, 다시 모든 것을 새롭게 시작할 수 있는 배짱도 얻게 되었다. 결국 그녀는 대학원을 지원했고 지금은 하버드대학에서 교육학 석사과정을 밟고 있다.

∞ 그것은 25세의 나이에 가질 수 있었던 작은 직관이었어요. 하지만 그 하찮은 질문에 나는 진지하게 집중했어요. 앞으로 살아가면서 여든 살이 되었을 때 다른 사람들이 생각해 주었으면 하는 그런 인간형을 언제나 마음 속에 간직할 겁니다. 그리고 지금의 내 자신한테나, 이후에 되고 싶은 내 자신에게 계속해서 충실할 수 있기를 희망합니다.

＊　＊　＊

20대, 끊임없는 진화의 또다른 이름

20대들이 압박감을 가장 많이 느끼는 곳은 인생의 다양한 측면, 즉 직장(이것은 아주 큰 문제이다), 연예, 사교 생활 등등, 생활전반에 있어서 어떻게 하면 안정을 찾을 수 있나 하는 문제이다(이 모든 측면들을 균형있게 영위하는 문제는 6장에서 보다 상세하게 다루어진다).

최근 졸업생들은 원래의 자신을 자신이 되고 싶은 상과 조정하려는 과정에서, 자신들을 행복하게 해주는 무엇인가를 찾아내기 위한 지루하고 끝없이 이어지는 시간들을 경험하게 된다. 이것은 사실 어려운 과정이긴 하지만, 이 과정이 더욱 고달프게 느껴지는 이유 중 하나는, 20대들이 여러 개의 목표들을 생각한 다음 그 모두를 한꺼번에 얻으려고 하기 때문이다. 마치 상상할 수 있는 모든 인생의 행로를 끝까지 경험하고 나면 진정한 행복을 찾게 될 수 있을 것처럼 말이다. 하지만 문제는 바로 거기에 있는지도 모른다.

뉴올리언즈에 살고 있는 필(25세)을 포함한 20대의 상당수가, 지루하고 단조로운 삶에 빠지게 될까 두려워서 계속 변화를 시도하려고 한다고 털어놓았다. 필의 말을 들어보자.

∞ 나는 자주 이런 생각을 해요. '이 일을 얼마나 오래 할 수 있을까?', '이것이 남은 인생 동안 내가 하고 싶은 일인가?'라고요. 하지만 지금 있는 직장은 아주 편하기 때문에 무슨 계기로 마음이 흔들려서 이 직장을 나오게 될지는 잘 모르겠어요.

필은 말을 계속 이어갔다.

∞ 다시 학교로 돌아가서 변호사나 뭐 그런 전문 직업인이 되고 싶다는 생각이 들 수도 있겠죠. 지금은 아주 만족하고 있기 때문에 언제 그런 생각이 들지는 알 수 없어요. 하지만 변화해야 한다는 생각은 늘 가지고 있어요. 지금 하고 있는 일에 정말로 만족하고 있지만, 이 일에 내가 더 이상 흥미를 갖지 않게 될까봐 걱정이 돼요. 4, 5년이 지나면

열정이 다 식어버릴 것 같아요. 지금은 부모님 연배에 있는 분들까지 직업분야를 바꾸려고 하고 있잖아요? 나는 2년 안에 분야를 바꾸고 싶어요. 그것은 직업을 또 다른 도전으로 삼고 싶고, 그 도전을 추구하고 싶기 때문이에요. 새로운 기회를 찾는 것. 나는 이것이 우리의 마음을 설레게 만드는 인생의 중요한 부분이라고 생각해요.

우리가 자주 간과하게 되는 사실이 있는데, 그것은 20대들은 지속적으로 진화하는 종이며, 따라서 어쩌면 한 길의 종점에 도달하는 것이 인생의 목적이 아닐 수도 있다는 것이다. 오히려 방향을 비틀고 뒤집는 것에 더 큰 의의를 둘 수도 있다는 얘기다.

앞에서 제프가 이야기했다시피, 인생에서 모든 것이 정착되는 날은 바로 인생의 마지막 날이 될 수도 있는 것이다. 사실, 자기 발견의 과정은 그 자체가 목적일 수 있다. 자신의 정체성에 대한 문제의 일부가 해결되는 지점에서 항상 그 다음 것을 찾아 더 멀리 내다보려 할 게 아니라, 몇몇 20대들이 지적한 대로 긴장을 풀고 느긋하게 있어야 하는 일인지도 모른다. 왜냐하면 그들이 자신의 내면과 가장 완벽한 조화를 이룰 수 있는 시기가 바로 그들의 정체성 문제를 해결하게 되는 시기이기 때문이다. 정체성을 파악하는 문제에 스트레스를 너무 많이 받지 않으면 이 시기를 그다지 힘들지 않게 버텨나 갈 수 있을 것이다. 해답을 찾는 것과 지속적으로 도전할 대상을 찾는 것이 바로 젊은이들이 삶을 영위하는 한 방법이며, 그들에게 삶의 목적의식을 주는 것이기 때문이다.

조지 워싱턴 대학(워싱턴 D.C 소재)의 1995년 졸업생 마이크는 대학을 졸업하자마자 바로 에모리 법대(아틀란타 소재)로 진학했다. 그는 자신의 목표가 지속적으로 변하고 있기 때문에, 자신을 파악하는 것은 계속되는 과정이라고 말한다. 그는 법대를 졸업한 후 새로운 도시로 이사를 갔고, 그리고 즉시 3가지 도전과제와 직면하게 되었는데, 그것은 변호사가 되기 위해 공부하는 것, 새로운 도시의 삶에 적응하는 것. 그리고 직장을 구하는 것 이 3가지였다. 초기에는 이 중에서 변호사가 되는 문제가 가장 절박한 관심사였다. 그 외 나머지 것들은, 그의 말에 의하면, 대기하고 있는 문제, 혹은 모든 것이 제자리를 잡을 수 있도록 도와주는 문제였다. 그는 자신이 하고 싶은 일에 대해 막연한 생각을 가지고 있었지만, 어쨌든 그것을 현실화시키려면 열심히 일해야 한다고 느꼈다.

∞∞ 그래서 기본적으로, 예전보다 훨씬 더 나 자신에게 의지하는 법을 배웠어요. 왜냐하면 대학이나 법대에서는 확정된 실천과제가 있었고, 사람을 만나거나 내 과제가 어떻게 되어가고 있는지를 파악하는 하나의 고정된 방식이 있었기 때문이죠. 그런데 변호사가 되는 공부를 마치고 나면, 변호사로 활동을 하게 되느냐 마느냐는 전적으로 내 자신한테 달려 있게 된다는 겁니다. 생전 처음 정해진 커리큘럼이 존재하지 않는 상황과 마주하게 되는 거죠. 그래서 우리는 인내심을 배우는 겁니다. 나는 언제나 몽상가였어요. 그래서 마음 속에 꿈을 간직하고 있었죠. 하지만 그것을 현실화시키는 것은 완전히 다른 문제였어요.

나는 뭐든 열심히만 하면 모든 것이 제자리가 잡힐 거라고 믿고 있지만, 사실상 그 일이 언제 일어날지 어떻게 일어날지는 내 힘으로 조종할 수는 없어요. 나는 내가 원하는 자리를 물색하는 동안, 몇 가지 다른 일도 함께 처리해야 했어요. 그리고 내가 장차 어느 위치에 도달하고 싶은지에 대한 마스터플랜을 가지고 있다고 해도, 사실상 자신이 그 위치에 가서 직접 경험을 하기 전까지는 내가 어디로 향해가고 있는지를 전혀 알 수 없다는 사실을 깨닫게 되었어요. 나는 여전히 이런 목표들을 얻으려고 애쓰고 있는 중이지요. 하지만 깨달은 게 있다면, 나를 행복하게 만드는 게 무엇인지, 내가 되고 싶은 것이 무엇인지를 터득해 가는 과정에서, 그 목표도 역시 변화해 왔다는 사실입니다.

20대들이 정체성 위기를 겪고 있을 때는 주변 문제들을 지나치게 복잡하고 혼란스럽게 받아들일 수 있다. 터프츠대학(매사추세츠 메드포드 소재)을 1998년도에 졸업한 마리오는, 만약 최근 졸업생들이 그들의 '자아발견'의 과정을 'get happy(행복해지자)'로 단순화시킨다면, 현실 세계로 가는 과도기가 훨씬 더 견딜만해질 것이라고 제안한다. 이런 태도 때문에, 마리오는 자신이 진정 누구인가를 파악하는 과정이 그다지 힘들지 않았다고 말한다.

∞∞ 나는 내가 하고 싶은 일과 하고 싶지 않은 일이 무엇인지를 잘 알고 있어요. 가끔씩 자신과 타협을 해야 할 때가 있습니다. 그러나 사람들은 자기 자신과 타협을 너무 자주 하는 것 같아요. 나는 그 어떤 일이든 내가 좀더 행복해질 수 있는 일을 하려고 합니다. 그리고 내 자신을 제일 먼저 생각하려고 합니다(말하자면 자기중심적이라 할 수 있겠죠?). 하지만 이런 태도가 익숙해지면 질수록, 더욱 더 행복하게 될 거라는 게 제 생각입니다. 이 관점을 좀더 쉽게 설명해 볼까요? 봉급이 좀더 많다고, 혹은 부모님을 기쁘게 해주려고, 그리고 친구들에게 자랑하려고 그 직장을 택하지 마세요. 대신 자신이 하고 싶은 일이기 때문에 그 직장을 택하십시오. 돈 많이 버는 게 장땡이라구요? 좋아요. 그럼 돈 많이 버는 직업을 택하세요. 평양감사도 저 하기 싫으면 그만이니까요.

여기에다 마리오가 한 조언 중에 어쩌면 가장 결정적일 수 있는 것을 한마디를 덧붙이자면, "다른 사람이 어떻게 생각할지에 대해 걱정하지 말라."이다. 말하기는 쉬울 것이다. 그러나 이것이 바로 요점이다. 그리고 이것이 바로 많은 20대들이 따르기 어렵다고 느끼는 하나의 강령이다.

자기발견의 과정은 바로 자아로 시작허서 자아로 끝난다. 그래서 마리오가 충고했다시피, 자기 자신의 행복에만 중점을 두게 되면 20대들은 그들의 정체성을 보다 더 빨리, 보다 더 분명하게 규정할 수 있을 것이다. 당신이 20대라면 다음 두 개의 광고 슬로건에는 익숙할 것이다.

"Just be."

"Just do it."

(캘빈 클라인과 나이키 회사에게 고함 : 본 필자 팀은 귀사의 홍보 부서에 즉시 근무가 가능함을 알려드립니다)

하나 더 적당한 것을 만들라면, 이것은 어떤가?

"Just live."

게다가 25살에 들어섰다는 사실은 즐거운 일이 아니에요.

서른 살이 다 된 것처럼 느끼게 하니까요. 도대체 나이를 언제 이만큼이나 먹은 거죠?

여하튼 나이를 거꾸로 먹을 수 있는 방법은 없으니까,
매순간 이 사실에 혐오를 느낀다는 건 무의미한 일이지요.

2

어리광부리는 시절이 끝났다는 게 두려운가?

＊　＊　＊

쉬는 시간을 기억하는가? 그것은 정말 멋진 착상이 아닐 수 없다. 친구들과, 운동장 놀이 시설, 악랄한 선도부 선생, 그리고 우리가 끔찍이도 소중히 여겼던 빨간 농구공 등의 추억이 아로새겨진 정규적으로 편성된 '노는 시간' 말이다. 그 시간에는 무엇이든 일어나지 않았던가? 일반 기업들은 사원 각자가 선택할 수 있는 휴식시간을 마련하는 것을 심각하게 고려해야 한다. 초등학교에서처럼 점심 식사 바로 다음일 필요는 없다(그때를 생각하면, 미심쩍은 칠리 콩 소스를 끼얹은 싸구려 토스트를 한 입에 꿀꺽하자마자 어떻게 곧바로 정글짐 위에 정신없이 매달릴 수 있었는지... 상상할 수 없는 일이다). 그렇다면, 오후 3시는 어떤가. 그러면 사원들이 더 행복해지고, 더 생산적이고, 육체적으로도 더 좋은 상태를 유지할 수 있을 것이다. 물론 사원들이 자발적으로 너프 게임(Nerf Game : 너프 총을 가지고 하는 서바이벌 게임의 일종 – 역자 주)을 하며 휴식을 즐긴다거나, 가끔씩 회사와 가까운 페인트볼(paintball : 페인트볼 총을 가지고 하는 서바이벌 게임 – 역자 주) 시설로 단체 야유회를 간다는 몇몇 기술 분야 회사들의 이야기를 들은 바가 있다. 그러나 대체로 대부분의 고용주들에게 있어서 평일 근무시간에 회사 전체를 쉬게 한다는 생각은 꿈도 꾸지 못할 일이다.

　하지만 휴식시간은 우리에게 행복한 유년기의 기억을 가져다주는 여러 가지를 상징한다. 자유로운 방종, 비조직화된 놀이, 위험한 장난(장난으로 일어난 '우발사고'로 인해 한번이라도 양호실 신세를 져보지 않은 사람은 아마도 진정한 휴식시간을 경험했다고 할 수 없을 것이다) 등등. 운동장 규율 같은 게 있었던 것 같지만, 노는데 정신이 팔려서 규칙 같은 것은 아랑곳하지 않았다. 노는 시간은 유년기를 상징하며 유년기는 비록 우리가 그 당시에는 깨닫지 못했지만 마법으로 가득한 시기이다. 우리 부모님들은 저러다가 책임감 없는 아이가 되지나 않을까 걱정하셨고, 우리는 우리가 어떻게 보이건, 무엇을 먹건, 누구의 마음에 들건, 또는 장래에 출세를 할지 어떨지, 이런 문제들에 관해선 통 관심이 없었다. 사실 그랬다. 그리고 우리는 그것으로 행복했다.

그 당시 우리가 한 모든 행동들이 얼마나 단순했었던가를 한번 생각해 보자. 하루를 어떻게 보냈었던가? 우리는 온갖 것을 서로 주고받았다. 그것이 딱지건, 스티커건, 플라스틱으로 된 가짜 수갑이건, 혹은 변신 로봇이건 상관없었다. 딱딱한 껍질 부분을 도려낸 식빵에 땅콩버터와 잼을 바른 삼각형 모양의 샌드위치를 먹었고, 격심한 경쟁 같은 것은 생각 할 필요도 없었다. 싸구려 매점 음식을 플라스틱 포크로(스푼 겸용) 꾹꾹 찍어서는 좋아라 삼켜댔다. 여름이면, 수영장 속으로 곤두박질쳤고, 겨울이면 주변에 온통 널려 있는 일명 '뇌진탕 언덕길'에서 미끄럼을 타며 놀았다. 우리는 계절과 상관없이 진흙탕 속에서 놀았고 가끔은 그걸 먹기도 했다.

우리는 사실 '80년대의 아이들'에 초점을 맞추어 이 책을 쓸 생각이 없다. 그 분야는 이미 다른 사람들이 장악하고 있기 때문이다. 그 보다 이 책은 90년대와 그 이후의 세대들에게 적용되어야 한다고 생각한다. 그들 중 일부는 '카우 앤 치킨(Cow and Chicken : 미국의 인기만화 시리즈)' 같은 만화는 알겠지만 '스머프'와 같은 고전에 대해서는 전혀 아는 바가 없을 것이다. 그러나 20대들이 '그때를 아시나요' 식의 책을 읽기 좋아하는 이유는 그 어떤 것도 크게 문제될 게 없었던 시절을 회상할 수 있기 때문이다. 언젠가부터 중요하게 생각해야 할 무엇인가가 생기기 시작했고, 그것이 어떠한 방식으로든 그들에게 영향을 미치게 되자, 그들은 뒤를 돌아보지 않고 앞으로만 나가게 되었던 것이다. 따라서 이런 아련한 노스탤지어는 수많은 20대들을 행복감에 젖게 하는 그 단순했던 시절을 떠올리게 한다. 그들은 가끔씩 단 한 순간만이라도 그 시절을 되찾아 보려고 애를 쓴다. 때로는 성공하지만, 때로는 실패하기도 한다. 그러나 어린 시절을 되찾으려는 노력이 실패로 끝나게 되는 횟수가 성공하는 횟수를 넘어서게 되면, 그들은 두려움을 느끼기 시작하고, 그 시절을 영원히 잃어버리게 된 것은 아닌가 하고 불안해하는 것이다.

정말로 영원히 잃어버린 것일까? 코넬대학(뉴욕 주, 이타카 시 소재)을 1998년도에 졸업한 데본은 더 이상 어린이로 살 수 없다는 사실을 떠올리면 두려워진다고 말한다. 그녀의 말을 들어보자.

∞∞ 아이 같은 본성은 지금 나의 정체성에 큰 부분을 차지하고 있어요. 나는 오늘날 이 세상에 만연하고 있는 모든 문제의 원인이 세상에 어른들로만 가득 차 있기 때문이라고 생각하고 있거든요. 최근에 헬스센터의 러닝머신 위를 달리는 동안, 이 모든 것이 얼마나 우스꽝스러운 짓인지를 깨닫게 되었어요. 진짜 필요한 것은 햇빛과 자유로운 시간인데, 병균이 우글대는 그 좁아터진 장소에서 운동을 해보겠다고 기괴한 기구 위에서 땀을 빼느라 얼마나 엄청난 돈을 허비하고 있느냐 말입니다. 혹시 점심시간에 밖에 나가서 놀았던 적이 언제였는지 기억하세요?

데본은 자신의 유년시절을 계속 유지하기 위해서 그 치기 어린 '노는 시간'의 마지막 요새를 필사적으로 지켜오고 있다. 데본은 이렇게 말한다.

∞ 교사가 되면서, 노는 시간에 밖에 나가서 굴렁쇠를 굴리거나 줄넘기를 하거나 온 데를 뛰어다니는 아이들을 보게 됐어요. 나를 포함한 다른 선생님들은 그 시간에 모두 엉덩이를 붙이고 식사를 하고 있었죠. 비록 지금은 그 어느 때 보다도 좋은 체력을 가지고 있다고 생각하지만, 지금까지 나는 운동을 그렇게 잘하는 편은 아니었어요. 그런데 어느 날 사건을 저질러 버렸죠. 점심시간에 운동장으로 나가서 아이들과 어울려 '놀았던' 겁니다. 사내애들과 잠시동안 굴렁쇠를 굴려보려고 시도해 봤어요. 나의 둔한 운동신경이 여실히 입증됐죠. 그리고 나서, 여자 애들이 하는 놀이가 줄넘기같이 쉬워 보이 길래, 그 틈에 끼었죠. 그런데 게임이 어떻게 돌아가는지 통 알 수 가 없더라구요 (그럼에도 불구하고 재미있었어요). 다른 선생님들은 나더러 제정신이 아니라고 했어요(이런 반응에는 익숙해져 있어요). 하지만 아이들은 완전히 흥분했었죠. 어쩌면 내일 또다시 그 짓을 하게 될 것 같아요.

교사인 그녀의 하루일과에 휴식시간이 자동으로 마련되어 있기 때문에, 데본이 다른 20대들 보다 쉽게 휴식시간을 가질 수 있다는 것은 말할 필요도 없을 것이다. 하지만 그녀의 인생관이 교육계에 몸담고 있는 사람들과는 확실히 차이가 있다는 것도 분명한 사실이다. 그녀가 교사이기 때문에 최근에 졸업한 다른 사람들보다 어린 시절이란 어떤 것인가를 기억할 수 있는 기회를 훨씬 더 많이 가지고 있을지도 모른다. 여건이 어떻든 간에, 데본은 20대의 한 사람으로서, 다른 수많은 동료와

83

마찬가지로 그러한 추억들을 생생하게 간직하기를 원하고 있다. 그리고 이따금씩 그 기억을 그녀의 성년의 삶 속에 적용하고 싶어한다.

∞∞ 나는 사람들이 인생을 너무나 심각하게 받아들이고 있다고 생각해요. 언제부터 이런 심각한 삶이 시작되는지는 정확하게 잘 모르겠지만, 이 즈음이 아닌가 생각해요. 돈이나, 소득, 직업, 인간관계 같은 것에서 실제 삶의 스트레스가 시작되는 이 시기 말이에요. 성인들은 인생에 있어 매우 중요한 것들을 잃어버린 채 살고 있어요. 그들은 바로 그 스트레스의 근원들과 함께 살기 때문이에요. 나는 마음속에 어린이의 동심을 간직하려고 열심히 노력하고 있어요. 아이들에게 둘러싸여 살 수 있다는 건 행운이지요. 그들이 자아를 발견해가는 과정을 지켜보는 것은 아주 놀라운 일이에요. 그것은 그와 똑같은 경험을 나의 일상에서도 경험할 수 있도록 지속적으로 나를 일깨워주고 있어요. 사실을 말하자면, 내가 성인처럼 느끼면서 행동하는 모든 것은 완전히 거짓이에요. 얼마 지나고 나면 사람들은 모두 이 사실을 알아채고 내가 진짜 어른이 아니라는 사실을 알게 되겠죠. 아이고 맙소사, 그땐 진짜 문제겠죠. 하지만 지금까지는, 대부분의 사람들이 잘 속아주고 있는 것 같아요.

데본이 알려준 바와 같이, 20대들이 그들의 유년기에 집착하는 이유는 자신들의 자유로운 기백과 왕성한 원기를 잃고 싶지 않기 때문이다. 사람들은 그들의 정체성이 어린 시절에 형성되었기 때문에, 유년기를 벗어나는 것은 자아에 대한 관념을 상당 부분 상실하는 것을 의미한다고 말한다.

현재 테네시 주 녹스빌에 살고 있는 쉐인(23세)은, 20대들이 어린이

84

로 살아갈 수 없음을 두려워하는 또 다른 이유는 청년의 발랄한 용모에 필연적으로 수반되는 혜택과 사회적인 특전을 유지하고 싶기 때문이라고 말한다. 특히나 경제적인 입장에서 보자면 상당히 일리가 있는 견해가 아닐 수 없다. 젊음은 역동적이며, 누구에게나 환영을 받기 때문이다. 그러나 쉐인은 젊음을 되찾는 것은 또한 과거를 회상하는 것이며, 이것은 유년기와 연관된 20대의 문제를 더욱 복잡하게 만드는 요인이라고 지적한다. 쉐인은 몇 가지 신체적인 현상을 예로 들면서, 사람들이 왜 현재보다 더 젊어지기를 바라는지 설명해 주었다.

그는 희끗희끗해지는 머리, 점점 넓어지는 이마, 팽창하는 허리선, 축 처지는 가슴, 자라야 할 곳은 안 자라고 빠지지 말아야 할 부분에만 빠지는 체모들 등을 언급하면서 이 모든 현상들이 더 젊어지고픈 동기를 형성한다고 말한다. 그러나 사람들이 만약 이러한 신체적 노화현상에 고민할 필요가 없었던 시절로 돌아갈 수 있게 된다면, 이것은 또한 그에게 이런 신체적 노화가 아직 일어나지 않았음을 파악하는 데 필요한 지식이나 경험이 없었던 시절로 돌아가게 됨을 의미하는 것이다.

쉐인에 의하면, 바로 이것이 20대들이 처한 상황이라는 것이다. 다시 말해, 그들은 이러한 문제들에 대해 두려워하기 시작했지만, 사실 아직은 그와 같은 문제들을 걱정할 필요가 없다는 사실을 깨닫지 못하고 있다는 것이다. 20대는 자아상自我像과 끊임없이 충돌하는 시기이다. 그 상像은 20대들이 과거로 회귀하고자 하는 동시에 앞으로 나아가고자 하는 서로 상충되는 욕망이 뒤섞여서 형성된 상이다. 쉐인은 이렇게 말한다.

∞ 요즘은 거울에 비친 내 모습을 보는 시간이 많은데, 내 몸이 점점 망가지고 있다는 생각이 들어요. 이런 생각이 들면, 난 이제 겨우 20대

라는 사실을 스스로에게 주지시켜야 해요. 지금도 이런 생각이 드는 데, 30대나 40대가 되면 어떻겠어요? 그리고 다른 방법은, 이런 문제에 전혀 개의치 않았거나 인식하지 못했던 시절을 회상하는 거예요. 그리고 잠시동안이라도 그때처럼 될 수 있기를 바라지요. 하지만 내가 그때 얼마나 무식하고 순진했던가를 깨닫게 되면 생각이 달라져요. 사실 무지한 그때로 돌아가는 것과 신체적 지식을 소유하고 있는 지금 중에 하나를 택하라면, 나는 신체적 지식을 택하게 될 것 같아요. 어쩌면 이것이 내가 성숙했다는 것을 의미하는 것이거나, 어쩌면 노화를 걱정하는 게 이젠 지긋지긋해졌기 때문인지도 모르지요. 여하튼 나이를 거꾸로 먹을 수 있는 방법은 없으니까, 매순간 이 사실에 혐오를 느낀다는 건 무의미한 일이지요. 그런다고 내가 얼마나 행복해질 수 있겠어요?

쉐인은 얼마 전까지, 모든 방법을 총동원하여 노화와 맞서 싸우는 타입의 여성과 사귀고 있었다. 그의 말에 따르면, 사귀던 여러 달 동안 여자친구가 20대로 진입하는 것을 그렇게나 두려워했다고 하는데, 이 이유는 그녀가 공식적으로 20대가 됨으로써 이제 생물학적 유년기를 박탈당한다는 사실이 두려웠기 때문이라는 것이다. 이것이 쉐인이 그 여자친구로부터 돌아서게 된 이유 중 하나였다고 한다. 쉐인은 이렇게 말한다.

∞ 솔직히, 훨씬 더 큰 문제들이 있었어요. 제 말은, 그 친구가 인생에 있어 육체적으로 최고의 시기에 있었다는 거지요. 그 친구가 20대가 되는 걸 겁낸다는 것은 과감히 나서서 자기 스스로 무엇이건 해내는 것을 두려워한다는 것으로 들렸거든요. 그건 20년 주기를 맞이하는

인생의 전환점 같은 거겠지요. 내가 막 10대가 되던 때가 기억나는군
요. 그 해 생일날 엄마에게 여느 때보다 더 큰 선물을 받아내려고 했었
죠. 내 인생에서 처음으로 10년이란 단위를 채운 해이고 열 살이 되는
기회는 인생에 있어 단 한번밖에 오지 않는다는 등의 이유를 들어가면
서요(하지만 먹히질 않았죠). 어쨌거나 스무 살은 단지 인생이 시작하는
시점이라고 봐요. 그런데 그 친구는 자기 인생이 끝났다고 생각하는
것 같았어요.

청년시기를 보는 견해가 본질적으로 다르다는 이유로, 여자친구의 스
무 살 생일을 보낸 후 그 둘은 곧 헤어졌다. 쉐인의 이전 여자친구처럼
20대가 되는 것을 두려워하는 경우는 매우 드문 경우가 아닐 수 없다.

* * *

순수의 시대는 가고

최근 졸업생들 중 몇 명이 20대의 기간 중에 이제 유년기는 가고 자
신도 모르는 사이 성인의 무대에 이미 등단한 후라는 것을 가장 절실
히 깨닫게 되는 시기를 구체적으로 예시해 주었다. 흔히 이러한 순간
들은 '첫 경험들'의 순간과 일치한다. 첫 아파트, 처음 갖는 장기간의
로맨스, 첫 직장 등등. 1996년 버몬트(벌링턴 소재) 대학을 졸업한 타냐
는 대학을 졸업하자마자 자신이 어른이 된 듯한 기분을 처음으로 느꼈
다고 말한다.

∞∞ 나는 23살 때 제 아파트로 독립했어요. 그때 내 냉장고가 웅웅거리는 소리를 처음 듣는 순간, 갑자기 이런 생각이 가슴을 파고드는 거예요. 아, 그건 내 아파트에 있는 내 냉장고였던 거예요. 그 첫 주 동안 가끔씩 욕실로 가려고 한밤중에 일어나곤 했던 게 기억나요. 나만의 욕실을 가졌다는 사실에 너무나 흥분되었거든요.(때로 그런 느낌은 오래 가지 않는다)

가끔씩 그러한 순간들로 강한 힘을 느끼게 되기는 하지만, 그 순간들은 동시에 성년기에 대한 공포와 유년기의 인생과는 작별을 고해야 한다는 아쉬움과 불안감을 불러일으킬 수도 있다. 타냐는 또 이렇게 말한다.

∞∞ 출퇴근시간에 사람들로 붐비는 지하철을 타고 있을 때, 가끔씩 나는 뒤로 물러나서 혼자 이런 생각을 해요. '이것이 앞으로 50년 동안 지속될 내 인생이야. 이게 내 모습이라고. 이건 실제 상황이고, 죽을 때까지 결코 끝나지 않을 거야.' 라고 말이죠. 이건 사실 약간 무서운 사실이죠. 게다가 25살에 들어섰다는 사실은 즐거운 일이 아니에요. 서른 살이 다 된 것처럼 느끼게 하니까요. 도대체 나이를 언제 이만큼이나 먹은 거죠?

타냐는 자녀를 갖기 전까지는 자신이 성인이 되었다는 사실을 온전히 느끼지 못할 거라고 분명하게 덧붙였다. 이러한 감정은 20대들의 보편적인 사고방식을 설명해 주고 있다. 즉 그들이 다른 누군가의 유년기에 대해 책임을 지게 되기 전까지는 자신의 유년기가 끝나지 않았다는 것이다. 1992년 뉴욕에 있는 알프레드 대학을 졸업한 제시는, 20대에 아버지가 되는 것은 젊은 사람들을 철들게 하는 엄청난 책임을 의미하는 것이라고 설명한다.

∞∞ 내가 29살 되던 때에 아이가 생겼죠. 그것으로 모든 것이 변해버렸어요. 결혼이란 것은, 나에게 책임져야 할 누군가가 생긴다는 걸 의미하죠. 그러나 그 누구는 자기 스스로도 생활을 할 수 있는 어른이에요. 하지만 아이는 정말 혼자서는 아무것도 할 수 없는 존재죠. 만약 애가 깨어나 있으면 아무리 잠이 쏟아지는 상황이라도 안자고 밤을 새워야 해요. 애가 배가 고프다고 보채면 음식을 만들어줘야 하고요. 아버지가 된다는 것은 처음엔 참 어색했어요. 그 사실에 익숙해지려면 시간이 필요하죠. 당신에게 아이가 생겼고, 그 애가 어느 날 '아빠' 라고 한다고 한 번 상상해 보세요. 내가 나같지 않아요. 마치 결혼하자마자 당신에게 '아내' 라고 불러야 하는 존재가 생기게 된 것처럼 말이죠.

한편으로는, 자식을 가지면서 갖게 되는 그런 어색한 적응기간은 아직 유년시절이 끝난 것이 아니라는 것을 깨닫는 시기라고 다른 젊은 부모들은 이야기하고 있다. 켄터키 주 루이즈빌 출신인 로라(29세)는 처음에 아이가 생기게 되자 자신이 아이처럼 행동하게 되더라고 이야기한다.

∞∞ 처음 아기를 가졌을 때 아이를 한 명 이상 키우고 싶다는 생각이 들더라구요. 그런데 갑자기 자신이 무기력하게 느껴지면서, 무엇을 해야 할지 아무 생각이 없게 되고, 매 5분마다 도와달라고 친정엄마한테 전화를 하게 되더군요.

위에서 말한 제시의 경우는, 엄밀히 말해서 아버지가 되자마자 유년기에서 성년기로 즉시 떠밀려난 경우라고는 할 수 없다. 제시는 수년 동안에 걸친 과도기를 보내면서 자신을 성장시킨 일련의 변화를 겪어 왔던 것이다.

∞ 대학 재학시절 나는 동물 우리 같은 아파트에서 세 명의 사내 녀석들과 함께 살았어요. 그리고 매일 밤마다 곤드레가 되도록 맥주를 마셨죠. 그리고 대학을 졸업하고 법과 대학원 1년 차로 있는 동안, 여자 친구와 함께 아파트에서 살았어요. 우리들만의 공간을 가지게 된 거였죠. 우린 주위에 대학친구들이 더 이상 필요하지 않았어요. 그래서 삶의 일부가 단절되어 있었어요. 어떤 면에서 그건 여자친구와 나만의 놀이 공간과 같았어요. 완전한 현실감을 느끼지 못하는 거죠. 꼭 애들이 어른놀이 하는 것 같았고, 진정한 성인의 삶 같지가 않았어요. 그렇게 함께 사는 것이 우리에게는 너무 일렀던 거예요. 그래서 저는 포에닉스로 혼자 떠났어요. 차를 사서, 멀리 다른 주로 가서 거기서 나 혼자만의 아파트를 구했죠. 포에닉스에는 친구나 아는 사람이 아무도 없었어요. 나는 완전히 혼자였고 의지할 사람은 나 자신밖에 없었어요. 일단 내가 혼자서 무엇인가를 할 수 있다는 것을 알게 되니까, 그 다음에는 저도 결혼을 해서 진짜 어른으로 살아갈 수 있겠다는 자신감이 들더군요.

자신이 더 이상 어린이가 아니라는 사실을 깨닫는 순간들은 때로 전혀 예기치 않게 찾아온다. 시애틀에 거주하는 니나(23세)는 성년기로 진화했다는 사실이, 그녀의 인생은 변화하고 있으며 그것은 중단시킬 수 없다고 알려주는 자그마한 일상의 일들 속에서 나타난다고 말한다.

∞ 제 경우는 적어도 하루에 한번은 꼭 일어나요. 가끔씩 아침에 혼

자 사는 아파트에 일어나서 내가 마실 커피를 만들 때 그것을 실감하게 되죠. 또는 옷가게에 있는 탈의실에서 옷을 갈아입을 때나, 내가 다니던 고교에서 학생들이 하는 연극을 보고 있을 때, 혹은 사무실에서 전화기에 녹음된 음성 메시지를 확인할 때, 부모님 집에 갔을 때, 또는 술집 바 끄트머리에 앉아 쓴 보드카를 홀짝이면서 옆에 30세 정도 돼 보이는 변호사와 이야기 할 때, 그리고 그 남자에게 현실세계에서 그가 최근에 건져 올린 재미난 에피소드를 들려달라고 부탁하고 있을 때, 또는 연주회 장에서 아이들이 나란히 늘어선 줄을 끊고 지나갈 때, 이런 생각을 하는 거예요. '대체 내가 여기서 뭘 하고 있는 거지? 내일 아침 9시에 회의가 있잖아.' 라고요. 그런 순간은 정말로 전혀 예기치 않은 상황에서 일어나죠. 저는 그런 순간들 속에서 어떤 위안 같은 것을 찾아낼 수 있다면 나이 먹는 것을 두려워하는 것도 그렇게 나쁘지는 않다고 생각해요. 나이를 먹는다는 것은 피할 수 없는 과정이니까요. 그 과정은 이 글을 읽고 있는 순간에도 진행되고 있지요.

만약 우리가 필연적인 운명에 대해 끊임없이 두려워하게 되면, 결코 진정한 삶을 살 수 없게 될 거예요. 잠시 일상을 멈추고 내 주변에서 벌어지고 있는 일들과 내가 얼마만큼 와있는지에 대한 단서들을 얻게 되는 그런 순간들은 정말 달콤 쌉쌀한 순간이라 해야 할까요. 나이를 먹게 됨으로써 그 어떤 것도 돌이킬 수 없고 다시 돌아갈 수도 없다는 사실은 우리를 슬프게 만들지만, 그 슬픔은 또 내가 점점 더 나이를 먹게 될 것이며 어떤 것도 돌이킬 수 없고 다시 돌아갈 수 없다는 사실 때문에 점점 더 커지게 되는 거예요. 더 이상 아이가 아니라는 사실을 깨닫는 순간을 두려워한다고 자신을 너무 괴롭혀서는 안 된다고 생각해요.

니나는 시간이 갑자기 더 이상 아이가 될 수 없는 시기로 데리고 간다하더라도 두려워해서는 안 된다고 말한다. 그 이유는, 니나가 말했다시피, 개인의 인생을 전기(아이로서의 20대)와 후기(성인으로서의 20대)로 나눌 수 있는 단일한 순간은 존재하지 않을 것이기 때문이다. 또 다른 이유는, 만약 사람들이 다음에 다가올 큰 변화를 두려워하면서 자신의 인생을 보낸다면, 훨씬 더 많은 세월을 그 두려움에 얽매인 체 보내게 될 것이기 때문이다.

유아기와 성인기 사이에 있는 과도기는 두려움의 정체인 동시에 혼란의 정체이기도 하다. 두려움과 혼란이라는 엄청나게 다른 두 세계에서 이분화된 삶을 살아간다는 것, 그리고 이 둘을 하나로 합치려고 하는 시도 - 이런 것들로 말미암아 최근 졸업생들은 우선 순위를 결정함에 있어 어떤 사고방식을 가져야 하는지 불명확한 상태에 놓이게 된다. 달하우지대학(노바 스코셔, 할리팍스 소재)을 2000년도에 졸업한 올리비아는 이러한 어중간한 림보limbo 상태가, 그녀가 지금껏 해답을 찾는 방법을 배우지 못했던 질문들만 자신에게 가득 안겨다 준다고 말한다.

∞ 바로 이런 점에서, 아이로서의 삶을 중단한다는 사실에 흥분해 있는 겁니다. 나는 모든 것에 대해 내 스스로 대가를 치르고 싶어요. 나는 유복한 가정에서 태어났기 때문에, 많은 혜택을 누리면서 자라왔어요. 그래서 난생 처음으로 내가 벌어서 내가 쓸 수 있게 된다는 사실이 무척 기뻐요. 하지만 사는 게 만만치 않을 거라는 건 알고 있어요. 특히 비영리 단체의 직원이 받는 박봉으로 샌프란시스코 같이 생활비가 많이 드는 곳에서 생활하려면요. 하지만 그게 다 인생을 배우는 경험 아니겠어요? 나는 단지 독립적인 삶을 살 수 있다는 것으로도 행복해요.

그러나 다른 한편으로 올리비아는 사람들이 자신을 성인으로 대할 때 여전히 서먹서먹한 기분이 든다고 말한다. 다른 사회 초년생과 마찬가지로 그녀도 성년기의 삶이 진정 무엇을 의미하는지를 잘 모르기 때문이다. 올리비아는 성인이 된다는 의미를 자신을 억제하고 스스로를 검열하고 자숙해야 한다는 것과 연관시키기 때문에, 특히나 성인이 되는 것이 꺼려지는 것이다.

∞ 내 성격 중에 어린이 같은 측면을 보존해 보려고 애를 쓰기도 하지요. 예를 들면, 졸업식 때 나는 작은 '버트와 어니(Bert 와 Ernie : 미국 어린이 프로그램 세서미 스트리트에 등장하는 장난꾸러기 캐릭터 – 역자 주)' 인형을 학사모에다 달고 나갔어요. 어른 세계로 나아가는 그 통과의례와 같은 날에 애들 프로에 나오는 캐릭터를 학사모에 달고 나갔다는 것은 아주 시사하는 바가 크다고 생각해요. 솔직히 말해서, 나는 성인이 되는 것이 두려워요. 왜냐하면 여러 가지 면에서 성인이라는 것은 재미있는 삶의 종말을 의미하는 것 같기 때문이에요. 나는 유쾌하고 재미있는 삶과 이별할 준비가 되어있지 않을 뿐만 아니라, 젊은이다운 재미있는 기질을 사양해야 하는 처지가 되고 싶지 않아요. 물론 나는 교향곡 연주회나 연극을 좋아합니다.

하지만 이와 동시에, 솔직히, 술 마시고 담배 피우는 것도 좋아해요. 테크노 음악에 맞춰서 밤새도록 춤추는 것도 좋아하고, 남자애들 꼬셔서 함께 시시덕거리는 것도 재밌고, 그리고 사랑에 빠지는 것도요. 공기로 부풀린 큰 매트리스에서 뛰어 노는 것도 거부할 수 없는 즐거움이지요. 이런 모든 것들을 언제 중단해야 할까요? 나는 영원히 중단하고 싶지 않아요. 마흔다섯이 되어서도 그런 놀이를 한다면 꼴사나운 일이겠지만요. 그러니 도대체 어디에다 선을 그어야 할까요? 대학 졸업이 재미의 졸업을 의미하는 건가요?

* * *

정말, 잔치는 끝난 것인가?

유년시절과 성년기의 경계선이 불명확한 상태는 20대들이 스스로에 대해 생각하는 방식뿐만 아니라 다른 사람들이 그들을 대하는 태도에도 영향을 미치게 된다. 20대들이 성년기로 자연스럽게 넘어가려고 노력하고 있는 바로 그 시기에 주위 사람들이 그들을 여전히 아이로 분류해 버리는 일이 종종 발생하는 것이다. 아칸소 리틀록 출신인 아만다(24세)는 경제분야 컨설팅 회사에서 연구원으로 일하고 있는데, 최근에 직장에서 이런 대우를 받았다고 한다.

∞ 나는 젊은 사람이 북적대는 곳에서 일하면 좋을 거라 생각했었죠. 그런데 결과적으로 그건 좋은 게 아니었어요. 마치 전쟁놀이 하는 애들 취급을 받았거든요. 사람들이 우리를 경험 면에서나 여러 가지 면에서 다른 회사 사람들보다 다소 떨어진다는 선입견으로 대하기 때문에, 우리는 굵직굵직한 일감들을 많이 얻지 못하고 있어요.

게다가 아만다의 상사는 그녀를 어린애로 보고 책임감 있는 임무들을 그녀에게 부여하지 않았던 것이다. 그것은 그녀의 직업의식을 좀먹는 결과를 가져왔다.

∞ 지금까지 직장환경은 그대로 괜찮았고, 동료관계도 좋았어요. 하지만 하는 일은 너무 따분하고, 거의 하루 절반을 하는 일 없이 빈둥거리며 보내요. 나는 관리자의 종복같은 느낌은 정말 싫은데, 그들은 뭐

가 필요하다 싶으면 사람을 불러다 잔심부름을 시키죠.

다른 20대들도 이 점에서는 아만다의 의견에 동의하고 있다. 다수의 20대들이 함께 모여 일하게 되면 사람들이 마치 애들 모아 논 것 같이 취급을 해서 불이익이 따르게 된다는 것이다. 로스엔젤레스에 살고 있는 브랜든(24세)은 어느 방송국 스튜디오에서 25명의 수습기사 중 한 명으로 일하고 있다. 그는 한 편으로는 그 대학 동아리 같은 환경이 마음에 든다고 말한다.

∞ 나는 내 나이 또래에 있는 사람들이 첫 직장에 들어가서 나이 많은 사람들과 일하는 경우를 많이 보았어요. 그 친구들은 직장에 있는 다른 사람들과 잘 섞이질 못하더라구요. 그런데 여기는 모두가 저와 같은 또래고 많아 봤자 다섯 살 위아래들이거든요. 그리고 모두들 이 연예 오락 판에서 뭔가 큰일을 저지르고 싶어해서, 의기투합이 잘 돼요. 주중에 한 두 차례, 그리고 주말에도 한 번씩 모두 누군가의 집에 쳐들어가거나 술집에서 어울려 놀아요. 그건 좋은 점이지만, 모든 게 그렇듯이 장점이 있으면 단점도 있게 마련이죠.

20대가 모인 환경이 대학에서 현실세계로 넘어가는 과도기를 어느 정도 수월하게 만들기도 하지만, 이것은 또한 자신을 한 사람의 성인으로 인식하는 것을 더욱 어렵게 만들기도 한다고 브랜든은 말한다.

∞ 이건 마치 예비 직업 같은 생각이 들어요. 수습기사로 일하게 되면 우리 신분을 명백하게 드러내주는 유니폼을 입어야 해요. 정확하게 내가 몇 살이냐 하는 것은 문제가 되지 않아요. 그냥 수습 딱지가 모든

걸 말해주죠. 그걸로 사람들은 내가 대학을 갓 졸업했다고 생각하게 되는 거예요. 더 나쁜 것은 수습 기사들을 제외하고는 거의 모두가 우리 보다 훨씬 나이가 많다는 거예요. 그래서 그 사람들은 우리를 단지 어리게만 볼 뿐만 아니라, 완전히 바보로 취급해 버리죠. 뭐 그렇다고 그 사람들을 욕할 일도 아니에요. 왜냐하면 진짜 바보도 더러 있거든요. 하지만 그 사람들은 우리가 어리고 인생이 어떻다는 것을 잘 모르고 있고 그 어떤 것도 제대로 아는 게 없기 때문에 그런 태도를 취하는 것 같아요. 게다가 그 놈의 유니폼 때문에 우리는 어른인 체 할 수도 없어요. 거기서 넉 달, 여섯 달, 여덟 달, 그렇게 보내고 나면, 그 폴리에스텔 유니폼을 벗고 싶어 안달이 날 지경이 돼요. 자존심도 멍들게 되고요. 마치 대학 신입생 티셔츠를 입고 있는 것 같아요.

✻　✻　✻

부모라는 덫

유년기에서 성년기로 이동하는 과정에서 발생하는 다양한 변화의 국면 중에서 가장 힘들지만 동시에 피할 수 없이 겪어야 하는 부분이 바로 부모와의 관계의 변화이다. 물론 가족관계의 사슬이 사라진다는 얘기가 아니다. 부모님은 언제나 그대들의 부모님이고, 그대들은 언제나 부모님의 자식들인 고로. 하지만 졸업을 한 그 무렵에는, 부모 자식간의 관계의 장이 어느 정도 편편해졌다는 것을 천천히 실감하게 된다. '나는 어른, 너는 아이' 식의 구분이 없어진다는 얘기다. 물론 맞상대할 수 있다는 말은 결코 아니다.

이 관계를 더욱 복잡하게 만드는 요인은, 이제 20대들이 학교사회를 벗어났음으로 하여, 사회에서 부모님 연배의 사람들과 나란히 일을 하게 될 것이고, 부모님 연배의 사람들과 술자리도 함께 하게 될 것이고, 어쩌면 부모님 연배의 사람들을 부하로 두고 감독하게 될 수도 있으며, 또 어떤 경우에는 부모님 연배의 사람과 데이트를 하게 될 수도 있다는 점이다. 그 결과, 20대들은 마침내 그들의 부모를 한 인간으로써 보게 되는 것이다(세상에!). 그리고 그것은 지극히 묘한 기분이 아닐 수 없다.

오레건 주, 포틀랜드 출신인 안드레아(22세)는 졸업하고 1년 남짓 지난 시점에, 자기 나이의 두 배가 넘는 남자와 사귀기 시작했다. 그 둘은 안드레아가 명명한 대로 이른바 '나이없는' 커플관계를 이루고 있다. 남자 쪽이 안드레아 부친 보다 5개월밖에 젊지 않은 쉰 하나의 나이였지만, 두 사람 사이에 공통점을 점점 더 많이 발견하게 됨에 따라 안드레아는 나이 차이가 난다는 사실을 곧 잊어버리게 되었다. 그러나 안드레아는 자신을 독립한 성인으로 여기고 있긴 하지만, 부모님의 동의를 얻어서 그 관계를 진행해 나가야 한다고 믿고 있었다.

∞ 내가 그 사람과 사귄다고 말씀드리면, 우리 부모님들이 펄쩍 뛰실 거라 생각했었어요. 어쨌든 두 분께 여쭈어봤죠. 그런데 그다지 심하게 반대하지는 않으셨어요. 비록 이렇게는 말씀 하셨지만요. 그 사람이 괜찮은 사람인 것 같긴 하지만, 당분간 두고 보면서 판단은 유보하기로 하겠다고요. 나는 두 분이 내 감정을 중요하게 생각해 주신 것에 감사하고 있어요.

그러나 안드레아는 만약 부모님이 그들 관계를 단호하게 반대했다거나 혹은 앞으로도 언제든지 반대하게 된다면, 그녀는 '자신의 마음을 따르라'는 남자친구의 말을 거역하고 부모님의 의견을 존중하게 될 것이라고 말한다.

∞∞∞ 많은 사람들이 나의 그런 생각을 두고 인생관이 완전히 성숙되지 않았기 때문이라고 생각하는 것 같아요. 내가 만일 '진짜' 성인이라면, 부모님의 영향을 받지 않고 '내 스스로'가 무엇이 옳은지를 판단할 수 있을 거라는 거죠. 하지만 그 사람들이 자유에 대해서 이해하고 있는 방식에서 놓치고 있는 부분은, 내가 '스스로' 생각한 것이 - 이 것은 대개 내 머리에 금방 편하게 떠오르는 생각인 경우가 많은데 - 다른 모든 것을 제치고 우위에 있게 되면, 나는 내 일시적인 생각 속에만 갇히게 되어 이것을 벗어난 더 큰 세계에서는 살아 갈 수 없을 거라는 점이에요. 확실히 인생에 있어서 편안함을 추구하는 것은 아주 중요한 것(사실 너무 중요하지요)이지만, 내 자신의 안위는 보통의 경험을 뛰어 넘을 만큼 궁극적으로 탁월한 것이 아니며, 초물질적인 것도 아니며, 보편적인 진리도 아니라는 겁니다.

이런 문제에 대해 처신하는 방식은 부모님들이 저보다 더 잘 알고 계실 거예요. 그 방식을 받아들임으로써 나는 나만의 작은 세계를 뛰어 넘어 훨씬 더 큰 세계에 내 자신을 위치시킬 수 있고, 더 큰 경험을 할 수 있게 될 테니까요.

유년기와 성년기 사이의 간격은 최근 졸업자들이 졸업 후 부모님 집으로 다시 돌아가게 될 때 더욱 벌어지게 된다. 4, 5년 동안 비교적 독립적인 생활을 경험하고 난 후, 이른바 성인이 된 몸으로 10대의 추억이 서린 그 방으로 다시 돌아갈 때 느끼는 묘한 감정은 분명 기분 좋은 것은 아니다. 부모님 집에 들어서는 순간, 순식간에 '내 지붕 밑에서 사는 한'이라는 그 누구도 저항할 수 없는 논리가 부활한다. 특히나, 그 20대가 성인으로서의 책임을 다하기 위해 대학이라는 울타리를 떠나서 힘든 경험을 이미 겪고 있는 상황이라면, 부모님 집에서 생활하는 것이 자신의 삶이 퇴행하고 있다는 생각을 갖게 할 수도 있다. 공짜 피자를 얻어먹던 시기는 가고 이제 점잖은 만찬 테이블 앞에 앉아야 하는 시기가 도래했는데 말이다.

웨슬리(敎) 대학(코네티컷 미들타운 소재)을 1996년도에 졸업한 캐이티가 2년 전에 부모님 집으로 옮겼을 때는, 평화유지단(Peace Corps)에서 일정기간을 보내고 난 바로 뒤였다. 당시 그녀는 대학원을 가기 위해 학비를 모으고 싶었다. 캐이티는 계부와의 관계는 그다지 매끄럽지 못했지만 모친과는 잘 지냈다. 결국 두 분은 캐이티의 생활에 크게 참견을 하지 않게 되었다(캐이티가 혼자 쓸 수 있는 욕실이 마련되어 있는 지하에서 사는 것이 도움이 되었다). 캐이티는 방세를 내는 대신에 가계생활에 보탬을 주기 위해서 집안의 허드렛일을 했고, 고정적으로 나가는 가계 지출 항목 중 한 가지를 선택해서 책임을 져야만 했다. 그래서 그녀는 남동생의 대학 학비 융자금을 책임지고 갚아나갔다. 그러는 한편, 캐이티는 자신의 사생활을 부모님 집에서 함께 살아가는 자신이 처한 환경과 타협해야만 했다. 캐이티는 이렇게 말한다.

○○○ 부모님 집에서 사는 처지에 파티 같은 것은 열 수 없었어요. 하지만 남자친구는 수시로 자고 갔어요. 엄마는 그것을 너무나 못마땅하게 여기셨죠. 계부가 그것을 온당치 않게 여긴다면서 엄마는 남자친구를 집에서 자지 못하게 하라고 하셨죠. 나는 엄마에게 무슨 말씀인지는 이해한다고 했지만, 귀담아 들으려 하지 않았어요. 그러니까 엄마가

포기하시더군요.

캐이티는 계속 말을 이었다.

∞ 계부도 내가 스물네 살이나 되어 집에 얹혀 살면서 당신 차를 쓴다는 사실을 무척 마땅찮아 했어요. 계부는 내 힘으로 살아가게 해야하는데, 엄마가 나를 너무 응석받이로 키운다고 생각하셨죠. 우리 엄마는 내 나이또래가 처한 상황을 이해하고 계셨어요. 우리 봉급 수준으로는, 아무리 아등바등 살아도 저축을 해가면서 산다는 게 정말로 힘들다는 것을요.

평화유지단에서 1,2년 동안 독립생활을 경험해 본 터였기 때문에, 캐이티는 사소한 문제에 지속적으로 시달려야 하는 그 생활이 퇴행하고 있는 것처럼 느꼈다.

∞ 나는 모든 문제를 엄마와 상의하곤 했어요. 하지만 엄마는 내가 얼마만큼 저축하고 있는지 항상 감시하고 있었죠. 그리고 엄마와 계부는 내가 돈을 많이 쓴다고 늘 지적하셨어요. 내가 쇼핑을 갔다 오면 두 분은 내가 낭비벽이 심하다고 나무라곤 하셨죠.

데본이 졸업 후 부모님 집으로 돌아갔을 때, 그녀는 캐이티와 유사한 감정과 직면하게 된다. 데본은 집으로 돌아가는 것이 내키지는 않았지만, 그 당시 상황으로서는 그것이 최선의 선택이라고 판단했다. 데본은 부모님 집에 사는 동안 스스로에게 성인의 정체성을 부여하는 것이 힘들었다고 말한다. 다음은 데본의 말이다.

∞∞ 나는 사회 속에서 '나'로 자리잡기 위해서, 그리고 평생을 엄마 아빠한테 빌붙어 사는 사람이 되지 않으려고 엄청나게 노력하고 있었어요. 비록 그러고 싶은 생각이 가끔씩 들지 않는 것은 아니지만요. 우리 부모님들은 정말 멋진 분들이에요. 부모 자식간의 관계도 아주 좋고요. 그리고 그 불안한 10대 청소년기도 아주 잘 넘겨왔고요. 엄마는 과보호적인 사람이고, 아빠는 가끔씩 자신을 위한 일에 너무 수동적인 경향이 있지만 두 분은 내 부모님이고, 그리고 그런 점 때문에 두 분을 사랑하고 있어요.

4년 동안, 데본의 표현대로, "내가 원하는 때에, 내가 원하는 사람과, 내가 하고 싶은 일을, 하고 싶은 대로" 하면서 지내고 난 후, 다시 부모님의 규칙으로 되돌아간다는 생각은 정말 내키지 않는 것이었다.

∞∞ 하지만 새 직장이 5분 거리에 있다는 점과, 경제적으로 내 앞가름하기가 힘들다는 점을 감안했을 때, 엄마 아빠 집에서 산다는 게 괜찮은 생각 같았어요. 부모님과 함께 사는 것이 뭐 그리 잘못된 일은 아니지만, 나는 자존심을 꾹꾹 누르고 집으로 들어갔어요. 나는 그냥 혼자 살고 싶지가 않았어요. 그런데 부모님과 함께 사니까 느낌이 이상했어요. 정확하게 뭣 때문인지는 모르겠지만, 그냥 그랬어요.

1년 반이 지난 뒤, 데본은 어린 시절 성장한 집에서 계속 사는 한 어른으로서 완전히 성장할 수 없다고 판단하기에 이른다. 그래서 그녀는 얼마간 저축을 하고 살 곳도 찾아보았다. 비록 나가 살게 되면 앞으로 몇 년간은 경제적으로 궁핍한 삶을 살아야 한다는 사실을 알고 있었지만 말이다.

∞∞ 나는 직장에서 약 30분 정도 걸리는 곳에 아주 멋진 집을 찾아냈어요. 그건 내 집이었어요(물론 산 게 아니라 세를 든 거였죠). 내 봉급으로 집세를 내는 내 집 말이에요. 생활에 필요한 모든 것이 내 지갑에서 나가야 했죠. 사실 말이지, 그건 썩 괜찮은 기분이에요. 나는 내 힘으로 살기 위해 열심히 일하고 있고, 그럴 능력이 있다는 것이 행운이라고 생각하고 있어요. 그리고 야간 대학원에 다니려고 차근차근 준비도 하고 있고요. 이 또한 아주 뿌듯한 일이에요. 물론 집세가 몇 달씩 밀렸던 적도 있지만, 그럭저럭 해내고 있어요.

부모님 집에서 이사 나온 것이 장기적인 관점에서 잘 한 일이었냐구요? 어쩌면 아닐지도 몰라요. 그리고 그런 생각을 가끔씩 하기도 해요. 하지만 지금까지는 이것이 내 자신을 위해 필요한 결단이었다고 생각하고 있어요. 지금은 분명 과도기라 할 수 있어요. 그리고 과도기를 잘 넘기기 위해서는 이런 생활이 필요하다고 생각해요. 경제적 · 정서적 · 물질적 그리고 정신적으로 완전히 자립하는 거요. 부모님 집 지붕 아래에서는 그렇게 할 수 없었을 거예요.

졸업 후 부모님 집에서 산다는 것은 생각만 해도 숨막히는 일이라고 느낄 수도 있다. 하지만 한 편으로 생각해 보면, 부모님과 함께 살게 되면 독립생활에서 비롯되는 온갖 사소하고 지겨운 책임감으로부터 벗어날 수 있기 때문에, 이를 통해 20대들은 자신들의 에너지를 다른 곳에 집중할 수가 있다. 게다가 독립생활에서 야기되는 그런 책임감은 청년 위기를 더욱 복잡하게 만들 수 있기 때문에, 부모님 집에 살게 되면 그 상황을 어느 정도 편하게 넘길 수도 있는 것이다.

안나는 듀대학(뉴저지 매디슨 소재)을 1993년도에 졸업하고 2년 정도 지난 후, 뉴저지에 있는 부모님 집으로 거처를 다시 옮겼다. 그녀가 집으로 돌아온 이유는 자신이 어디에 살고 싶은지 혹은 인생에서 무엇을 하고 싶은지 도무지 실마리를 얻지 못했기 때문이었다. 2년 간 교직생활을 한 뒤, 그녀는 교직생활이 자기 적성에 맞지 않는다고 판단했다. 그녀는 당시 구급의료기사(EMT) 자격증을 소지하고 있었다. 그래서 앞으로 무엇을 할 것인가를 결정하는 동안, 그녀는 구급차를 몰면서 생활비를 벌기로 했다. 그러는 사이, 부모님과 함께 사는 자신의 삶이 유년기로 퇴보하고 있는 것처럼 느껴졌다. 안나는 이렇게 말한다.

∞∞ 내가 다시 부모님 집으로 돌아갔을 때는 친구들이 아무도 없었어요. 그래서 구급반 동료들과 어울려 지냈어요. 함께 영화를 보러 가기도 하고 말이죠. 그리고 부모님과도 많은 시간을 함께 보냈어요. 부모님과는 아주 친하기 때문에, 새로 친구를 사귀는 것 보다 함께 시간을 보내는 게 더 편했어요.

가족과 친밀한 관계에 있었기 때문에 생활 문제도 원만하게 해결되었지만, 안나는 자신이 어린아이의 역할로 돌아간 느낌이었다고 말한다.

∞∞ 마치 내가 왕빈대가 된 것 같았어요. 지금까지 나는 내가 맡은 역할을 충실히 해내고, 항상 책임감이 강한 사람이었어요. 고등학교 때 차고문을 망가뜨리고는 아주 오랫동안 죄책감을 느꼈던 사람이었고, 우리 언니는 이런 나를 보고 '지긋지긋한 왕콧대'라고 부를 정도였어요. 나는 공연한 소란을 절대 일으키지 않았기 때문에, 부모님은 내가 대학교 들어가기 전과 똑같다고 생각하시고는 그런 식으로 나를 대했어요. 두 분의 눈으론 내가 전혀 성장하지 않았던 거예요. 나는 그런 식의 대우에 너무 화가 났어요. 왜냐하면 아버지는 계속해서 내게 훈

계하시려 했거든요. 예를 들면, ‘은행에 가서 예금해라’ 라는 식으로 말이에요.

하지만 부모님 집에서 지냈던 기간은 안나가 숨을 고를 수 있는 기회가 되기도 했다. 세상으로부터 한 걸음 뒤로 물러나서 자신이 진정 하고 싶은 것이 무엇인지를 생각할 수 있는 시간을 벌 수 있었던 것이다.

∞ 나는 내 성격으로는 결코 서비스업에 종사할 수 없고, 그것에 만족하지도 못할 거라는 것을 알게 됐어요. 구급차 동료들은 9시에서 5시까지 일하고, 밤이면 어울려 술 마시러 나가고, 시간이 되면 집으로 가는, 그런 생활을 매일매일 계속 했었거든요.

안나의 말은 계속 이어진다.

∞ 하지만 내가 만약 부모님 집에서 함께 살지 않았었다면, 그리고 내가 인생에서 더 많은 것을 필요로 한다고 깨닫지 않았다면, 집을 나와서 다시 학교로 돌아갈 생각은 하지 않았을 거예요.

콜로라도 볼더 시에 살고 있는 크리스틴(25세)도 역시 앞으로 무엇을 하며 살아야 할지 확신을 할 수 없었기 때문에 대학을 졸업하고 난 후 다시 집으로 돌아갔다. 그녀는 부모님 집에서 오래 머물 생각을 하지 않았다. 잠시 동안, 직장을 찾게 될 동안만 있을 계획이었다. 그러나 그녀는 얼마 있지 않아 부모님 집에서의 편한 생활이 그녀로 하여금 장기적으로 만족할 만한 직장을 찾겠다는 열의를 빼앗아간다는 사실을 깨닫게 되었다.

∞ 혼자서 다른 도시로 옮겨 살 능력이 나한테 있다는 걸 알고 있었어요. 대학 졸업 후에 프랑스로 가서 석사과정을 마치는 동안 그 사실을 입증했었지만, 미국 내에서 내가 살 도시를 찾으려고 했을 때는, 어디로 가고 싶은지 무엇을 하고 싶은지 파악하기가 정말 힘들었어요. 그 사이에, 일자리가 우리 부모님이 사시는 지역에서 몇 군데 나왔고, 그래서 그렇게 하는 것이 가장 쉬울 것 같아서 그 직장을 잡았어요. 내 결정에 후회하지는 않아요. 게다가 직장 생활도 꽤 괜찮은 편이었거든요. 하지만 그 모든 일들이 정확하게 내가 계획했던 대로 돌아가지는 않았어요.

편한 생활로 인해 크리스틴이 스스로 자립하고자 하는 열의가 저하되기는 했지만, 그것은 동시에 경제적인 압박감 없이 자신의 삶에 대한 새로운 방향을 모색할 수 있는 여유를 만들어주기도 했다. 부모님과 함께 살게 됨으로써 그녀는 이전에 한번도 생각해 보지 않았던 것을 생각할 수 있는 기회를 얻게 된 것이다.

∞ 부모님과 함께 살았던 1년 동안, 나는 대학원에서 공부를 계속할 결심을 했어요. 그리고 지금 여기까지 오게 된 거죠. 나는 곧 1년 정도 휴학하고 다시 새로운 도시로 나가서 살려고 해요. 내 마음 한켠에서는 여기서 계속 머물고 싶은 마음도 있어요. 이대로 그냥 계속 살고 싶은 마음에서죠. 이것이 내가 대학원 공부를 마치고 나서 1년 동안 부모님 집에서 살았던 이유 중 하나라고 할 수 있겠죠. 그냥 익숙한 곳에 있고 싶은 거요. 또다시 새로운 장소에 적응해야 되는 게 싫었던 거예요. 사실 내년 이맘 때쯤이면, 내가 다른 새로운 장소에 적응하고 있을지도 모르겠어요. 파리로 갈 수도 있고, 아니면 벨기에나 완전히 새로

운 나라일 수도 있겠죠. 과거 경험으로 미루어 보아, 나는 어디를 가든 잘 해낼 거라고 생각해요. 그리고 그 기간 동안, 나의 열정이 어디에 있는지, 내가 무슨 직업에 종사하고 싶은지를 내가 파악할 수 있게 되기를 바라고 있어요.

몇몇 다른 20대들은 그들이 재정적인 지원을 받을 수 있기 때문에 부모님과 함께 살 생각을 했다고는 하지만 사실 잠재의식적으로는 정서적으로 의지하기 위해서 고향집으로 향했던 것이라고 말하고 있다. 유타대학을 1997년도에 졸업한 저스틴은, 처음에는 돈을 절약하기 위해 부모님 집 지하로 거처를 옮겼으나, 결국 자신이 그렇게 오랫동안 머물게 된 이유는 부모님들의 격려가 소중했기 때문이라는 사실을 깨닫게 되었다. 저스틴은 이렇게 말한다.

∞ 지금까지 부모님은 내게 정말로 큰 도움을 주셨고, 내가 대학원으로 진학할 수 있도록 격려도 해주셨어요. 그리고 그것은 결국 내게 아주 중요한 결정이었죠. 대학을 졸업했을 때, 나는 엄청난 좌절감에 기가 꺾여 있었는데, 그때까지 학교생활만 해오다가 이제는 진짜 세계로 뛰어드는 것 외에는 선택의 여지가 없었던 그 과도기의 상황을 두 분은 잘 이해해 주셨어요.

* * *

부모의 그늘 VS 젊음의 양지

부모님들의 영향력은 여전히 강력하다. 부모님의 예고없는 방문의 위협으로부터, 그리고 온 가족이 의무적으로 참석해야 하는 일요일 저녁 닭 요리 만찬으로부터 벗어나서 멀리 아주 멀리 살아 보려고 끈질기게 노력하는 20대에게조차도, 그 영향력의 그늘은 여지없이 드리워져 있다. 부모님들은 단지 돕고 싶어할 뿐이라는 사실을 20대들도 모르는 바는 아니지만, 그분들의 '훈계'는 가끔씩 압박감만 가중시키는 결과를 낳게 하는 것이다.

뉴올리언즈에 사는 필(25세)은 대학에서 경제학을 전공하고 졸업한 후 1년 남짓 동안 저임금으로 컴퓨터 관련 업무를 했었다.

∞ 당시 나는 어머니가 매주 전화하셔서는, 잡지 기사에서 내 또래 녀석이 나보다 대여섯 배가 넘는 돈을 번다는 기사를 읽었다는 둥 해대시는 통에 정말 미칠 지경이었어요. 어머니가 늘어놓는 이야기는 대강 이런 거죠. '뉴스 위크에 24살 먹은 제레미 거적때긴가 하는 놈이 뭐시기 닷컴인가 하는데서 플러션지 해쳐선지 하는 컴퓨터 프로그램을 개발해서 9만 달러나 벌었다는 기사가 났더구나. 내 그 잡지를 페덱스FedEx로 얼른 보내 주마. 엄마가 널 위해서 알아봤던 대학원 지원서도 함께 넣어서 말이다... 아 참, 네가 고교에서 보내온 동창회 최근 소식지도 있었네...'

필은 부모님의 진정한 의도를 잘 이해하고는 있었지만, 그분들이 자

107

기 나이 또래에 있는 친구가 자기보다 훨씬 더 성공했다는 이야기를 잡지기사에서 읽었거나 텔레비전에서 보시게 될 때마다 매번 그 이야기를 들어야 하는 데에 질력이 났던 것이다. 필은, 그분들의 "너는 왜 그렇게 못하니?" 식의 태도는 자신에게 너무나 큰 압박감을 주며, 이를 통해 안 그래도 이미 충분히 힘든 자신의 삶을 더욱 더 힘들게 만든다고 말한다.

∞ 마치 모든 부모들이 그들 자식들이 의사가 되거나 의사랑 결혼하기를 원하던 그 고리짝 시절로 돌아가고 있는 것 같아요. 나는 지금 우리 어머니가 직장생활 20년 내내 벌었던 것 보다 더 많이 벌고 있는데도 도대체 왜 만족을 못하시는지 도무지 이해를 할 수가 없어요. 어차피 이것은 내 인생이니까, 내가 원하는 방식대로 삶을 이끌어가고 싶어요. 물론 부모님이 베푸신 것에 감사하고 있어요. 하지만 내가 살아가고 싶은 방식은 따로 있는 거예요. 부모님은 단지 내가 실수하는 것을 원치 않기 때문에 그러신다는 것은 잘 알고 있지만, 이것은 하나의 여행이고, 이 여행을 결정해야 하는 사람은 단지 나 혼자뿐이거든요.

때때로 20대들이 혼란을 느끼는 때는, 여러 해 동안 자신들이 의존해왔던 부모님들의 훈계가 자신의 삶에 아직도 적용할 만 것인지 아닌지를 판단해야 할 때이다. 올리비아가 그녀의 부모님과 함께 사는 동안 경험한 상황이 이것을 잘 설명해 주고 있다.

∞ 어딘가 새로운 도시에 나 혼자 나가서 산다는 거, 정말 로맨틱한 일 아니겠어요? 그런데 우리 엄마나 언니는 맨 날, 그렇게 하면 나중에 아주 외롭게 될 거라며 내게 겁만 주고 있어요. 그분들은 아는 사람이 있는 곳에서만 살아야 한다는 거예요. 지금까지는 그분들 충고를

받아들일 수 있어요. 아는 사람들이 살고 있는 산타페나 샌프란시스코로 가는 것도 별로 나쁘진 않거든요. 하지만 앞으로 평생토록 그런 충고에 복종할 수는 없는 일이에요. 내가 아는 사람이 한 명도 없다고 해서 인도에 갈 수 없다는 건 말이 되지 않잖아요? 이것이 내가 앞으로 살아가면서 부모님의 훈계와 얼마나 싸워야 하는지를 말해주는 게 아니고 뭐겠어요?

뉴욕 시에 살고 있는 리즈(29세)는, 연애문제에 관해서는 부모님의 충고를 듣지 않으려 한다고 말한다. 왜냐하면 두 분 다 22세 때 결혼했기 때문에 그 문제에 있어서는 너무나 고리타분한 시각을 가지고 있다는 것이다.

∞ 우리 엄마는 내가 너무 오래 독신으로 지내거나 행여 불행하게 될까 염려하는 마음에, 남자문제에 관해서는 언제나 듣기 싫은 소리만 하세요. 엄마는 언제나 내가 너무 까다롭다거나, 혹은 내가 너무 빨리 사람을 판단한다면서 잔소리를 하시죠. 나는 예전처럼 그렇게 빨리 사람을 판단한다고는 생각지 않아요. 왜냐하면 독신으로 오랫동안 지내왔거든요. 만약 내가 적합한 남자를 발견하게 된다면, 그 사람은 내가 원하는 조건에 맞는 사람일거라구요. 내가 살아야 할 인생인데, 무슨 결점이 있는 사람을 내가 선택할 리 있겠어요? 지금은 우리 부모님이 결혼할 때와 상황이 많이 달라졌다구요

그리고 20대들이 부모님의 영향력을 가장 크게 실감하게 되는 경우는, 부모님에 의해 조장되는 '죄의식'을 느끼게 될 때이다. 대학을 막 졸업한 올리비아는 과보호를 하는 부모님 때문에 받게 되는 피할 수

없는 죄의식으로 고통의 시간을 보내고 있다. 올리비아의 경우, 그녀가 그렇게 원하던 여행문제에서 그 죄의식의 문제가 불거져 나왔다. 올리비아는 대학원을 진학하거나 다른 길을 찾기 전에, 한두 해 동안 세상 여러 곳을 두루 돌아다니면서 살고 싶은 꿈에 부풀어 있었다. 그러나 그녀가 첫번째 여행을 계획하고 있을 때, 그녀의 어머니는 이미 올리비아의 계획에 고삐를 채우고 있었던 것이다.

∞∞ 엄마는 내가 다른 곳에 가서 살게 되면 너무나 그리울 거라는 말을 쉬지 않고 반복하시는 거예요. 나도 물론 엄마가 보고 싶겠지만, 이건 나한테 아주 중요한 일이거든요. 이것이 진정 내가 사는 방식이라고 생각하고 있고, 그렇게 되지 않으면 행복을 느끼지 못할 것 같아요. 나는 엄마가 이 사실을 받아들이고 나한테 죄의식을 부과하지 말았으면 좋겠어요. 내가 단지 엄마를 기쁘게 하기 위해서 집 근처에 살기를 바라시는 건가요? 내가 엄마를 원망하게 되는 걸 원하시는 건 아니겠죠? 내가 하고 싶어하는 거의 모든 것에 부모님의 반대와 맞서고 있는 것 같아요. 그분들은 내가 혼자 여행하는 걸 원치 않으세요. 아는 사람이 없는 곳에 나가 사는 것도 싫어하세요. 하지만 내게 있어서, 이것은 모험이고, 내가 살아가야 할 삶의 방식이에요. 나는 80이 되어 병석에 누워서는 해보고 싶었던 것을 한 가지도 못해 봤다며 후회하고 싶지는 않아요. 어떻게 하면 나의 꿈과 야망이 부모님의 지나친 실용주의적 관념과 조화를 이룰 수 있을까요?

＊　＊　＊

부모들도 우리와 마찬가지로 변화를 겪고 있다

이러한 문제들은 부분적으로 20대 세대와 부모 세대가 경험하는 환경의 차이가 점차 커지는 데서 비롯된다. 요컨대, 시대가 바뀌었다는 사실을 오늘날의 부모님들 중 놀랄 만큼 많은 사람들이 제대로 인식하지 못하고 있다는 것이다. 오늘날에 20대로 사는 것은 베이비붐 세대가 이 나이에 겪었던 것과는 엄청나게 다른 경험인 것이다. 산타페 출신인 로리(27세)는 이렇게 말한다.

∞∞ 부모님들은 우리가 현재 살고 있는 세상을 잘 알지 못하기 때문에, 우리가 부모님과 어려운 관계에 놓이게 된 것이라고 생각해요. 직업이나 기회의 측면에서 보더라도 실로 엄청난 차이가 있어요. 그리고 그분들은 우리 세대가 이렇게나 많은 기회를 갖고 있는데도 왜 상황을 더 어렵게 받아들이고 있는지 의아하게 여기시죠. 부모님들이 그렇게 생각하시는 한 가지 이유는 그분들이 컴퓨터와 함께 성장하지 않았고, 또한 컴퓨터로 일한다는 것이 무엇을 의미하는지 잘 인식하지 못하기 때문이라고 생각해요. 우리 아빠는 언제나 의사가 되고 싶었고, 엄마는 당시에 여자 직업이라고 하면 교사나 비서가 되는 게 고작이었기 때문에 선생님이 되셨죠.

필은 세대 차이가 커지게 된 책임을 20대의 삶의 실체를 넓은 대중에게 제대로 알리지 못하는 매체들의 노력 부족으로 돌리고 있다.

∞ 우리 나이또래에 있는 사람들과 나이가 더 많은 사람들 사이에 분명한 단절이 존재한다고 생각해요. 그리고 이것은 사람들이 우리를 이해 못한다는 단순한 세대 차이의 문제만이 아니에요. 나는 사람들이 우리 세대를 전체적으로 이해하고 있다고 생각지 않습니다. TV나 다른 매체들을 한 번 보세요. 그 어떤 것도 우리를 대상으로 하는 건 없어요. TV 프로그램이든, 뉴스든, 신문이든 간에 우리를 대상으로 하고 있는 것은 거의 없고, 우리의 영역은 아주 느슨하게 규정되어 있어요. 이런 사실은 내게 영향을 주는데, 예컨대 그냥 간단히 짐을 꾸려서 한 주 정도 콜로라도나 남미로 여행할 수 있는 그런 생활의 여유도 가질 수가 없어요. 도대체 그 많은 돈이 다 어디에 있는 거예요? 나는 그런 생활이 너무나 부러워요. 그것은 대부분의 사람들, 특히나 우리 부모님들이 생각하는 바람직한 20대의 삶과는 거리가 있겠죠.

이것이 우리 세대의 모습을 반영하는 것이라고 할 수 있어요. 부모님들은 20대의 이 시기를 돈 벌고 성공하는 문제에만 너무 초점을 맞추고 있어요. 사실 이 시기는 우리 인생에 대한 문제와 여러 가지 다양한 가능성들과 잠재력들을 탐색하는 기간이어야 하는데 말이죠.

세대간의 차이를 조정하는 데 어려움을 인식하고 있는 몇몇 20대들은 부모님 곁을 일순간에 너무 빨리 벗어나려 하지말고 시간을 두고 점차로 멀어지게 된다면 부모님들도 이 과도기를 더욱 쉽게 보내게 될 것이라고 말한다. 다음은 미시건대학(앤 아버 소재)에서 1999년도에 석사학위를 취득한 조단의 말이다.

∞ 우리가 부모님에게 의지하는 정도를 자연스러운 수준에서 변화시켜야 한다고 항상 생각해오고 있었어요. 어렸을 때 우리는 모든 것을

부모님께 의존했어요. 대학 시절 동안에는 우리 자신에게 더 많이 의존하고 부모님에게는 다소 덜 의지하게 되죠. 나는 우리가 부모님에게 도움을 청하지 말아야 할 이유가 전혀 없다고 봐요. 나이를 먹고 성숙해짐에 따라 그분들에게 덜 의존하게 되는 것은 자연스러운 과정이죠.

몬타나대학(미솔라 소재)을 1995년도에 졸업한 대릴은 20대들이 부모님들도 그들과 같은 시기에 어떤 과도기를 겪었다는 사실을 종종 잊고 있다고 말한다. 대릴은 또한 가족 상호간에 가장 큰 관심사가 무엇인지를 알아내려는 공동의 이해가 항상 필요하다고 말한다.

∞∞ 다른 도시로 옮겨 사는 동안 나는 한 번도 부모님의 도움을 받아들이지 않았어요. 결국 내가 몇 가지 깨닫게 된 것이 있는데, 첫째로, 만약 멀리 4천 마일이 떨어진 곳으로 이사가게 되면, 골칫거리도 나와 함께 4천 마일을 따라 온다는 것입니다. 그리고 두번째는, 내가 도움을 필요로 할 때 나를 도와줄 부모님이 있다는 것은 정말 복 받은 일이니까, 어리석게 굴지말고 부모님들의 도움을 받아들이라는 겁니다. 세상 모든 부모님들은 당신들이 능력이 있는 한 자식을 도와주기를 간절히 바라고 있어요. 그리고 세번째는, 두려움을 받아들이라는 것입니다. 두려움은 결과적으로 자신에게 도움이 되는 요소로 작용할 것입니다.

몇몇 20대들은 자식들의 삶에 개입하고 싶어하는 부모님을 가진 것은 명백한 이익이라는 사실을 받아들이려고 노력한다. 캔사스 시에 살고 있는 버트(24세)는 이렇게 말한다.

∞∞ 우리는 부모님의 눈으로 보면 언제나 애일 수밖에 없어요. 그분

들은 우리를 애들처럼 취급하고 애들한테 하듯이 말씀하시죠. 그러니 더 이상 어린이가 될 수 없다고 두려워할 필요가 없다는 겁니다. 그분들은 지금까지 우리 잘되기만을 바라고 살아 오셨어요. 나는 그분들을 가장 기쁘게 해 드릴 수 있는 방법은 그분들에게 조언을 구하는 일이라는 사실을 깨달았어요. 나는 부모님과 내 직장문제나 대학원 진학에 대한 결정을 함께 상의해 왔고, 그 과정에서 그분들이 다방면에 풍부한 지식을 가지고 계신다는 것을 알게 되었어요. 그렇다고 항상 부모님의 충고를 따르지는 않아요. 부모님 말을 듣고 싶은 사람이 누가 있겠어요? 하지만 자존심을 꿀꺽 삼키고 앉아서 그분들의 말씀을 듣게 되면, 그분들이 정말로 도움이 많이 된다는 것을 알게 될 겁니다.(그리고 눈코 뜰 새 없이 바쁠 때는 공짜 밥에 세탁까지 책임져 주시는 분들이죠)

20대들이 유년기에서 완전히 벗어나고 싶지 않다고 해서, 반드시 자신들의 부모에게 자신들이 여전히 아이라는 것을 상기시켜줄 필요는 없다. 단지 어른이 되고 싶지 않기 때문에 그런 태도를 가진다면, 몇몇 20대들이 조언대로, '정말로 그럴 필요가 없는' 것이다. 버지니아 패어팩스에 살고 있는 매트(29세)는, 필자가 이 장의 제목과 똑같은 질문을 그에게 던졌을 때 충격을 받은 듯했다. 그리고는 이렇게 되물었다.

∞ 어린이 시절이 끝난다니요? 나는 아직도 내가 어린이라고 생각하는데요.

우리가 그에게 항상 그렇게 느끼는지를 묻자 그는 우리에게 소리를 버럭 지르며 이렇게 말했다.

114

∞∞ 난 늙지 않았다구요!!!

많은 20대들은 자신이 결코 변하지 않았다고 느끼고 싶어한다.

이 나이에는 실패조차도 성공이 될 수 있어요.

우리는 모두 언젠가는 실패를 경험할 겁니다.

실수를 통해 배우는 것, 그게 바로 인생 아닙니까.

3

실패하면 어쩌지?

*   *   *

21세기를 사는 20대들이 대학을 졸업을 하는 시기에 이르면, 십중팔구 자기 나이 또래의 한 친구가 회사를 차려서 수백만 달러를 벌었다는 이야기를 듣게 된다. 또는 가장 최근에 어느 스포츠 신동이 고교를 졸업하자마자 메이저 리그에 진출했다는(그리고 역시 수백만 달러를 벌었다는) 소식을 신문에서 읽게 될 것이다. 이러한 종류의 성공 스토리를 의식하면 좌절감이 느껴지겠지만 인터넷 IPO(initial public offering : 주식공개)의 시류를 탈 수 있는 운이 모든 사람에게 따르는 것은 아니다. 그리고 모든 사람들이 점프샷 기술을 가지고 있는 것도 아니다. 그러나 피할 수 없이 계속되는 "그는 해냈는데, 나는 왜 못했을까?"라는 열등감은 강도가 아주 심하게 전개될 수 있다. 펜실베니아 주립대학(유니버스티 파크 소재)를 1994년도에 졸업한 빌은 이렇게 말한다.

∞ 내가 명청하다고 생각했던 사람이 나보다 훨씬 더 잘 살고 있을 때, 그리고 내가 그 사람 보다 돈을 더 많이 벌고 더 크게 성공해야 한다고 생각할 때 좌절감에 빠지게 됩니다.

저 아래에 사는 한 무책임한 작자가 작은 연립주택을 사느라 수천 달러의 카드 빚을 지게 생겨서 그 방들을 전부 세를 내놨었는데, 그의 친구가 그의 무책임한 경제관념에 대해 투덜거리고 있는 사이, 그는 방세로 빚을 다 갚고는 아주 견실한 자산가가 되었을 수도 있다. 혹은 대학 합창단 출신 아가씨가 차에서 생활하면서 초라한 술집에서 5년 동안 재즈를 부르며 생계를 유지하다가, 5년 후 마침내 어마어마한 레코드 판매량을 보이며 빅 히트를 친 이야기일 수도 있다. 대부분의 20대들은 엄청난 위험을 감수하고 나서 결국에는 그들이 원했던 것을 얻었던 사람을 한두 명은 알고 있다. 그 반면에, 그 사람들이 동시대에 이룩한 성공 신화에도 불구하고(또는 어떤 경우에는 바로 그것 때문에), 자신들이 원하는 바를 추구하고, 꿈을 탐색하고, 그리고 위험에 몸을 맡기는 일에 아직도 확신을 갖지 못하는 20대들도 많다. 이렇게 스스로가 단념하게 되는 이유 중 하나는 다음과 같은 질문을 그냥 지나칠 수 없기 때문이다.

바로 "실패하면 어쩌지?"라는.

* * *

준비, 착수, 그리고 실패

이 장의 핵심은(혹시 이 책을 더 읽지 않고 덮으려는 독자가 있을까 하여 말해 두는데), 사람들의 실패와 실패를 딛고 일어선 경험담을 통해 실패에 대한 개념을 규정하는 것이다. 비록 그 개념이 20대들에게서 실패에 대한 불안감을 완전히 떨쳐버리게 할 수는 없겠지만. 루트거즈대학(Rutgers University : 뉴저지 뉴브룬스윅 소재)의 1994년도 졸업생인 톰은, 자

119

신도 대부분의 다른 사람들과 마찬가지로 실패에 대한 두려움을 가지고 있다고 말한다. 하지만 그는 이전에 실패한 적도, 그리고 그 상황을 견뎌낸 경험도 있기 때문에 다시 실패하게 된다 해도 잘 견뎌낼 것이라고 스스로 믿고 있다. 만약 그가 졸업하던 날 친구들이 그에게 5년 후에 바로 지금의 모습을 하고 있을 것이라고 말했었다면, 그는 그들을 크게 비웃어 주었을 것이다. 그는 고교는 물론 대학 시절에도 우수한 학생이었고, 학문적으로나 취미인 음악활동 면에서나 탁월한 기량을 보이면서 엄격한 가운데 여유있는 학창 시절을 보내왔던 것이다.

그는 졸업당시 이미 미국해군의 그 까다로운 원자력 프로그램에 당당히 합격했다는 통지문을 받은 상태라 자신만만하게 대학 문을 나섰다. 그 곳은 미 해군이 운영하는 프로그램 중 유일하게 면접과 구두시험 두 가지를 모두 거쳐야만 들어갈 수 있는 곳이었다. 입대 후 그는 훈련을 받기 시작했다. 톰의 이야기를 들어보자.

∞ 교육받느라 정말 힘들었어요. 원자력 프로그램은 젊은 사관들과 모집한 남녀 신병들을 세계에서 가장 큰 해군 전함에 동력을 공급하는 원자핵 리액터를 작동하는 임무를 해낼 수 있도록 철저하게 대비시키는 아주 엄격한 훈련 과정입니다. 맨 처음으로 잠수함으로 출두하라는 명령을 받고 자격인준 과정을 시작했는데, 그것이 가장 힘든 과정이었죠. 그리고 당직 부서에 구두 보고를 이행할 때 몇 차례 실수를 했습니다. 약 1년 동안 배 안에서 보내고 난 어느 날, 선장실에 불려가서 내가 하선 조치될 것이라는 소리를 들었어요. 나 자신을 위해서나 그 배를 위해서 마땅한 조치라고 하더군요. 나는 완전히 망연자실했죠. 그 남자 - 나의 상관 - 가 내가 더 이상 그 일을 할 수 없다고, 그것도 내가 군에 입대한 바로 첫날부터 훈련을 받아왔던 바로 그 일을 할 수

없다고 말하고 있었으니까요. 내 머릿속에는 실패라는 그 한마디만 맴돌 뿐이었어요.

그의 말은 계속되었다.

∞ 실패했다고 깨닫는 그 순간 눈물이 핑 돌더군요. 나는 눈물을 꾹 참으며 소지품을 챙기러 비틀걸음으로 내 벙크로 돌아왔죠. 그때 그 배에서 여러 가지로 도움을 주셨던 항해사가 나를 끌고 자기 방으로 데리고 가서는, 나더러 실패했다고 말하더군요. 그리고는 다음 말이, '그래서 어떻다는 거야. 내 짐작으론, 이것이 네 인생에서 경험하는 최초의 실패인 것 같은데….' 라고 하더군요. 그리고 또 이렇게 말했어요. '하지만 너를 한 인간으로서 측정하는 진정한 잣대는, 다시 말해 성공을 측정하는 진정한 잣대는 바로 네가 그 실패를 어떻게 받아들이고 또한 그걸 딛고 일어설 수 있느냐를 측정하는 거야.' 라고요.

말하기는 쉽다고 톰은 생각했다. 미해군은 그를 원거리 주둔지로 배치시켰고, 그는 민간인으로 돌아갈 때까지 남은 임기를 거기서 마쳐야 할 처지에 놓이게 된 것이었다. 그러나 그는 지금까지 계획했던 그의 인생궤도를 완전히 뒤집어 놓은 그 실패에 대해 연연해하기보다는, 결의를 새롭게 다지는 데에 그 실패를 이용하였다. 그는 이렇게 말한다.

∞ 그 근무가 해군생활을 성공적으로 보낼 수 있는 마지막 기회였어요. 그래서 뒤로 물러서서 시간이 흘러가기만을 바라고 있을 수만은 없었어요. 그 대신 모든 기회를 내 성공의 기회로 삼았고, 기회가 전무全無한 곳에서는 내 스스로 기회를 만들어냈어요. 나는 그 기지에서

나의 흔적을 뚜렷이 남겼어요. 고교시절에 그리고 대학시절에 그랬던
것처럼요. 그 근무는 첫번째 실패가 가져다 준 쓰라린 고통과 증오심
을 치유하면서, 내가 해군에 대해 긍정적인 견해를 가지게 된 좋은 경
험이 되었죠.

그의 말은 계속된다.

∞ 그럼요. 여전히 실패는 두려운 일이죠. 그러나 진부한 표현같지
만, 실패는 나를 더 나은 인간으로 만들어 주었어요. 나는 분명 또 다
시 실패할 겁니다. 그래서 나는 항상 목표를 내가 도달하지 못할 수준
만큼 충분히 높게 잡습니다. 그게 삶을 대처해나가는 방법으로 내가
유일하게 취하는 방법이지요. 나는 실패한 경험 속에서 내 자신을 규
정하지 않고, 그 실패를 딛고 나아갈 수 있는, 그리고 아직 내게 남아
있는 것을 가지고 스스로 무엇을 성취할 수 있는 능력을 통해 내 자신
을 규정합니다.

이 책을 집필하기 위해 인터뷰를 시작했을 때, 우리는 이 책을 권선
징악의 교훈을 주는 이솝이야기처럼 쓸 생각이 전혀 없었다. 어떤 인
생의 교훈을 설명하는 것에는 관심이 없었다. 20대들이 그런 이야기에
흥미를 가지고 있지 않다는 것을 잘 알고 있었기 때문이다. 진부하고
상투적인 교훈을 토해내는 것은 실로 따분한 일이 아닐 수 없다(게다가
그것은 모두 부모님들이 하실 일이니까).
　　우리는 단지 사실을 있는 그대로 말하고 싶었다. 하지만 낙관적인
태도로 실패를 극복한 경험을 가진 사람은 톰 한 명만이 아니었다. 청
년 위기는 부분적으로 인생의 어떤 측면에서 실패할지도 모른다는 두

려움을 포함하고 있다. 그러나 아주 초기에 '실패해버리는' 것도 이 위기를 그럭저럭 넘길 수 있는 방법이 아닌가 하는 생각이 든다.

노라는 1997년도에 바너드대학(뉴욕 시티 소재)을 졸업한 후 자신의 예술전공을 직업으로 살리고 싶다는 희망을 가지고 이스라엘로 떠났다. 노라는 다음과 같이 자신의 경험을 들려준다.

∞ 당시 나는 대단히 낙관적인 상태였죠. 무엇이든 그 어떤 것이든 다 해낼 수 있을 것 같은 기분이었으니까요. 나는 모든 미술관에다 이력서를 보냈고 사람들이 가르쳐준 곳은 모두 연락해 봤어요. 마침내 한 곳에서 연락을 받았어요. 한 작은 미술관에 소속되어 작고한 예술가의 생가를 안내해 주는 자리였는데, 면접을 보러 갔었죠. 그것은 그 세계에 발을 붙일 수 있는 아주 좋은 기회였어요. 그때 내가 그 면접에 얼마나 겁을 먹고 있었는지 기억이 생생하네요. 면접이 진행되는 동안 내가 그 일에 적임자라는 것을 당시 면접관인 큐레이터에게 확신시키려고 아주 열심히 노력했어요. 하지만 어색한 이스라엘어(히브리어) 실력 때문에 내가 적임자라고 그녀가 충분히 납득할 수 없었을 거예요. 그 큐레이터는 나더러 일주일 동안 준비한 후 다시 와서 모의 투어 시범을 보여 달라고 하더군요. 내가 아무리 사교성이 뛰어나고 대중 앞에서 연설하는 것에 자신이 있다 해도, 아무래도 내 이스라엘어 실력이 큰 핸디캡으로 작용할 거라는 생각이 들더군요.

일주일 동안 나는 그 예술가와 그의 작품에 대해 조사했어요. 그리고 내 노력과 창의력과 지식으로 그 자리를 얻을 수 있을 거라는 희망 속에서 창의적인 아이디어가 가득한 투어를 생각해냈어요. 모의 투어가 있기 바로 전날 밤, 나는 친구들을 모아놓고 시범을 보였어요. 내 이스라엘어 실력이 너무 형편없었기 때문에 친구들이 내게 시간을 좀

123

더 달라고 부탁해보라고 하더군요. 자기들이 원고 쓰는 것을 도와 줄 테니까 그걸 암송할 시간을 가질 수 있도록 말이죠. 그래서 친구들의 의견대로 날짜를 연장했어요. 마침내 그 날이 왔죠. 원고를 모두 외고 있었지만, 문제는 그것이 내가 사용하는 단어가 아니라는 점이었어요. 내가 말하려고 하는 내용의 태반이 내가 사용하지 않은 단어로 이루어져 있었던 거죠. 물론 말할 것도 없이 완전히 망신을 당했죠. 연설내용을 절반이나 잊어먹었고, 우리가 다른 방으로 옮길 때마다 다른 사람들이 따라와서 듣고는 동정의 눈길을 보내질 않나... 이만 저만한 대망신이 아니었어요. 물론 그 자리를 얻지 못했어요.

그 후 2개월 동안 노라는 침울한 시간을 보냈다. 그녀는 그 수치스런 기억 때문에 이스라엘과 예술계를 모두 떠날 생각을 심각하게 하고 있었다.

∞ 그러던 어느 날 한 친구가 내게, 만약 내 스스로가 이스라엘 사람으로 여기지 않는다면 아무도 그렇게 생각하지 않을 것이라는 말을 해 주더군요. 그러자 내 마음 속에서 퍼뜩 느껴지는 게 있었어요. 그 때부터 나는 이스라엘어만을 파기 시작했어요. 그리고 시간이 지나자 서서히 자신감이 생기게 되었어요. 몇 달 후에 나는 예루살렘에 있는 이스라엘 미술관에서 면접시험을 봤는데, 거기서 나를 면접한 담당 여성이 2분 정도 대화를 하고 난 후에 내가 그 일에 적임자라고 생각한다고 하더군요. 최근에 나는 예술사 석사과정을 공부하고 있고(히브리어로), 자파에 있는 미술관에서 일하고 있고(히브리어로), 그리고 이스라엘 미술관에서도 일하고 있어요(히브리어와 영어로). 나는 내가 상상했던 것 이상으로 예술과 동고 동락하는 인생을 살고 있어요. 내

가 해낸 거예요.

노라는 해냈다. 그러나 대부분의 20대들은 그렇지 못하다. 실패의 위험이 엄청나기로 따지면 인터넷 테크놀로지 분야를 따를 만한 데가 있을까. 이 분야는 그 대가가 크고 빠르기가 가히 엽기적이라 할 만하다. 다수의 20대들이 자신의 인터넷 회사를 주식시장에 공개하거나 거액의 스톡옵션을 받고 매각하는 꿈에 부풀어 있다. 졸업생들은 최근에 특히 동료가 그런 엄청난 위업을 이루었다는 소리를 수시로 듣고 있다. 그러나 그들이 거의 듣지 못하는 소식은 바로 그보다 훨씬 더 많은 동료들이 실패하고 있다는 사실이다. 캔자스 시티에 살고 있는 버트(24세)는 3년 내에 주식시장에 공개하겠다는 꿈을 가지고 인터넷 사업을 시작했다. 다음은 버트의 말이다.

∞ '닷컴' 사업을 시작하려고 직장을 떠날 당시 나는 크게 성공할 거라는 엄청난 꿈에 부풀어 있었죠. 멋진 시간들이었어요. 하지만 저축한 돈이 1년 만에 바닥이 났어요. 멋진 경험, 좋은 이야기들, 그리고 시장성이 높은 직업 등은 얻었지만 사업은 제구실을 못했죠. 신용카드 빚에 눌려 비명을 지를 지경에 이르게 되자, 어떻게 된 줄 아세요? 부모님 집으로 이사 가서 거기서 5개월 동안 살아야 했어요. 빚더미에서 빠져나올 때까지요.

실패했다는 것은 부정하기 힘든 사실이지만, 버트는 자신의 경험을 후회하지는 않았다. 그가 실패한 사업이 최첨단 분야이고, 그것을 통해 배운 게 있었으며, 그 후 실패에서 벗어나려고 노력했다는 점이 부분적으로 작용하여, 그는 미국 최고 명문의 비즈니스 대학원으로부터

125

입학허가를 받았다. 그는 이렇게 말한다.

∞∞∞ 이 나이에는 실패조차도 성공이 될 수 있어요. 우리는 모두 언젠가는 실패를 경험할 겁니다. 실수를 통해 배우는 것, 그게 바로 인생 아닙니까. 하지만 결혼을 했거나 아이가 있다면 실패에 대한 낙관적인 생각은 버려야겠지요. 왜냐하면 나를 의지하는 사람들이 있으니까요. 때는 바로 지금이에요. 실수를 맘껏 저지를 수 있는 자유로운 시기가요.

"때는 바로 지금이다"라는, 많은 20대들이 메아리처럼 반복하는 그 생각은 20대가 아주 힘들다는 것을 시사하는 말일 수도 있다. "때는 지금이다"의 의미는 지금 성취해야 하고, 지금 꿈꾸어야 하고, 그리고 지금 문제들을 해결해야 된다는 압력이 존재한다는 의미이다. 왜냐하면 나중에는 그렇게 할 기회가 줄어들게 될 것이기 때문에. 뉴욕 시에 살고 있는 릭은 이렇게 말한다.

∞∞∞ 언제 내 꿈을 포기할 거냐구요? 지금은 아니에요. 난 겨우 스물다섯 살인걸요. 언제 그만 둘 거냐구요? 어려운 질문이군요. 꿈을 추구하는 데 따르는 위험 때문에 내 아이, 아내, 가족이 다치게 될지 모르는 시기가 오면요. 하지만 물론 지금은 아니죠.

＊　＊　＊

꿈을 찾아서

버트와 릭을 포함한 몇몇 20대들은 20대라는 시기는 보통 자기 자신만 책임지면 되기 때문에 실패를 경험하기로는 이 시기가 최적이라는 사실을 명심할 필요가 있다고 말한다. 이들 낙관주의자들은 역설적이게도 실패에 대한 기대를 통해 아주 긍정적인 태도를 유지하고 있었던 것이다. 그들의 논리에 따르면, 실패를 예상하고 있으면 그 어떠한 결과든 즐거운 경험이 될 수 있다는 것이다. 다음은 로스앤젤레스에서 살고 있는 브랜든(24세)의 말이다.

∞ 물론 나는 실패할 겁니다. 몇 차례 하겠죠. 하지만 그게 바로 이 시기의 특징인 겁니다. 이 시기에 경험하는 실패는 자연스러운 거예요. 이 시기는 실패를 통해 인격을 형성해 가는 시기이고, 게다가 우리가 하는 일에 대해 백퍼센트 완벽하게 도르는 건 당연한 일이에요. '성장'이 가지고 있는 함정은 모험을 안정이라는 관념과 맞바꾸는 데 있는 것 같아요. 내 경우를 말하자면, 나는 시트콤 작가가 꿈이에요. 그렇게 되기까지 얼마나 오랜 시간이 걸릴지는 잘 모르겠어요. 내가 열정을 가지고 있는 일을 해 보려고 노력하지 않는 한 내 스스로 만족하지 못할 것이라는 것을 알고 있어요. '만일에 실패한다면'이라는 걱정이 존재하는 세상에서 산다는 것은 일종의 게임과 같아요. 나는 정신건강을 지키기 위해 그 게임을 해요. 왜냐하면 내 인생이 완전한 실패였다고 생각하게 되는 걸 원치 않거든요. 정년퇴직이 올 때까지 내가 직장에 머물러 있게 될 날이 얼마인지 세고 있는 꼴은 내가 생각하

는 진정한 실패자의 모습이에요.

브랜든은 최근 그가 할 수 있는 모든 방법을 동원하여 시트콤 작가가 되려는 꿈을 부지런히 좇고 있다. 그 세계에서 발붙일 곳을 얻었고, 부지런히 이력서도 보내고, 정보를 교환할 네트워크도 만들고, 단체나 조합에도 가입하고, 그리고 자신에게 기회를 줄 만한 사람들도 만나고 있다. 하지만 그는 아직까지 노력중이며, 이 과정이 얼마나 오래 지속될지 확신이 없는 상태다. 그는 이렇게 말한다.

∞ 이 궁금증은 다음과 같은 질문을 이끌어내죠. '언제'라고 말할 수 있는 때는 과연 '언제' 알 수 있는가, 라는 질문을요. 꿈을 포기해야 하는 현실은 받아들이기 너무나 고통스러운 것입니다. 사람들이 이 질문에 어느 정도의 시간을 부여할 수 있는지 잘 모르지만, 그것은 자신의 사고방식이나 마음의 상태와 관계가 있는 것 같아요.

예컨대 서른다섯 살이 된 트리플 A급 야구 선수가 있다고 가정해 보자고요. 많은 사람들이 그 사람을 보고 분명 이렇게 말하겠죠. '좋아, 터보. 이제 빅 리그에서 경기할 꿈은 포기하고 진짜 직업을 찾아볼 때가 됐어'라고요. 그는 그 말대로 할지 모르죠. 하지만 자신의 진정한 열정이 고교를 갓 졸업한 애송이들을 훈련시키는 거라는 사실을 발견하고 코치가 될 수도 있겠죠. 아니면 스카우터나 지도교사가 될 수도 있을 거예요. 직장 생활 첫 해에 그 직장에 너무나 만족했다고 5년이 지난 후에도 그래야 한다는 법은 없어요. 여러 전문가들과 만나서 이야기해본 결과 얻어낸 생각인데요, 가장 행복한 사람이란 직장을 옮기거나 새로운 것을 시도할 때, 편안한 일을 버리고 좀더 위험하지만 만족감

을 주는 일을 찾아 나서는 것에 언제나 '오케이'라고 할 줄 아는 사람
이라는 겁니다.

브랜든은 실패에 대한 자신의 견해를 잘 설명해 주는 좋은 비유로 데
이트를 들었다. 왜냐하면 데이트는 거절을 수반하고, 거절은 실패의
한 형태이기 때문이다. 브랜든의 설명은 다음과 같다.

∞∞ 여자에게 데이트 신청을 하는 것은 무시무시한 경험이라 할 수
있죠. 왜냐구요? 일어날 수 있는 최악의 경우가 뭐겠어요? 여자에게
거절당한 채 삶을 계속 살아가는 거 아니겠어요. 글쎄, 때로는 그 거절
을 받아들이게도 되지만, 때로는 조지 맥플라이(George McFly : 영화 백
투더퓨쳐의 등장인물 – 역자 주)가 한 말처럼 '내가 그런 종류의 거절을
받아들일 수 있을지 통 모르겠어.'라는 기분이에요. 그렇다하더라도,
나는 분명 다음날 아침을 맞게 되고, 여전히 똑같은 사내일 것이고, 여
전히 똑같은 친구들을 가지고 있을 테고, 어떤 멍청한 여자애가 나를
통나무처럼 취급하면서 썩 꺼지라고 말했다고 해서 친구들 중 나를 예
전같지 않게 대하는 놈은 한 놈도 없겠죠. 그러면 당신은 속으로 이렇
게 생각하겠죠. '그게 다, 지 손해라구. 나가 얼마나 멋진 놈인데. 난
성공할 거야. 그래서 다른 여자를 사귈 거야. 더 쿨하고 더 잘빠진 여
자로 말이야. 그땐 여자는 이렇게 말하겠지, '그래, 너랑 데이트할
게….'라고…' 물론, 다음 번에는 먼저 번 보다 훨씬 더 잘 해 낼 거란
것은 의심할 여지가 없죠.

이번에는 알라바마 버밍햄 출신의 산드라(25세)의 철학적인 인생관
을 살펴보자. 그녀는 "일어날 수 있는 최악의 경우는 무엇인가?"라는

생각에 근거하여 행동하고 있다. 산드라는 어느 날, 자신이 원하는 무엇이든 할 수 있는 안정된 상황에 있다고 가정했을 때 자신이 과연 무엇을 하게 될 것인지를 깊이 생각해 보았다고 한다. 그리고는 자신이 몸담고 있던 컴퓨터 분야의 직업을 버리고 실내장식가가 되어야겠다는 생각을 하게 되었다. 그녀는 이렇게 말한다.

> ∞∞ 최근에 나는 그 분야에 뛰어들기로 결심했어요. 마치 하늘에서 들려오는 음성처럼, 엄청난 번개가 번쩍하며 내 머리를 치는 것 같았어요. 그때 나는 감기에 걸려 있었고, 컴퓨터 분야의 새 일자리를 찾으려는 생각에 엄청난 스트레스를 받고 있었어요. 그래서 집으로 가서 낮잠을 잤어요. 잠에서 깨어났을 때, 내 머릿속에서, 내가 만일 돈이 많다면 잘 꾸며진 집에서 언제나 빈둥거리며 지내게 될 거라는 생각이 드는 거예요. 그리고 그때 바로 실내장식이 내가 해야 할 직업이라는 생각이 내 머리를 쳤어요. 그게 내가 진정 하고 싶어하는 일이라는 것을 알게 된 거죠. 난생처음으로 꿈이란 걸 갖게 된 거예요. 따라서 지금 그것을 포기하는 일은 없을 거예요.

하지만 산드라가 자신의 꿈에 완전히 몰입해 있다고 해서 그녀가 실패를 두려워하지 않는다는 의미는 아니다. 그녀가 지적했다시피, 꿈을 추구하는 기쁨은 '만약 실패한다면'이라는 애간장을 태우는 공포를 수반하는데, 이것은 여간해서는 제거되지 않는 것이다. 그리고 실패에 대한 두려움이 해결되지 않으면, 인생의 다른 측면에 연쇄적으로 영향을 미치는 도미노 현상을 일으킬 수가 있다. 산드라는 다시 이렇게 말한다.

∞∞ 정말로 실패가 두려워요. 실내장식가로서 많은 돈을 벌지 못할까 봐 걱정돼요. 자기 사업을 가지기 전까지는 많은 돈을 못 벌 거예요. 게다가 석사학위도 필요하고, 이왕이면 연봉 3만 달러 이상의 몸값을 보장해주는 최고 학교를 다녀야겠죠. 그렇게 하려면 엄청난 돈이 필요할 테고, 게다가 나는 실패할까봐, 결국에는 빚만 잔뜩 지는 신세가 될까봐 너무 겁이 나요. 게다가 이 지역의 집값이 너무 비싸고 지금은 혼자서 살고 있기 때문에, 집세를 대려면 그야말로 가랑이가 찢어질 지경이죠. 그래서 이 모든 생각으로 머리가 너무 뒤숭숭해요. 내가 진짜로 옳은 방향으로 가고 있는지 계속 의심이 들기도 하구요.

산드라가 지적했듯이, 한 곳에 실패를 하면 인생의 다른 측면에 영향을 미치는 연쇄적인 실패의 사슬로 작용할 가능성이 있다. 이것이 20대들에게 엄청난 스트레스를 안겨줄 수 있는데, 왜냐하면 그들은 무슨 일이 일어나든지 간에 항상 옆에 있어줄 안정된 토대(결혼, 재산, 직업 등)를 아무것도 가지고 있지 않기 때문이다. 그러나 산드라는, 만약 자신이 시도라도 해보지 않는다면 자신의 꿈이 진정 실현될 수 있을지 결코 알 수 없을 것이며, 바로 이것이 그녀가 위험을 감수하는 이유라고 말한다.

* * *

좌절된 목표

20대들이 실패를 모면할 수 있는 방법 중 하나는, 살아 나가면서 자신들의 꿈을 바꾸는 것이다. 즉 현실과 타협하지 않고, 그냥 자기 스스로가 변화하면 자신의 꿈도 따라 변화하게 될 거라는 소리다. 이 방법이 반드시 나쁘다고만은 할 수 없다. 프린스턴 대학(뉴저지 소재)을 1994년도에 졸업한 트래이시가 "언제 꿈을 포기하느냐구요? 나는 꿈을 절대로 포기하고 싶지 않아요. 그러나 내가 변함으로써 그 꿈도 함께 변한다고 생각해요."라고 말했듯이.

　뉴욕 시에 사는 마크(29세)는 실패를 인정하는 대신에 자신의 꿈을 바꾸기로 결정했다. 여러 가지 면에서 기량을 발휘하여 기대 이상의 결실을 맺어 온 그는 대학시절동안 그가 앞으로 배우로서 살아갈 수 있을 만한 재능을 발견했다. 졸업 후 그는 머리를 식히기 위해 친구와 함께 자전거로 전국을 돌고 돌아와서, 곧 뉴욕시의 연기세계로 뛰어들었다. 그 후 4년 동안 마크는 생활고와 싸우는 고달픈 배우생활을 영위하면서 그의 연기를 격려하는 예술가들과 무용가들, 음악가들을 만나왔다. 그는 몇 달 동안 밴드에서 노래를 불렀고, 몇 군데 극단에도 가입했으며, 오프 브로드웨이의 몇 작품에서 공연을 하기도 했다. 하지만 그는 성공하지 못했다. 마크는 이렇게 말한다.

　∞ 대학을 막 졸업할 당시 나는 열망에 불타고 있었어요. 성공에 대한 갈망, 인정받고자하는 갈망, 명성을 얻고자 갈망에 애를 태웠죠. 하지만 나는 목적의식이 부족했고, 종합적인 계획을 세워두지 않았었죠. 혈기왕성한 22살 청년의 열망은 세상사에 대한 지식 부족으로 좌절되고 말았어요. 22살이란 나이는 오만함과 자만심, 아름다움, 그리고 무엇이든 할 수 있을 것 같은 느낌으로 똘똘 뭉쳐진 나이죠. 저도 그렇게 느꼈어요. 하지만 뉴욕 시에서 몇 년을 보내고 나서, 뉴욕의 연극 세계가 업으로 삼고 살아가기에는 너무 힘든 세계라는 것을 깨닫게 되었어요. 만약 졸업 후 바로 로스앤젤레스로 갔더라면 틀림없이 연속극이나

그와 비슷한 드라마에 캐스팅되었을 거예요. 그게 꼭 더 낫다고는 할 수 없지만, 배우로 사는 데는 더 현명한 결정이었겠죠. 물론 그때는 이 사실을 깨닫지 못했지요.

결국 마크가 로스앤젤레스로 갔을 때, 그는 '거기서 자행되고 있는 추잡한 거래'에 입맛을 잃었다. 하지만 그는 이미 그만큼 와버린 상태 였고, 지난 4년 간의 세월이 헛된 것이라고 생각해야 하는 처지에 놓이고 싶지 않았다. 그래서 그는 UCLA에 개설된 영화 대본과 영화제작 수업을 들었으며, 그 사이 시나리오 세 편을 썼다. 이제 그는 자신의 새로운 꿈이 영화를 만드는 것이라고 말한다.

톰의 말처럼 20대가 꿈을 이루기에는 아직 부족한 나이이기 때문이든, 아니면 노라의 말처럼 더 많은 경험이 필요하기 때문이든 간에, 이러한 여러 가지 이유 때문에 꿈은 쉽게 이루어지지 않는다. 20대가 자신의 꿈을 어떻게 이루어나갈 것인가를 깊이 생각하는 동안 직면하게 되는 질문 중 하나는 '언제 뛰어들어야 하며, 언제 포기해야 하는가' 하는 것이다. 최근 졸업자들은 언제 실패를 받아들이고 다른 길로 삶을 진행시켜야 할지, 또는 좀더 좋은 기회가 왔을 때 다시 시도해 보기 위해 꿈을 어느 시기에 잠시 접어 두어야 하는지를 결정하느라 힘든 시간을 보내기도 한다. 그들은 또한 실패를 누구의 책임으로 돌려야 하는지에 대해서도 골머리를 앓고 있다.

시라큐스대학(뉴욕 소재)의 1999년 졸업자 페니는 대담무쌍한 패기와 열정으로 자신의 꿈을 끝까지 고수하고 있다. 그녀의 이러한 노력은 현실세계에 대한 꿈을 관습의 틀로 억압하려는 어른들의 관념을 되받아치는 한 방법이기도 하다. 페니는 이렇게 말한다.

∞ 나는 내 꿈을 포기하고 싶지 않아요. 그렇게 하지도 않을 거구요. 마치 브랙퍼스트 클럽('Breakfast Club'은 1933년에서 68년까지 방송된 미국 아침 라디오 방송 프로그램의 이름이다. 그 후 이 명칭은 아침에 만나서 사업 등 사회생활에 도움이 되는 여러 정보를 교환하는 성인들의 모임을 일컫는 말로 이용되고 있다 – 역자 주)에서나 나올 법한 아주 진부한 소리 같지만 사실이에요. 나는 영혼을 원해요. 아이고, 이젠 마치 제임스 브라운이 된 것 같군요(제임스 브라운 James Brown : "문화는 달라도 모든 사람들이 '영혼(소울)'을 가지고 있다"는 말로 유명한 미국 소울soul의 대부이자 R&B의 전설적인 흑인 뮤지션 – 역자 주). 나는 아직 인간임을 깨닫고 있지만, 당시 내 꿈을 위해 직장을 관두었을 때, 인간에게 있어서 가장 귀중한 것이 무엇이고, 떨쳐 버려야 할 것이 무엇인지 절실히 깨달았어요.

모두들 이 현실세계란 것에 사실 얼마나 깊이 빠져 있는지 놀라운 일이에요. 나는 이 현실세계란 표현이 진실성과 구체성을 어른들 자신을 위해 만든 부정과 모호함으로 대체하고자 하는 기성세대에 의해 만들어진 표현이라고 생각해요. 물론 똑같은 함정에 빠지지 않아야 하겠죠. 하지만 이것들이 우리가 말하는 꿈의 실상인 겁니다. 이 현실세계에서는 그 꿈이 단지 억압된 형태로만 존재한다는 거예요. 사람들은 그들이 실패를 두려워한다는 엄연한 사실을 날조하기 위해 이 허구의 장소에서 자신을 지속적으로 억압하고 있는 것 같아요.

페니는 젊은이들의 이상주의적인 열정을 숨막히게 하는 현실세계의 실리적 노선을 매도하면서도, 실패에 대한 두려움 때문에 자신의 꿈을 접어둔 사실을 인정하고 있다. 엄밀히 말해서 '팔아치웠다'고 그녀는 표현한다. 그녀는 직장을 그만두고 대안의학 분야에서 직업을 구하기 위해서 살던 도시를 떠날 계획을 세웠다. 그런 후 그녀가 떠나리라고 했던 바로 그 도시에 있는 회사에 일자리를 얻었다. 페니는 다음과 같이 말한다.

∞∞ 나는 분명히 실패를 두려워해요. 그리고 나의 잠재의식이 지속적으로 이러한 두려움을 통해서 나의 행동을 언제까지나 방해하겠죠. 나는 그것과 싸우려고 노력하고 있어요. 하지만 지금 나는, 길 위에 있다기보다 직업과 정체성과 윤리관이 뒤섞인 혼란 속에 있어요. 어떻게 이 지경까지 오게 되었을까요? 나는 지난 며칠 동안 스스로에게 이렇게 질문해오고 있어요. 내가 가진 변명은 고작 이력서에 공란 채우기가 아니었던가 하고 말이죠. 하지만 내가 받은 학위로 대안 의학의 임상분야와 결합시킬 수 있는 일은 흥미로운 일이죠. 주식투자에 열 올릴 정도는 아니라도, 이 자본주의사회에서 살아가는 방법은 배워야겠죠. 그게 지금의 상황이에요. 당신은 이렇게 생각할지도 모르겠어요. 내가 이렇게 말함으로써 스스로를 확신시키려고 한다고 말이죠.

내 말이 당신이 원하는 답이 아니라는 것은 알아요. 하지만 이것이 우리 모두가 고민하는 문제 아닙니까? 사람에 따라 정도의 차이는 있겠지만, 이 시기에 있는 사람이면 누구나 가지고 있는 공통의 문제라고 생각해요. 지금 내 꿈을 성취하고 싶은데, 무엇인가가 나를 방해하고 있는 거예요. 나는 그것이 본능적 직관인지 아니면 단순한 두려움인지 알았으면 좋겠어요. 그리고 내 열정이 무엇인지 알아내고, 돈을 저축하고, 결국에는 꿈을 현실로 만들 거예요. 그런 기회를 얻고 싶어요. 나는 며칠 전에 회사를 관뒀어요. 내 컴퓨터 오디오에서 '몽고메리로부터 온 천사(Angel from Mongomery)'라는 노래가 흘러나왔는데, '아침에 직장에 갔다가 저녁에 돌아와서는 어떻게 한 마디도 하지 않을 수가 있는가?'라는 가사가 갑자기 너무나 심오한 의미로 들리더군요.

20대가 그들의 꿈을 유예하게 되는 이유로 관습과 실리주의적 관념에 강매당하는 상황을 꼽을 수 있겠지만, 사실 보다 더 큰 이유는 바로 '돈' 이라 할 수 있다. 이것은 최근 졸업자들이 꿈을 추구하게도 하고 그것을 포기하게도 만드는 가장 큰 영향력을 가진 요인이 아닐 수 없다. 조지아 주의 오그스타 출신인 킴(25세)은 유치원 교사로서 경제적으로 안정된 자리를 찾는 동안 3년 사이에 3차례나 직장을 옮겼다. 킴의 이야기를 들어보자.

∞ 나는 경제적 안정을 위해 내 꿈을 포기해야만 했어요. 그리고 인간관계와 시간을 희생하여 그것을 다시 되찾았어요. 내게 유치원 아이들을 가르치는데 적성과 열정이 있다는 사실을 예전부터 알고 있었어요. 나는 그 일이 매력적이고 정서적인 보람과 지적인 자극을 주는 직업이라고 믿고 있어요. 하지만 불행하게도 금전적인 보상은 거의 상점 직원 수준이죠. 창피한 일이에요. 나는 어렸을 때 내가 좋아하는 일이고 그 직업을 통해 본질적인 행복감만 느낄 수 있다면 돈은 상관하지 않는다고 나발을 불고 다녔었죠.

나는 진실되게 살려면 힘든 시련을 감수해야 한다는 사실은 아직도 믿고 있어요. 하지만 밀린 청구서를 지불해야 하고, 내 형편에 맞는 음식을 사 먹어야(종종 그 맛이나 내용물이 후진 헬스 센터의 간식 수준인) 할 때, 유치원 교사 봉급으로 행복하게 산다는 것은 거의 불가능에 가깝다는 사실을 깨닫게 되었어요. 직장생활 초기에는 글쎄, 내가 다니던 대학 1년 학비보다 조금 못 미치는 약 4천 달러를 벌었어요. 도저히 받아들일 수 없더라고요. 그 결과, 경제적 안정을 위해, 내가 사랑하는 가르치는 직업을 포기하고 유모라는 직업을 선택하게 되었어요.

킴은 자신의 지적 흥미를 유발하는 한편, 유치원 교사로서 연마했었던 기술과 지식을 활용할 수 있으리라 생각되는 보모자리를 발견했다. 그 가정은 최근에 두 명의 러시아 어린이를 입양했는데, 그들은 모두 정서적인 문제를 가지고 있었고 영어를 한 마디도 하지 못하는 상태였다. 킴은 다소 과장되게 이렇게 말한다.

∞∞ 그애들은 두뇌가 뛰어나고, 활기차고, 놀랍고, 정력적이고, 감성이 풍부하고, 반항적이고, 그리고 어려운 아이들이에요. 다행히도 나는 그런 특징들을 가진 사람들을 좋아하죠. 특히 네 살 이하의 아이들인 경우에요. 그 집에서 일하는 것에 지금 대단히 만족하고 있어요. 비록 내 감정이 롤러코스터를 탄 것처럼 무기력하고 완전히 지칠 때도 있지만요.

하지만 킴도, 페니처럼 언젠가는 그녀의 꿈을 다시 찾을 것이라는 이야기를 덧붙였다.

* * *

계획 B

많은 20대들은, 실패하지 않을까 하고 조바심치며 기다리고, 그런 다음 실패를 만회하느라 버둥거리며 살기보다, 출발 당시부터 두 가지 진로를 동시에 모색하고 있다. 필요한 경우 그 중 한 가지를 예비 옵션으로 삼을 수 있게 말이다. 만일의 경우에 대비할 수 있는 이 폴백(대체시스템) 계획은 아주 중요한 전략이라고 할 수 있다. 이에 대해 프린스 조지 커뮤니티대학(매릴랜드 주 라고 소재)을 1996년도에 졸업한 나타샤는 이렇게 말한다.

∞∞ 당신이 꿈꾸던 것을 얻는다고 해도 결국에 가서는 잃어버릴 수가 있어요. 왜냐하면 그 다음에는 무슨 꿈을 가지고 있는지 모르니까요. 그리고 당신의 꿈이 기대에 못 미칠 경우도 있으니까요. 인생에는 당신을 행복하게 만들어주는 옵션들이 여러 가지 있어요. 그러니 유연한 태도로 충격을 완화하는 방법을 배우는 것이 최선이죠. 꿈을 포기해야 하는 순간은 이루 말할 수 없이 슬픈 순간이겠죠. 하지만 또다른 기회가 있다는 것을, 보다 현실적인 기회가 생길 것이라는 것을 명심하세요.

나타샤가 음악을 전공하고 대학을 졸업했을 때, 오페라 가수가 되기를 절절히 원했다. 하지만 그녀는 이렇게 말한다.

∞∞ 그것은 현실적으로 가능한 꿈이 아니었어요(비록 그런 일이 아직도 일어나기는 하지만요). 나는 그 꿈을 포기하지는 않았지만, 또한 그 실현되지 못할 꿈이 집세를 내 주지는 않을 거란 사실도 알고 있었죠.

그래서 나타샤는 청구서를 지불할 수 있게 해주는 예술가연하는 여러 개의 직업에 다리를 걸쳐놓았다. 그녀는 공연예술센터의 홍보부서에서 인턴으로 일했고, 또한 2년 동안 출판사에서 파트타임으로 일했다. 그런 다음 그녀는 와인조합에서 행정 업무를 보기도 했다.

∞ 나는 창의적으로 할 수 있는 무언가가 필요했어요. 그래서 그 일을 5개월 정도 하다가 그만 뒀어요. 그런데 우연하게 인터넷 기술관련 회사에 취직이 됐어요. 거기서 나는 HTML을 배우고 그래픽 기술도 향상시키고 있어요. 그래서 지금은 좀더 만족스러운 일을 하고 있어요. 하지만 나는 미국이라는 기업에 갇혀 있는 것 같은 느낌이 들어요. 지루하지도 않고 5개월 후에 관두고 싶은 생각도 들지 않는 그런 직장을 내가 찾게 될지 잘 모르겠어요. 하지간 적어도 난 돈은 벌고 있잖아요. 이 세상에서 자기가 좋아하는 직업을 가진 사람은 몇 명 안 될 거예요. 물론 나는 그 중 한 명에 끼지 않지만 지금 어느 정도 만족하고 있고, 이 직업이 결국에는 내가 내 꿈이 무엇인지를 깨닫는데 도움을 주는 주춧돌 역할을 할거라고 생각해요. 비록 그 꿈이 무엇인지는 아직 모르지만요.

클락대학(매사추세츠 주 워스터 소재)을 1994년도에 졸업한 타라는 대안 직업의 마련이라는 '백업 계획(backup plans)'은 20대들이 그들의 삶을 계속 영위해 나가는 데에 가끔은 큰 도움이 될 수 있다고 말한다. 그렇다고 그것이 삶을 쉽게 살 수 있는 방벽이 되지는 않는다. 타라는 자신의 처지가 무용수가 되는 꿈을 이룰 만한 형편이 아니라고 판단했다. 그래서 다시 대학에 돌아가 공중 보건 전공으로 석사학위를 마친 후, 썩 내키진 않지만 자신의 백업 계획에 따라 직업 세계로 다시 진입하려고 애쓰고 있다. 타라는 이렇게 말한다.

∞ 학교사회에서 나오려고 하는 이상, 용모와 재치로는 더 이상 버틸 수 없겠죠(하 하!). 정말 두려워요. 내가 해야 할 일이 무엇인지를 스스로에게 주지시키려고 노력해요. 나는 내 장점과 약점을 알고 있

고, 학교에서나 사회에 진출해서도 무엇에 중점을 두어야 하는지 잘 파악할 수 있을 거라 생각하고 있어요. 하지만 여전히 두려운 건 마찬가지예요. 예술이라는 감각적인 세계와는 완전히 다른 직업 세계에 발을 내딛는 것은 하나의 문화충격과 같아요. 그래서 나는 자신에게 늘 이렇게 말하고 있어요. 두려움과 자신감 상실은 이 세계에 좀더 익숙해지게 되면 사라지게 될 것이라고요.

가끔씩, 20대들이 백업 계획을 생각하는 과정에서 자신이 생각해 낸 대안이 전혀 내키지 않아서 도리어 원래 계획에 더욱 매진하게 되는 결과를 낳기도 한다. 이것은 로스앤젤레스에 살고 있는 에밀리(22세)의 경우에서 발견할 수 있다. 에밀리는 시나리오 작가가 되는 꿈을 성취하기까지 사람들에게 자신의 직업에 대해 뭐라고 해야 하는지 난감하여 대체 직업을 생각하기 시작했다. 그녀는 이렇게 말한다.

∞ '실패하면 어쩌지?'라는 소리는 내게 아주 익숙한 대사예요. 왜냐하면 나는 시나리오 작가거든요. 아니 시나리오 작가가 되려고 하거든요. 제 말은 내가 시나리오 작가가 되고 싶다는 것이고. 그러기 위해서 교육을 받았다는 말이에요. 그래서 지금 내가 시나리오 작가가 된 듯한 생각을 갖게 된 거죠. 비록 백수이긴 하지만요. 대학 졸업 이래로 사람들에게서 직업이 뭐냐는 질문을 여러 차례 받아 왔어요. 나는 생활을 위해 지금 교육 서비스 회사에서 일하고 있어요. 시나리오 작가가 되기 전까지 임시직으로 생각하면서요. 그래서 내 직업을 묻는 사람들에게 작가라고 대답해야 할지, 아니면 작가가 되고 싶다고 해야 할지, 아니면 놀고 있는 작가라고 해야 할지, 아니면 그냥 선생이라고 할지, 항상 머뭇거리다가 할 말을 참곤 하죠. 그리고는 아주 들릴락 말

락한 소리로 '시나리오 작가가 되려고 노력중이에요... 아시다시피, 언제 될지는 모르지만, 두고 봐야죠. 쉬운 일은 아니니까요.' 라고 말해요. 그러면서 사람들이 이해한다는 식으로 고개를 끄덕이고 다음 대화를 계속하게 될 때까지 떠듬떠듬 쓸데없는 말을 늘어놓게 되죠.

내가 좌절감에 싸여 있을 때, 사람들이 내 작품을 좋아하지 않거나 좋아는 하지만 사려고 하지 않을 때, 그리고 나를 고용하지 않을 때, 나는 속으로 이렇게 생각하죠. 실패하면 어쩌지? 그땐 무엇을 해야 하나? 지금까지 훈련해온 것은 이 시나리오 쓰는 것 한 가지뿐인데. 나는 신문 컬럼을 쓸 수도, 책을 쓸 수도, 심지어는 광고 문안마저도 쓸 자신이 없는데. 내겐 교사자격증이나 자동차 수리나, 이 나라 국민들이 적어도 하나씩 가지고 있는 자격증이나 기술이 없어요. 솔직히 말해서, 나는 세상에 어떤 직업들이 있는지도 잘 모른답니다. 시나리오 작가가 되지 못하리란 것은 상상도 못할 일이에요. 제게 있어 시나리오 작가로의 실패는 곧 인생의 실패와 같은 거예요. 지금까지 살아오면서 오직 이 하나만을 원했어요. 그래서 부정적인 결과가 발생한다면 어떻게 대처해야 할지 정말 아무 생각이 없어요.

실패에 대한 불안감은 에밀리를 완전히 정서불안 상태로 몰아넣고 있었다. 왜냐하면 그녀는 이외에 무엇을 할 것인지 전혀 몰랐기 때문이다. 그녀는 만일에 대비해서 다른 옵션들을 생각해 보았다. 그래서 만약 자신의 꿈을 포기해야 한다고 생각되는 시기가 왔을 때 어쩔 줄 몰라서 당황하는 일이 없도록 말이다. 그러나 그녀가 모호하게나마 기껍게 받아들일 수 있는 백업 옵션을 생각해내려고 애쓰는 동안, 그 대안에 의지해서는 안 된다는 결심이 더욱 굳어지기만 했다. 에밀리는 이렇게 말한다.

141

∞ 하루는 작심하고 나의 '대몰락'에 대비한 계획을 세우기 시작했어요. 그 날 하루 종일 침울한 상태에 있었죠. 내 친구들은 내가 대사 한 줄을 가지고 씨름하고 있는 사이 일사천리로 출세가도를 달리고 있는 것 같았어요. 그래서 나는 '이제 계획 B를 생각해야 할 시기가 된 것 같군.' 하고 생각했죠. 학교로 다시 돌아가서 교사가 될 수도 있겠죠(상상도 : 나는 팔꿈치 부위에 천조각을 댄 트위드 재킷을 입고 근엄하게 파이프 담배를 입에 물고 있다. 나를 거부한 영화판을 비판하느라 거품을 물면서).

아니면 생계를 위해 임시 사무직원이 될 수도 있겠어요(상상도 : 퇴근 후, 나는 낡아빠진 분홍색 정장 차림을 하고 초라한 아파트로 돌아간다. 그곳엔 내 유일한 위안인 완구인형들만 잔뜩 쌓여 있을 뿐이다).

또는 돈을 보고 결혼을 할 수도 있겠죠(상상도 : 나는 최고급 SUV(스포츠 유틸리티 차량)를 몰고 경비원이 지키는 문을 통과하고 있다. 차 시트에는 마름모무늬의 백이 아무렇게나 놓여져 있다).

이런 생각을 하는 중에도 내 머리에는 내가 진짜로 원하는 일과 연상되는 이미지들이 계속해서 떠올랐어요. 나는 글을 쓰고 싶고 누군가가 내 작품을 사기를 원해요. 나는 내가 창조한 인물들과 내가 구성한 이야기를 스크린을 통해 볼 수 있기를 바랍니다. 그리고 다른 사람들이 내 작품을 좋아하고, 칭찬하기도 하고 비판하기도 하면서 그것에 대해 토론하게 되기를 바랍니다. 너무나 간절히 바라서 가슴이 미어질 정도예요. 그리고 내가 원하는 인생을 맘속으로 그릴 때면 순간 평화로운 상태가 되면서 내 인생에는 다른 길이 있을 수 없다는 생각이 드는 겁니다. 다른 일은 할 수 있는 게 없기 때문에 결코 실패할 수 없다고도 할 수 있겠지만, 내가 결코 포기하지 않을 것이기 때문에 실패할 수 없다는 표현이 더 진실한 표현이라고 생각해요.

마흔이 되어서도 여전히 고군 분투하는 처지에 있을 수 있겠지만,

여전히 이 게임을 진행하면서 꿈이 완성될 때까지 내 길을 가고 있을 겁니다. 하지만 나는 계속해서 내 삶을 몇 개월 단위로, 몇 년 단위로 계획하게 되겠죠. 그리고 플랜 B, C, D, E, F 등을 여전히 생각해내겠지만, 이것들은 작가가 되겠다는 플랜 A가 실패했을 경우 내가 어떻게 살아야 할 것인가에 대한 계획들이 아닙니다. 대신 그것들은 내가 다시 플랜 A로 돌아가서 내 꿈을 실현시킬 수 있는 방법에 대한 계획들일 겁니다.

* * *

실패 옹호자들로부터 듣는 조언

실패에 대처하는 방식은 개인마다 아주 다양할 것이다. 불길한 예감에 모면해 보려고 할 수도 있고, 혹은 거기에 대항해서 싸우는 방법도 있을 것이다. 하지만 최근 졸업생들 중 상당수가 실패에 대해 공통적으로 가지고 있는 몇 가지 견해가 있는데, 그 중 한 가지는, 에밀리가 제안한 대로, 꿈을 포기하지 않는 한 그 어떤 실패든 실패로 받아들일 필요가 없다는 것이다. 네브라스카 주의 링컨 출신인 로빈(23세)은 다음과 같이 제안한다.

∞ 꿈을 포기하지 마세요. 꿈을 이루게 해 주지 못할 일에 왜 매달립니까? 인생은 그러기에는 너무 짧아요. 그러니 인생을 그런 일을 하며 보내지 마세요. 꿈을 향해 가는 길은 너무나 복잡하게 얽혀 있는 길이겠죠. 하지만 적어도 마지막 결과는 당신이 얻기 위해 노력해온 결과

143

가 아니겠어요? 나는 지난 몇 년 간의 인생을 뒤돌아다보고 이렇게 말하고 싶어요. '나는 지금까지 이 일을 해오고 있다. 대가를 받고 일하는 이 일을 즐기면서 해오고 있다.' 고요. 이것이 내가 아는 한 인생을 가장 충만하게 사는 방법이라고 생각해요.

또 다른 견해는 상황의 흐름에 따라야 한다는 것이다. 아주 단순하게 들리지만 이것은 그런 방식으로 인생을 살아갈 수 있는 사람만이 가능한 일이다. 플로리다 주 올란도 출신인 테일러(26세)는 자신이 전국 최고 인터넷 회사에서 일하게 될지 아무도 예상할 수 없었다고 말한다. 하지만 일단 들어간 후에는 그 상황에 따라갔다고 말한다.

∞ 나는 그 어떤 것에도 큰 관심을 가지지 않았어요. 일자리를 제의 받았고, 그 일을 하게 됐을 뿐이에요. 나는 그것을 경력이라고 생각하지 않아요. 단지 하나의 직업일 뿐이죠. 실패같은 건 생각하지 않아요. 그냥 막연히 언젠가 한번은 실패를 경험하게 될 거라고 생각할 뿐이죠. 나는 유예된 행복 같은 것은 믿지 않아요. 바로 지금 즐기는 것이 중요하죠. 이게 바로 내가 사는 방식이에요. 일이든 그 뭐든지 간에요.
　거기에는 뭐 대단한 비결같은 것은 없어요. 아주 솔직하게 드러난 그대로예요. 그래서 내가 이 일을 하건 다른 일을 하게 되건 간에 나는 내 인생을 즐길 거예요. 그게 다예요. 사람들은 그것을 아주 복잡하게 생각하는데, 아직 일어나지도 않은 문제를 놓고 걱정하는 것은 아무런 의미가 없어요. 그 대신 바로 지금 일어나는 일에 집중하게 되면 당신은 분명히 성공하게 될 거예요. 영구적인 것은 아무것도 없고, 그 무엇도 영원히 지속되지 않아요. 그게 내가 지금까지 배운 단 하나의 진리지요. 그래서 현재 재미있게 살고 있다면, 그것으로 그만인 거예요. 나는 낙천적인 기질을 가지고 있기 때문에 실패에 대해 특별히 걱정하지 않습니다. 그냥 이리 저리 떠돌아 다니다보니 결국 지금 내가 예상한 위치에 와있는 거예요. 그러니 그런 방식으로 계속 살게 될 것 같아요.

29세인 데릭도 실패에 대한 두려움을 걸어내는 비결은 '만약 실패하면'에 대한 걱정에 집착하지 않는 것이라고 제안한다. 비록 이러한 낙관적인 견해가 데릭이 품고 있는 꿈의 성격에서 연유된 것 같기는 하지만 말이다. 그는 여러 해 동안 헐리우드의 코미디 작가가 되려고 노력해왔다. 데릭은 이렇게 말한다.

∞ 맞아요. 우리는 실패할 것이고 한 푼 없는 거지꼴로 끝날 거예요. 몸에는 온통 곪아터진 부스럼 딱지로 덮이고 옆에서 지켜주는 것은 길 잃은 개 한 마리뿐이겠죠. 진짜 실패할 수 있겠지만, 바라건대, 그러지 않을 수도 있겠죠. 예측할 길은 없어요. 하지만 실패에 대한 가능성에 집착하느라 더 많은 시간을 보내면 보낼수록, 지금 당장 해야 할 일에 집중할 수 있는 시간이 더 적어진다는 것입니다. 그렇게 되면 실패할 가능성이 더 커지는 거겠죠. 그러니 실패를 걱정하지 마세요. 일어나게 되면 저절로 일어날 테니까요. 한 철학자가 이런 말을 한 적이 있어요. '뒤를 돌아보지 마라. 그것에 빠져들게 될 것이다.' 라고요.

꿈을 절대로 포기하지 마세요. 만약 운이 좋아서 꿈을 가지게 되었다면, 당신은 그것에 전력을 다할 의미가 있는 겁니다. 내 꿈을 쫓아가야 할지 말지를 먼저 어떻게 알 수 있냐고요? 스스로에게 두 가지 질문을 해 보세요. 하나는, '내가 이 일 말고 다른 일을 하고 있다는 생각을 떠올릴 만한 것이 있는가?' 입니다. 왜냐하면 당신이 선택한 꿈을 성취하기 전에 차선으로 생각한 그 위치에 도착할 것이기 때문입니다.

예를 들어, 당신이 포뮬러 원(경주 차 중 최고로 분류되는 차 – 역자 주)을 모는 레이서가 되고 싶다고 합시다. 하지만 치과 위생사인 자신을 그릴 수도 있을 겁니다. 그렇게 되면 당신은 한번 고려해 봤던 그 치과 위생사가 될 수도 있어요. 그러니 때로는 대안을 가지고 있지 않은 편이 도움이 될 수가 있어요.

　스스로 해 보아야 할 두번째 질문은, '내게 충분한 조건이나 능력이 갖추어져 있는가?' 하는 것입니다. 당신이 패션모델이 무지무지 되고 싶다고 칩시다. 하지만 당신을 예쁘다고 하는 사람은 당신 엄마밖에 없고, 게다가 당신은 엄청나게 큰 히프를 가지고 있어요. 당신은 수퍼모델로 살아가려면 무지무지 날씬해야 한다는 사실을 인정해야 합니다. 또 다른 예를(좀더 현실적인) 한 가지 더 들어볼게요. 당신은 소설가가 되고 싶습니다. 글을 잘 쓰나요? 사람들(스승이나 친구들)로부터 작가가 될 자질이 있다는 소리를 항상 들어왔나요? 만일 그렇다면 시도해 볼 필요가 있겠죠. 하지만 국어 성적을 D이상은 받아본 적이 없고, 언어 적성검사 결과가 350점 정도고, 당신이 쓴 글에 대해 그 누구도 칭찬의 말을 해 준 적이 없다면, 그런 모험에 뛰어들기 전에 다시 생각해 보아야 할겁니다. 전력을 다해 노력하는 일이 어렵게 느껴지는 분야일수록, 어떤 타고난 능력이 요구되는 것입니다.

이 견해는 고려해 볼 만한 가치가 있다. 데릭은 이런 인생관 속에서 7년을 보낸 후, 마침내 그의 필생의 목표를 이루었다. 자신이 쓴 시나리오를 헐리우드에 있는 굴지의 영화사에 팔았던 것이다. 실패의 가능성은 단지 관점의 차이에 달린 것 같다.

동트기 바로 직전이 가장 어두운 법이죠.

불확실성에 대한 질문이 산더미처럼 불어나게 되요.

그래서 우리는 무엇을 어떻게 해야 할지도 모르고, 자신에 대해 계속 반복해서
회의하게 되고, 그렇게 되면서 가끔씩 우울증에 빠지게 되는 거예요.

4

이 모든 불확실성은 무엇을 의미하는가?

*   *   *

서문에서 우리는 청년 위기가 우울증이라는 위험한 상태로 이어질 수 있음을 밝힌 바 있다. 또한 청년 위기에서 가장 어려운 부분이 이 시기에 수많은 회의가 20대들에게 한꺼번에 몰아닥치는 것이라는 점도 언급하였다. 20대들이 이 책에서 이야기하는 모든 이유들(동기들) − 정체성 문제, 성인이 되는 것에 대한 불안, 실패에 대한 두려움, 중요한 문제를 결정하는 데 있어서의 미숙함, 생활안정에 대한 고민, 그리고 대학이 이 모든 것에 대처할 능력을 키워주지 못한 사실에 대한 분함 − 때문에 세상은 갑자기 낯설고, 무섭고, 어렵고, 무자비하며, 자신들이 예상했던 것과 전혀 다르다고 느끼게 되는 것이다.

그들은 그 새로운 도전들에 맞서 싸울 수 있는 능력이 과연 자신들에게 있는지 의문을 갖는다. 그리고 이러한 의심은 가끔 위험한 상태를 초래하기도 한다. 자신감 상실을 이다지도 심각하게 느끼게 되는 요인은, 일반적으로 20대들이 심각한 개인적인 문제는 털어놓으려 하지 않기 때문에, 동년배의 다른 사람들도 자신들과 정확하게 똑같은 상황을 겪고 있다는 것을 모른다는 데 있다. 그 결과, 그들은 자신들의 문제들 − 비애감, 우울, 공포, 분노, 냉담 등 − 이 정상적인 것이 아니라고 느끼게 되고, 이러한 느낌은 자기 스스로에 대한 더욱 더 큰 불신감을 초래하고 마는 것이다. 네바다 주 레노ˣ에 거주하는 켈리(27세)는 이렇게 말한다.

∞∞ 나는 내게 무슨 큰 문제가 있다고 생각했어요. 나를 제외한 모든 졸업생들이 자신의 길을 찾거나 성인이 될 준비에 한창 들떠 있는 것 같은 그런 느낌이었어요. 그 사람들은 현실세계로 나가서, 재미도 보고, 돈도 벌고, 자신들만의 살집도 얻고, 새로운 사람도 만나고 있었어요. 순탄대로를 달리는 것처럼 말이죠. 그런데 나만 혼자서 잔뜩 겁에 질린 채 정신을 못 차리고 있었어요. 나는 행복하고, 태평스럽고, 원만하게 생활하는 주위의 많은 동료들과 내 처지를 비교하고는 혼자 웅크린 채 울기도 많이 울었어요. 오직 나만이 인생의 이 시기를 힘들고 지긋지긋하게 보내고 있다고 생각했어요. 지금 돌이켜보면 내가 그때 친구들한테 내 심정을 조금이라도 털어놨더라면 좋았을 거란 생각을 해요. 그 당시 태연한 체 보였던 나의 그런 행동들이 사실은 모두 표면적인 것뿐이었다는 것을 말할 수 있었더라면, 그리고 그 애들도 나와 마찬가지로 두려워했지만 그 두려움을 다른 방식으로 숨기고 있었다는 사실을 알았더라면 좋았을 텐데요.

켈리가 성인으로서 자신의 삶에 책임을 다하려고 노력하는 과정에서 켈리의 마음 속에 자리하고 있었던 회의감은 계속 확산되어만 갔다. 그녀는 그 회의감을 떨쳐버리려고 노력했지만, 그때마다 그녀의 마음 속에는 또 다른 의혹이 생겨나서, 다시 그 모든 것이 또다시 되풀이되곤 했다.

∞∞ 그것은 점점 더 빠르게 더 많은 원을 그리며 아래로 휘몰아치는

소용돌이처럼, 모든 생각들을 집어삼키면서 계속해서 확장해 갔어요. 다른 것에 대해서는 생각할 여지가 없었어요. 나는 자신에게 계속해서 이런 질문을 해댔어요. '무엇을 하면서 살아갈 것인가?' '내가 직업에서 만족감을 느낄 수 있을까? 아니면 직업은 단지 돈버는 수단일 뿐일까?' '성인의 삶이 모두 이렇게 질식할 것 같이 숨막히고 단조롭기만 한 것인가?' '나 스스로에 대해서도 확신이 없는데 결혼할 상대에 대해 어떻게 확신을 가질 수 있단 말인가?' '이러한 무력감을 평생 느끼며 살아가게 되는 것은 아닐까?' '다른 사람들은 어떻게 이러한 문제들을 나보다 쉽게 처리하고 있는 것일까?' 등등... 이렇게 내가 피해갈 수 없는 질문들이 점점 더 늘어만 가는 거예요. 이런 생각에 골몰하느라 머리가 찌근거리지 않는 날이 없었어요. 나는 친구들은 멀리하고, 당시 내가 무슨 고민에 빠져 있는지 이해하려고 애쓰던 내 남자친구만 볶아댔죠. 그래서 결국, 졸업 후 8개월째가 되었을 때, 나는 완전히 망가져 버렸어요.

켈리는 어느 날 직장에서 근무하던 중, 겨우 오전 10시밖에 되지 않았는데도 퇴근시간까지 몇 시간이나 남았는지를 세고 있는 자신을 발견하고 다시금 당혹감에 빠졌다.

∞∞ 나는 완전히 무력감에 휩싸였어요. 숨이 막히는 것 같았고 심장 고동 소리가 천지를 진동하는 것 같았어요. 그리고 나를 드리우고 있는 그 무거운 비애의 먹구름에 완전히 압도당한 느낌이었죠. 그래서 직장을 하루 쉬고 곧바로 의사를 찾아갔어요. 그 의사는 내게 심리 테스트란 테스트는 모두 다 시켜보더군요. 그리고는 내가 우울증에 걸린 것 같다고 말했을 때, 나는 '그럴 리가 없어. 그 정도로 심각한 적은 없

는데' 라고 생각했어요. 그리고 나서 깨닫게 됐어요. 바로 이 과도기가 나를 이렇게 변화시킨 거라는 사실을, 그 과도기가 나를 내 자신도 멀리하고 싶은 비탄에 빠진 반사회적인 사람으로 만들었다는 사실을 깨달았어요. 그렇게 되니까 외로움은 그 전 보다 더 커져만 갔어요.

그로부터 켈리는 몇 달 동안 항우울제를 복용했다. 항우울제는 우울증을 완화시키고, 그녀가 심각한 자아상실에서 벗어나서 실체적인 것을 생각할 수 있도록 지력을 보강해 주는 역할을 했다.

∞∞ 우울증은 견뎌내기가 힘들고 그때 받는 느낌은 너무나 생소해요. 내가 진짜 누구인지를 의심하게 만들어요. 그리고 때로는 극도로 침울한 상태에서 만들어 낸 어떤 생소한 인간상 속에 갇혀서 자신을 잃어버리게 돼요. 항우울제를 복용하니까 두통도 멈추고, 내가 미래에 대해 생각할 때마다 느끼게 되는 공포감으로부터 벗어나게 되더군요. 하지만 느낌을 구별하기가 힘들어요. 내가 진짜로 어떤 것에 만족하고 있는 것인지 아니면 단지 그 항우울제 약효 때문인지 구별할 수 없었어요. 비록 그 약으로 내가 어느 정도 숨을 돌리게 되긴 했지만, 그 약은 그 어느 것도 '치유' 하지 못했어요. 대일 그 약을 복용하고 있었지만, 나는 여전히 나를 후려치는 성인이 된다는 생각으로 잔뜩 겁에 질려있었어요.

켈리는 계속 말을 이었다.

∞∞ 정말 재미있는 사실은요. 이 끝도 없을 것처럼 지루하게 이어지는 안개터널에서 마침내 나를 꺼내준 게 무엇이었는지 아세요? 매일

매일을 흐느끼면서 아직 준비가 되지 않은 이 과도기를 어떻게 헤쳐나
갈 것인가에 고심하고, 세상으로부터 나를 격리시키고, 스스로를 부정
하고, 그리고 도와주려는 사람들한테도 윽박질러서 움찔하게 만들었
던 나에게 당시 진정으로 필요한 말은 딱 한 마디밖에 없었어요. 그 말
을 듣자마자 나는 다시 내 자신으로 돌아 올 수 있었어요. 그것은 바로
'20대가 이런 무력한 시기를 겪는 것은 지극히 정상적인 것이다' 라는
말이었어요.

켈리의 경험은 지극히 보기 드문 경우지만, 그녀의 친구들이나 혹은
대중매체나 영화 속에 등장하는 20대 주인공이 이 과도기에 대해 언급
하는 것을 한번도 들은 적이 없었기 때문에, 그녀는 자신에게 큰 문제
가 있는 줄 알고 두려워했던 것이다.

다른 20대들도 과도기로 인해 심하게 흔들렸던 경험을 말하고 있다.
조지아 주 어거스터 시에 사는 킴(25세)은 이렇게 말한다.

∞∞ 나는 자존심 문제와 무섭도록 싸웠어요. 나는 바깥세상에다 보여
주기 위한 유사 인격을 만들어냈어요. 그래서 나의 진짜 자아는 저 밑
으로 밀어 넣고는 내 자신도 연기를 하고 있다는 것을 모를 정도로 말
이죠. 나는 원래 영리하고, 재미있고, 따뜻하고, 그리고 누군가와 금세
친해지는 사람이었는데, 언젠가부터 나는 자신에게 계속해서 충격을
가하고 괴롭히면서 나 자신을 혐오하게 되었어요.

솔직히, 이 장에서 다룰 이야기는 자극적인 이야기가 아님을 밝혀두
고 싶다. 필자가 만난 수십 명의 20대들이, 자신들이 곤경에 처했던 경
험과 갑작스런 공포로 인해 좌절감에 빠졌던 이야기를 들려주었다. 그

들은 상당히 망설이기도 했지만, 결국 솔직하게 아주 개인적인 이야기들을 우리에게 들려주었다. 우리는 이 장에서 그들의 이야기를 독자 여러분들과 함께 나누고자 한다. 왜냐하면 그들 중 많은 수가 만약 자신들이 이 과도기 때문에 좌절감에 빠지는 것이 얼마나 평범한 것인지를 그 당시에 알았더라면, 초반기에 자신들이 그토록 침울해 있지는 않았을 것이라고 입을 모아 이야기했기 때문이다.

* * *

불확실성과 계속되는 의문

젊은이들이 대학을 막 졸업하고 난 후에 빠질 수 있는 우울증은, 점점 확산되는 회의감에서부터 시작된다. 모든 사람들이 인생을 살면서 어느 정도 회의에 빠지게 되지만, 삶의 모든 국면들을 동시에 준비하려고 노력하는 20대들의 경우는 모든 것에 대한 회의감을 한꺼번에 경험하게 될 수 있다고 1996년 시카고 대학을 졸업한 제이슨은 말한다.

∞ 동트기 바로 직전이 가장 어두운 법이죠. 불확실성에 대한 질문이 산더미처럼 불어나게 되요. 직장이나 살 곳을 어떻게 마련할 것인가? 그리고 20대 초기에는, 내 인생을 함께 보낼 누군가를 어떻게 찾을 것인가? 라는 문제에 대해 회의를 가졌어요. 게다가 저는 교사인데, 이 직업은 돈이나 사회적 지위 면에서 보자면 그렇게 잘난 직업이라고는 할 수 없잖아요. 그래서 내 직업에 대해서도 회의가 생기곤 하지요.

155

그는 계속 말을 이었다.

∞∞ 이런 회의들은 인생을 우울하게 만들어요. 내 친구들 중 상당수가 이 문제 때문에 전문의 상담이 필요할 정도였어요. 하지만 그들은 전문의를 찾아가지 않았어요. 왜냐하면 그런 델 가는 건 인식이 좋지 않고, 내 친구들이 대부분 남자들이라, 남자들은 도움을 구하려고 자신의 문제를 다른 사람에게 털어놓기가 더 힘든 법이죠. 게다가 대부분이 직장이 없는 친구들이어서, 치료비 부담이 너무 컸던 거예요.

인생에서 이런 특정한 시기에 이런 문제들을 우리 모두 가지고 있는 이유는 대학 졸업 후에 찾아오는 너무 갑작스런 변화 때문이에요. 대학에 다닐 때는, 적어도 내 삶이 학교라는 조직을 가지게 되잖아요. 수업에 들어가서 교육을 받는다는 목적도 있고요. 하지만 졸업을 하고 나면 내 스스로가 그 조직을 만들어야 해요. 우리는 약 스물두 해 동안 단계적으로 일련의 규칙을 따라가야 할 의무와 책임이 있었어요. 20년 넘게 우리는 학교에 다녀야 했는데, 이제는 순식간에 다니지 않게 된 거예요. 그리고 이제는 스스로가 사회적 고리를 만들어 가야 하는 처지가 되었어요. 어디에 정착하게 되든지 간에 자기 분야를 스스로 개척해 가야 해요. 안내책자 같은 것은 그 어디에도 찾을 수 없어요. 그래서 우리는 무엇을 어떻게 해야 할지도 모르고, 자신에 대해 계속 반복해서 회의하게 되고, 그렇게 되면서 가끔씩 우울증에 빠지게 되는 거예요.

필라델피아 출신의 에이미(26세)는 자신으로부터 쏟아지는 집중적인 질문 공세에 계속해서 시달리고 있다고 한다. 그녀는 그 모든 질문으로부터 난타 당하고 있는 이유가 자신이 원하는 것과 현실적으로 자신이 얻을 수 있는 것 사이에서 고투를 벌이고 있기 때문이라고 생각한다. 에이미의 말을 직접 들어보자.

∞∞ 지금 졸업한 지 4년째 접어들었어요. 졸업한 이래로 계속 일을 하고 있어요. 그리고 2년째 접어든 시기에 그 직장이 앞으로도 지속할 만큼 내게 의미 있는 일인가에 심각한 회의를 가지기 시작했어요. 나는 모든 것을 가지려고 버둥거리고 있는 것 같아요. 나의 개인적인 환상, 욕망, 관심사 등을 추구하면서도, 이와 동시에 재정적으로도 안정된 생활을 원하죠. 안정된 생활은 내가 다니는 이 직장(컨설팅)이 분명히 보장해 주겠죠. 내 마음은 모든 고민거리로 꽉 찬 바구니 같아요. 나는 정말로 이것이 한 인간의 삶에서 다시는 오지 않을 지극히 특별한 시기라고 믿고 싶어요. 20대는 진정 만족감을 느끼기가 힘든 시기죠. 대학을 막 졸업했고, 다니는 직장은 첫번째나 두번째일 테고, 그리고 자기 삶 속에서 개인적인 만족을 찾으려고 애를 쓰는 시기예요. 이것은 종종 '내가 대체 하루 온종일 뭘 하고 있는가?' 라는 의문으로 나타나기도 하지요. '이 일이 내가 평생하고 싶은 일인가?' 라는 질문이 날마다 내 마음 속에 지속적으로 출몰하고 있어요. 나는 가끔씩 이러한 20대 정체성 위기를 결혼식으로 비유하곤 하지요. 결혼식 복도를 걸어가면서 나와 결혼하려는 하는 남자를 쳐다보는 거예요. 그리고 속으로 이렇게 생각하죠. '이런, 저 남자가 내 일생을 함께 보낼 남자란 말이야?' 라고요.

20대들은 이러한 문제들과 직면하는 것을 가급적 피하려는 경향이 있다. 그 이유는, 에이미가 말한 바와 같이, 그들이 그런 문제들을 해결하려고 하면 상황은 더욱 어려워질 뿐이기 때문이다. 무엇이 바람직한 것인지는 알고 있지만 그것을 무턱대고 따라 할 수는 없는 일이 아니겠는가. 에이미는 또 이렇게 말한다.

∞∞∞ 우리는 변화를 원해요. 왜냐하면 소크라테스도 말했다시피, 변화가 모든 것을 이롭게 할 것이라는 걸 믿기 때문이죠. 우리는 변화가 우리가 가지고 있는 두려움을 어느 정도 해소시킬 수 있을 거라고 믿고 있어요. 왜냐하면 변화가 과거의 실수를 청산하고 새 출발을 하게 해줄 테니까요. 하지만 이것 보세요. 그 모든 것은 사실 현실을 회피하는 변명일 뿐이에요. 장기적인 관점에서 우리는 피할 수 없이 언젠가 한번은 겪어야 하는 과정을 겪고 있는 것뿐이에요.

그래서 지금 우리는 아주 지루한 단계에 와 있는 거죠. 한 해 두 해 나이 먹는 것을 의식하면서 속으로 이렇게 말하게 되겠죠. '모든 게 하찮아. 왜 내가 이 일을 하고 있지? 왜 내가 에베레스트를 올라가지 않았고, 평화유지군에는 들지 않았으며, 열대 우림을 보호하는 환경운동에는 참여하지 않았을까? 왜 나는 고대 그리스 철학 박사학위를 따지 않았을까? 왜 나는 제3세계 국가의 굶주리는 아이들을 돕는다거나 에이즈 확산을 막는 치료제를 만드는 것같이 진짜로 의미 있는 일을 해보려 하지 않았을까?' 라고요.

이 시기는 어쩌면 나에게 있어 흥미진진하고, 인습을 타파하는 굉장한 무엇인가를 할 수 있는 마지막 기회일지도 모르지요. 이렇게 컨설팅을 몇 년 하다가 경영대학원으로 진학하는 판에 박힌 과정을 걷는 것 대신에 말이에요. 그러나 이 길은 나를 위한 가장 논리적이고 현명한 길일지도 몰라요. 그래서 나는 책상 앞에 앉아서 이미 자기들이 원하는 게 무엇인지 알고 있지만 내가 자기들의 손을 잡아주면서 말해주기를 원하는 고객들에게, 그들이 이미 알고 있는 소리를 '전문적인

용어'로 토해내는 대가로 회사가 요구하는 터무니없는 청구서에 돈을
지불하게 하면서 이렇게 사무직에 들러붙어 있는 것이겠죠.

에이미는 계속 말을 이었다.

∞ 우리는 변화를 추구하고 위험에 도전하라는 그 위대한 말이 환상
일 수 있다는 것을 이미 알고 있는 사람들이에요. 제 말은, 어떻게 우
리가 창의적이고 흥미롭고 감동을 주는 일을 하기 위해 경제적인 안정
이나 출세의 기회를 떨쳐버릴 수 있을까요? 평화유지군에 자원하기
위해 사회적 담보를 모두 바람에 날려 버릴 수 있겠냐고요. 친구들이
나 가족들이나 동료들은 뭐라고 말할까요? 만약 그 모든 것을 버림으
로써 택하는 것이 부와 존경과 명예를 얻게 될 기회를 잃게 되는 잘못
된 선택이었다면 어쩌지요? 그때는 우리가 다른 곳에서 헤매던 동안
그 모든 것들을 얻기 위해 매진해왔던 내 친구들의 성공과 경제적 능
력의 수준으로 어떻게 다시 돌아올 수 있겠어요?

＊　＊　＊

직장인가 지옥인가

끝없이 계속되는 회의와 질문만이 항상 20대 우울증의 포문을 여는
역할을 하는 것은 아니다. 때로는 인생의 한 측면이 잘 풀리지 않을 때
도 우울증의 충분한 이유가 될 수 있는데, 이것은 거대한 회의감으로
발전하여 20대에게 예상치 않는 어려움을 안겨주거나 그들의 자존심

을 땅에 떨어뜨림으로써 20대의 감정을 온통 쑥밭으로 만들어 놓을 수 있다. 이런 악영향을 야기시키는 가장 일반적인 동인動因은 바로 직업 문제이다. 즉 직장을 구하려고 노력하는 것과 그 직업에 적응하려고 노력하는 문제 두 가지 경우이다. 다음은 2000년도에 부크넬대학(펜실 바니아 주 루이스버그 소재)에서 석사학위를 취득한 조안나가 결국 우울 증에 빠지게 된 경위를 들려주는 경험담이다.

∞ 대학에서는 학생들이 현실세계를 정서적으로 받아들일 수 있도 록 가르치질 않아요. 그것이 나에게 우울증을 안겨주었고 결국에는 전 문심리치료사를 찾아가게 만들었지요. 그 경험은 '사회란 바로 이런 거구나'라는 사실을 깨닫는 것 그 이상이었어요. 내가 첫 직장을 통해 서 알게 된 것은 직장이란 환경은 대학과 달리 너무나 메마르고, 각박 하며, 개인 복지나 행복 따위에는 전혀 신경 쓰지 않는 사람들로 가득 한 곳이라는 것이었어요. 그 이유는 부분적으로 그들의 최고의 관심사 가 한 개인보다는 '최대의 이윤과 최고의 효율'에 있기 때문일 수도 있겠죠. 나는 매일 매일을 적개심이 가득한 야수의 소굴로 걸어들어 가는 것 같이 느꼈고, 또한 나의 사회생활이 밑바닥을 완전히 드러내 고 있다고 생각했어요.

학교와 직장이라는 살벌한 환경간의 엄청난 차이로 인해 조안나는 성인으로서의 삶이란 게 바로 이런 것이었는가 하는 회의가 들면서 비 참한 심정에 빠지게 되었다.

∞ 그 당시 내 삶을 대변하는 두 가지 생각의 축이 있었어요. 그 하 나는 '직장'에 대한 것인데, 그것은 아침에 눈을 떠서 직장에 가야 하

는 순간에서부터 퇴근 시간 한 시간 전까지 이어지는 그 끔찍한 시간
들을 수반하죠. 그리고 다른 하나는 '퇴근 후'에 관한 것인데, 이것은
다음날에 직장에 갈 생각을 머리에서 떨쳐버리기 위해 고투하는 방황
의 시간들이고요.

조안나는 말을 계속 이었다.

∞∞ 직장에 대한 혐오감은 근무일만 망치는 것이 아니라 주말까지도
망쳐놓았어요. 그 영향은 인생의 모든 측면에까지 파급되었죠. 대학
졸업 후의 직장생활 3년 간을 돌이켜보면, 엄청난 시간을 그 끔찍한
텔레비전만 보면서 보낸 것 같아요. 예전에는 나름대로 대단한 독서광
이었는데, 텔레비전 보는 것이 시간 때우기에 훨씬 더 쉬울 것 같았어
요. 텔레비전은 내 생각의 전원을 잠시동안 끄고 복잡한 상황에서 탈
출할 수 있게 해 주더군요. 소설책은 우울하게 느껴지기 시작했어요.
이전에는 한번도 그렇게 생각한 적이 없었는데 말이죠. 저녁마다 밖으
로 나갔어요. 그냥 그렇게 해야 할 것 같아서 나갔던 거지 나가고 싶어
서 나갔던 건 아니었어요. 그리고 일요일이면 월요일에 대한 불길한
예감이 언제나 나를 묵직하게 내리눌렀고, 그 기분이 휴일 하루를 온
통 망쳐놓는 것 같았어요. 머릿속으로는 항상 '일요일이야. 재미있게
즐겨야 해!' 라고 생각하지만, 사실 이것은 진짜로 무언가 재미있는 일
을 할거라는 얘기가 아니라 일종의 강박관념 같은 거였어요. 그리고는
보통 죽치고 앉아서 TV만 보면서 그 절박한 느낌에 대한 죄책감으로
하루를 마감하곤 했죠.

직장생활을 그런 상태로 몇 년간 지속하고 나자 조안나의 건강 상태

는 심각할 정도로 나빠졌고, 거기다 항우울제를 복용하기 시작했다.

∞∞ 복통, 구토, 편두통 같은 스트레스로 생긴 질병 때문에 직장을 곧잘 빠지곤 했어요. 가장 나빴던 것은 직장의 그 누구도 내 문제의 근본 원인을 개선하는 데 아무런 관심이 없었다는 사실이었어요. 직장생활은 극도로 따분하고 무미건조했으며, 회사에서는 근무시간 후에도 별도 수당없이 몇 시간을 더 일해 줄 것을 강요했어요. 하루는 직장 상사에게 작업 환경이나 분위기가 나만의 편의를 위해서만이 아니라 전체 직장의 이익을 위해서 바뀌어야 한다고 어렵게 말을 꺼냈어요. 어떻게 하면 보다 효과적인 직장 환경을 만들 수 있는가에 대한 내 소견도 함께 얘기했어요. 그는 내 말에 공감하는 것 같았고 그 문제에 대해 윗사람에게 건의해 보겠다고 말했어요. 그런데 일주일 후 나는 연말에 고용계약이 다시 갱신되지 않을 것이니 새 직장을 알아보라는 통지를 받았어요.

조안나는 계속 말을 이었다.

∞∞ 그것이 학문적 조언자나 생활 지도교수 등등 대학에서 제공하는 모든 것들이 진짜 인생에서는 전혀 소용이 없는 것이라는 것을 깨달은 순간이었죠. 그리고 내 문제를 털어놓은 것이, 그리고 내 문제를 다른 사람들의 이익으로 환원시켜 보려는 노력이, 나를 실직이라는 최악의 상황에까지 이르게 만들었고, 그로 인해 말할 수 없는 고통을 겪어야만 했어요. 해고당한 것에 대한 부끄러움과 거절당한 데 대한 참담함은 더할 나위 없이 끔찍했어요. 그러한 일이 나의 첫 직장에서 일어나게 되리라고는 전혀 예상하지 못했죠. 그것은 엄청난 추락이었어요.

한 때는 'Phi Beta Kappa'(우수한 성적의 미국 대학생 및 졸업생 클럽 및 회원 – 역자 주)였던 전도유망한 재원이 다음 해에 '해고된 실패자'로 추락한 것이었어요.

20대들이 대학생활에서 쌓은 경력을 실제 직업세계의 어디에도 적용할 수 없다는 사실을 깨닫게 되면, 왜 바로 직업세계로 가지 않고 대학을 갔었는지 회의가 생기게 될 것이다. 'Phi Beta Kappa'라는 문구가 새겨진 표창장은 자랑스러운 인생의 증표가 아닐 수 없다. 하지만 그 증표가 졸업생들을 행복과 성공의 관문으로 자동적으로 인도해주지는 않는다. 버지니아주 리치몬드에 사는 셀리아(29세)는 대학졸업장이 필요치 않는 직장을 첫번째 직장으로 잡아야 하는, 그야말로 '아무 일자리나 좋다'는 절망적인 순간까지 경험했다. 대부분의 대학 친구들이 대학원을 진학했지만, 셀리아는 영문학 학위로 생활비를 벌어야 하는 처지에 놓여 있었던 것이다. 그녀는 라디오 방송국, 홍보 대행사, 광고 회사, 그리고 그 밖의 다른 회사에도 지원해 보았지만, 그들은 모두 그녀가 가지고 있지 않은 실제 경력을 원했다.

∞ 나를 원하는 데는 아무데도 없었어요. 나는 막막하고, 실망스럽고, 두려웠고, 그리고 완전히 오해를 받고 있는 느낌이었어요. 부모님과 함께 사는 게 나를 더욱 우울하게 만들었어요. 부모님은 일자리를 구하라고 내게 계속 압력을 가하셨어요. 전공과 상관없다한들 뭐 어떠냐는 식이셨죠. 어머니는 이렇게 말씀하셨어요. '때로 사람은 살아가기 위해 원하지 않는 일도 해야 된다. 일은 단지 일일뿐이야. 일이란 원래 재미와는 상관없는 거야.'라고요. 부모님과의 관계가 나빠지기 시작했고, 나는 내가 원했던 일이 무엇이었는지도 완전히 헷갈리게 되

었어요. 나는 한 회사에서 작가라는 안정된 직업을 찾고 싶었지만, 부모님은 매일 직장을 알아봤냐고 볶아대셨죠. 그래서 내 목표는 점점 희미해지기 시작했어요.

결국, 셀리아는 취직하라는 압력 때문에 어느 식품 체인점 회사의 매니저였던 집안 어른의 소개로 슈퍼마켓 제빵/훈제식품 코너에 부매니저로 취직하게 된다. 그리고 그 가게 유니폼인 검은 색 멜빵바지와 모자를 써야 했다. 그녀는 닭고기를 썰고, 도넛과 튀김을 만들고, 그리고 훈제된 고기를 썰었다.

∞ 너무나 당황스러웠지만, 저는 부모님을 위해 버텨야 한다고 생각했어요. 왜냐하면 돈이 필요했거든요. 내 남자친구는 아직 대학생이었고 기숙사에서 지내고 있었어요. 남자친구는 제게 아무런 도움도 주지 못했죠. 나는 그 직업이 너무 부끄러웠어요. 함께 졸업한 애들은 인텔이나 IBM같은 직장에서 일하거나 법과 대학원이나 의과대학에 진학했었거든요. 누군가 직업을 물으면 거짓말을 했어요. 남자친구나 그의 친구들한테 내가 맡고 있는 이른바 '관리직'이란 것이 사실은 마루에 걸레질하고, 콜라를 채우고 금전출납부를 기록하는 것이라고 말할 수 없었어요. 그건 '전미여학생클럽(RA)' 회원에다 전국에서 콧대 세기로 유명한 10대 대학(팩 텐:Pac Ten)의 '팩 텐 회원 상담원'이라는 화려한 경력의 소유자가 받는 대가치고는 우울하고 참담한 대가가 아닐 수 없었어요.

셀리아는 계속 말을 이었다.

∞∞ 나는 괴로움 속에서 침묵으로 지냈어요. 친구들로부터 사회적 상황으로부터 멀어지기 시작했어요. 가족으로부터도 역시 멀어졌죠. 나는 기숙사 친구들이 잘 때까지 직장에서 기다렸다가 기숙사로 돌아가곤 했죠. 자신의 삶은 스스로가 통제하고, 자신이 설계했던 일은 끝까지 성취하고야 말았던, 그리고 친구들로부터 존경을 받았던 과거의 나는 완전히 사라지고 없었어요. 나는 대학 전성기 때 그 잘난 남학생들이 내게 얼마나 열을 올렸던가 하는 과거의 기억 속에서 살았어요. 정말 비참했어요. 너무 비참해서 마침내는 식품점을 관두고 말았죠. 그리고 얼마 후 항공사에 취직했어요. 그건 거창하지는 않았지만 매력적인 직업이었죠. 수습기간 몇 달만 지나면 그 푸근한 하늘을 날아다닐 수 있었거든요. 휴! 가족들도 기뻐할 것이고, 친구들도 부러워할 테고, 그리고 영문학 전공을 살린다거나 대학원 진학의 꿈을 이루진 못했지만 그래도 그 직장에서 무엇인가를 해 낼 수 있을 거라고 생각했어요. 하지만 그 안도의 한숨은 '어머나'로 바뀌었고, 또 그것은 '아니?'로 바뀌었고, 마침내는 내가 거기서 도대체 뭘 하고 있는지 모르는 어처구니없는 상황으로 전개되었어요. 나는 맨바닥으로 떨어진 거죠.

어느 날, 대학시절 여학생 클럽의 지도교수가 항공사 카운터 뒤에 있는 셀리아를 보고는 그녀에게 슬퍼 보인다고 말을 건넸다.

∞∞ 그것은 그 무덤같은 항공사가 만들어낸 모습이었어요.

그런 일이 있고 며칠 후, 셀리아는 그 전임 지도교수의 친구로부터 원고 작업을 도와달라는 제안을 받았다. 그것은 그녀의 영문학 전공과 글쓰기에 대한 그녀의 애정이 제대로 활용될 수 있는 일이었다. 셀리

165

아는 이렇게 말한다.

　∞∞ 그 제안이 보다 즐거운 삶을 살아가는 현재의 나를 만들어 줄 것
이라고 예상했었냐고요? 그럼요. 그랬고말고요. 나는 예전의 나와 대
학에서 내가 했던 활동들의 환상에서 살았었어요. 그러한 업적들이 현
실세계와는 아무런 상관이 없다는 것을 깨닫는 것은 고통스러운 일이
었어요. 나는 내가 가진 기술과 재주가 인정받을 것이고 보상이 있을
것이라 생각했었죠. 내 재능에 대해 격려의 말을 들을 수 있는 이 직업
에 종사하기 오래 전에 말이죠.

고든 대학(매사추세츠 웬햄) 97년 졸업생인 필도 셀리아와 비슷한 기
대를 가지고 있었다. 그는 적어도 열심히 일한 만큼 인정은 받을 수 있
으리라 생각했었다. 하지만 인정은 고사하고 기만에 가득 찬 '사내 정
치'로 인해 쓰라린 좌절감을 맛보아야 했다. 그는 이렇게 말한다.

　∞∞ 낙심이 이만저만 큰 게 아니었어요. 업무 능력은 나보다 더 떨어
지는데도 불구하고 승진은 나보다 더 빨리 하는 사람이 있었는데, 그
가 바로 내 보스였죠. 정말 분통이 터질 일이었어요. 그는 상머저리였
거든요. 뼈 빠지게 일한 사람은 난데 그 모든 공적을 그 자가 다 차지
하고 있었어요. 나는 너무나 순진했던 탓에 그 사실을 잘 몰랐던 거예
요. 내가 그 사실을 알아냈을 때는, 내 직업에 대해 불만족을 느낄 때
였어요. 때는 이미 너무 늦어버린 거죠. 그 결과 나는 아주 침울한 상
태에 빠졌어요. 나는 욕설을 입에 달고 다니고 빈정거리기나 하는 모
질고 불만이 가득 찬 사람으로 변해갔어요. 내게 호의적인 사람한테조
차 무례하게 대했어요. 그것은 나 자신은 물론 함께 일하는 동료들에

166

게 좋지 못한 영향을 주었어요. 나는 한마디로 밥맛이었죠.

기만적인 사내 정치는 일반적으로 그 어떤 분야에서든 피할 수 없는 문제이지만, 그것이 특정한 분야로 옮겨갔을 때에는 그 누구보다 20대의 자부심을 크게 손상시킬 수 있다. 다음은 뉴욕 시에 사는 마크(29세)의 말이다.

∞∞ 배우들에게 있어 침체기는 항시 있는 일이에요. 나는 나의 가치와 재능이 무엇인지 파악하려고 애쓰면서 내가 올바른 길을 가고 있는지 스스로에게 자주 질문을 던지곤 합니다. 로스앤젤레스는 아등바등 살아가는 배우들에게는 비참한 곳이에요. 배우들은 전혀 대우를 못 받아요(오, 배우시라고! 그럼 어느 식당에서 일하고 있소? 라는 질문이 대번에 나오죠), 그리고 그런 상황은 정신을 지치게 만들어요. 결국 나는 내 가족, 그리고 함께 성장했던 친구들을 잃고 말았어요. 그리고 내 고향 뉴욕도요. 나는 20대 중반에 한 번 타격을 크게 받은 적이 있었고, 이제는 더 이상 그런 격렬한 회오리바람은 없으리라고 생각해요. 대학 졸업 후의 몇 년간의 생활을 돌이켜 보니, 내게 '결핍' 되어 있는 것들이 많다는 걸 깨닫게 되더군요. 그것은 안정된 생활, 가정, 좋은 음식, 여자친구 등등이죠. 글쎄요, 행운을 잡지 못한다면 이런 생활고와 싸우는 배우 생활이 앞으로 20년 동안 계속 지속될 수도 있겠죠.

최근의 많은 대졸자들은 자신들의 삶을 변화시켜 줄 어떤 계기가 일어나기를 기다리고 있으면서도 동시에 기회를 영원히 잡지 못할지도 모른다는 생각에 두려워하고 있다. 그러나 실행에 옮기지 않고 기다리기만 하는 것은 실패를 자초하는 행위일 뿐이라고 애리조나 주립대학

95년도 졸업생 린은 말한다.

ᢗᢗᢗ 졸업 후 나는 한 두어 달 예상으로 유럽여행을 떠났어요. 그러나 계속 귀국 일자를 연기하면서 현실세계를 회피하려고 했어요. 결국 6개월이나 체류하게 되었는데, 이런 태도는 결국 내가 돌아갈 곳이 아무 데도 없다는 생각 때문이었어요. 내 짐은 박스에 담겨 부모님 집 차고에 쌓여 있고 내겐 살집도, 남자친구도 없었어요. 그리고 보스턴에 있는 친구들에게도 작별인사를 이미 한 후였어요. 돌아갈 곳이 아무 데도 없었기 때문에 약간 섬뜩하고 두려웠어요. 그래서 유럽에 머물면서 그 과도기를 피하려고 했던 거예요.

마침내 린은 여행에서 돌아와서 직장을 찾을 동안 부모님 집에서 살기로 했다.

ᢗᢗᢗ 한 동안 문화적 충격에 휩싸여 있었어요. 나는 내가 무엇을 하고 싶은지도 몰랐고, 실세계의 경험도 전혀 없었어요. 그래서 직장을 구하는 데 어려움이 있었어요. 내가 원하는 직장과 내가 실제로 들어갈 수 있는 직장과는 아주 큰 차이가 있었어요. 내가 잘하는 것은 플룻 연주인데, 고용주들은 그것을 직장생활에 필요한 전공으로 인정하지 않았으니까요.

린의 말은 계속된다.

ᢗᢗᢗ 나는 '장기휴가상태'에 있었어요. 부지런히 이력서도 쓰고 여러 곳에 지원도 하고 있었지만, 정말로 지루하고 활기라곤 전혀 없는 생

활이었어요. 내가 있어야 할 곳에 있지 않다는 사실을 부정하고 있었던 같아요. 신통한 일도 별달리 큰 열정도 가지고 있지 않은 내 자신에게 하나의 변명으로 시간을 만들어 주고 있었던 거죠. 어느 날 내가 목욕가운을 입고 앉아 있는데, 4시경에 TV에서 오프라 윈프리 쇼를 하더군요. 화면에 나오는 사원모집 광고를 유심히 들여다보면서, 부모님 집에서 목욕가운에 슬리퍼를 신은 꼴로 이렇게 생각했죠. '맙소사, 완전히 처량한 신세구만.' 이라고요 나는 그 암울한 상태에서 깨어나 나 자신을 직시했어야 했었어요.

*　　*　　*

교제활동을 어떻게 해 나갈 것인가?

20대들이 겪는 우울증의 원인으로 졸업 후 교제생활에서 겪는 격렬한 변화도 한 몫을 하고 있다. 캘리포니아 산타 바바라에 사는 애드(26세)는 졸업 후 커다란 공허감을 느꼈는데, 그것은 자신이 대학 4년 동안 의지해 왔었던 친분관계를 더 이상 유지할 수 없었기 때문이었다고 한다.

∞∞ 함께 일하고 있었던 사람들을 제외하면, 아는 사람이 한 명도 없었어요. 정말로 고립된 느낌이었죠. 이런 순간이 찾아오면 기가 완전히 꺾이게 돼요. 왜냐하면 예전에는 사람들과의 교류가 활발했었는데 돌연 그 모든 것이 사라져 버렸기 때문이죠.

169

애드의 말은 계속되었다.

∞∞ 나는 장기간 지속된 자기회의를 한두 차례 겪었어요. 내가 계획
한 것들을 조종할 능력을 내 스스로가 갖추지 못하고 있다고 느낄 때
가 가장 힘들어요. 그것은 나 자신이 고립되어 있는 것처럼 느끼게 하
기 때문에 전체를 몽땅 포기한 상태 같아요. 이 모든 것은 여성을 잘
사귈 줄 모르는 내 능력부족에서 비롯된 거죠. 지금까지 여성을 만나
는 가장 좋은 방법은 친구의 친구를 통하는 것이었죠. 하지만 산타 바
바라에서는 이렇게 할 수 있는 관계들을 많이 갖고 있지 않아요. 이곳
에 매력적인 여성들이 별로 없다는 말이 아니라, 내가 여성들을 만날
수 있는 길이 극히 제한되어 있다는 말이에요. 지금까지 나를 가장 좌
절시키는 것이 있다면, 단지 얼굴만 예쁜 여성보다는, 재미있고 지적
인 여성과 사귀지 못하는 내 무능력이죠.

미네아폴리스 출신 사만다(25세)도 졸업 후 교제생활의 변화에 적응
하지 못하는 어려움을 겪었다. 대학생활 내내 그녀는 자신이 속해 있
는 그룹이나 사교활동들에 초점을 맞추며 지내왔었다. 그녀는 대학 친
구들을 소중하게 생각했지만 그들은 모두 다른 관심분야들을 가지고
있었는데, 그것이 사람들끼리 친분관계로나 정서적으로 서로에게 너
무 의존하지 않게 적당한 거리를 만들어 주는 구실을 했다. 다음은 사
만다의 말이다.

∞∞ 20대 중반에 막 들어섰을 때가 내게 있어 가장 힘든 시기였어요.
내가 자신에 대해 그리고 사람들로부터 무엇을 필요로 하고 원하는지
를 알게 되면서, 인간관계 특히 친구관계에 대한 생각이 철저하게 바

꿰었어요. 대학 졸업 후 내 인생에는 중심점이 없었어요. 나는 내가 어떤 종류의 직업을 원하는지도 몰랐고, 참여하고 싶은 사회적 활동들도 특별히 없었어요. 당시 나는 직장에 있는 다른 사람들 보다 내가 더 젊다고 느끼면서 대학의 생활방식을 그대로 유지해야 한다고 생각했었죠. 말하자면 청소년과 성인의 중간쯤에 있었어요. 나는 내 룸메이트들에게서 위안을 얻으려고 했어요. 유사가족을 만들어서 내 관심을 그들에게 쏟음으로 해서 나의 두려움과 불안감으로부터 달아나고 싶었던 거예요. 그들도 나와 똑같은 것을 필요로 하는 것 같았고, 우리는 함께 점점 더 많은 시간을 보냈어요. 매일 밤 함께 어울려 다녔고, 모든 활동들 여행들을 룸메이트들과 일일이 함께 계획하는 것은 내 삶 속의 하나의 일상으로 자리 잡게 되었어요. 우리는 상대방의 삶을 낱낱이 알고 싶어했고 그럼으로써 일종의 유사가정을 만들고 싶어했어요.

하지만 사만다의 기대와 달리, 룸메이트들은 그녀의 상황에 도움을 주는 대신 점차 그녀의 골칫거리가 되어갔다.

∞ 우리는 그렇게 힘들게 이루려고 노력했던 관계에서 숨막히는 밀폐감을 느끼게 되었고, 마침내 서로를 원망하기 시작했어요. 나는 혼자만의 시간을 많이 필요로 하는 사람은 아니었지만, 때로는 그런 시간이 필요하다고 인정하고 받아들여야 한다고 생각해요. 그래서 예전에는 전혀 생각해 보지 않았던 심리치료가 내가 가진 문제를 해결하는 데 도움을 줄 수도 있을 거라는 생각을 하게 됐어요.

가족과 같은 룸메이트들한테는 문제를 털어놓기가 힘들었어요. 게다가 내 문제들이 대부분 그들과의 관계와 결부되어 있었기 때문이었죠. 심리치료는 '나' 의 감정에 집중하는 '나만' 의 시간이 되어주었어요. 그 시간에는 그 어떤 자격도 필요가 없었죠. 나는 점점 나이가 듦에 따라, 모든 것을 완벽하게 해낼 필요가 없다는 것을 깨닫게 되었어요. 그리고 내 생각과 느낌을 파악하기 위해서는 때로 누군가의 도움을 받는 것도 괜찮은 일이라는 사실을 알게 되었어요. 이 심리치료를 얼마나 오래 지속하게 될지는 모르겠지만, 이것은 세월이 흐름에 따라 변화하는 나의 요구와 문제점들을 파악하고 여기에 대처할 수 있도록 아주 커다란 도움을 주고 있어요.

*   *   *

숨통을 조이는 요인들

때로 20대들은 세상이 자신들을 완전히 함몰시키는 것처럼 느낀다. 그것은 그들이 한꺼번에 모든 것에 회의를 느끼기 때문만이 아니라, 사실 많은 문제들이 동시에 발생하고 있는데도 그들에겐 그것을 다룰 수 있는 경험과 능력이 없기 때문이다. 뉴햄프셔 주의 맨체스터에 사는 콜린(23세)은 자신이 우울증에 빠졌다고 하면서, 그 이유가 그녀가 기대했던 바와 달리 삶에서 진행되고 있는 모든 일들을 스스로 조종할 수 없기 때문이라고 말한다. 9시에서 5시까지 기계적으로 돌아가는 사회에서 음악가이자 작가로서 자신의 자리를 찾으려고 노력하는 콜린은 졸업하자마자 겪게 된 과도기로 인해 엄청나게 힘든 시기를 보냈다고 말한다.

∞∞ 21년 동안 내 인생은 실제 세계와는 전혀 거리가 먼 풍선같은 세

상에서 존재해 왔었던 거예요. 대학 다닐 때는 아티스트로서 생활하기 가 아주 쉬워요. 졸업하고 나면 아티스트로서의 자신의 삶을 실체화시 키는 방법을 찾아내야 하는데, 그건 아주 어려운 일이지요. 나는 졸업 후 바로 보스턴으로 가서 이모와 함께 살았어요. 거기서 너무 급작스 런 변화가 아니라 천천히 점진적으로 발전하려고 노력하고 있었어요. 그런데 그때 사귀기 시작한 여자친구가 뉴욕에 살고 있었기 때문에, 나는 다시 뉴욕으로 옮겨와서 거기서 음악 활동을 시작했어요. 하지만 너무 많은 것들이 한꺼번에 나를 공격했고 내겐 그것들을 조종할 능력 이 없었어요.

콜린은 계속 말을 이었다.

∞ 우리의 관계는 결국 끝이 나고 말았는데, 그건 그녀가 26살이고 내가 23살이라서가 아니라 우리는 그때 각자가 처한 문제를 해결하기 에도 벅찼던 거예요. 당시 그녀도 나와 똑같은 문제를 가지고 있으면 서 자신의 삶에 집중하려고 애쓰고 있었거든요. 거기다가 뉴욕이란 도 시에서 살집과 직장을 찾는 문제, 그리고 금전적인 문제까지 겹쳐 있 었어요. 그것은 결정적인 문제였어요. 나는 그 모든 문제를 해결하느 라 혼자서 끙끙댔어요. 우리 부모님은 언제나 든든한 후원자셨어요. 나는 아버지와 항상 대화를 했고, 아버지는 내게 이렇게 말씀하시곤 했어요. '그래, 나도 그런 적이 있었다. 모든 사람들이 그 과정을 겪는 다. 그것도 인생의 한 부분이다. 그렇게 성장하는 것이다. 언젠가 너도 지혜에 눈을 뜰 날이 올 것이다. 훗날 이때를 다시 회상하면 부정적인 게 아니라 긍정적인 시기였다고 생각하게 될 것이다. 이 시기는 귀중 한 교훈을 가르쳐줄 것이다.' 등등을요.

나는 친구에게 전화를 걸어서 엉엉 울곤 했어요. 비참했죠. 왜냐하면 그녀 때문에 뉴욕으로 와서, 2년이란 시간을 함께 보냈는데, 갑자기 그 모든 것이 끝나버렸으니까요. 2년 동안 내 인생의 전부였던 그녀가 떠난 후, 나는 아무도 아는 사람이 없는 이 커다란 도시 속에 혼자 남게 된 거죠. 나는 가구라곤 달랑 전화 한 대밖에 없는 브루클린 하숙집의 차가운 부엌 바닥에 멀거니 초점을 잃은 얼굴로 앉아 있곤 했어요. 인생의 힘든 시기를 나 혼자서 헤쳐 나가고 있었는데, 그건 좋은 생각이 아니었어요. 나는 내가 부적격자라고, 나는 해낼 수 없다고, 그리고 내게 뭔가 문제가 있다고 생각했었거든요.

애인과 헤어진 지 두 달 후, 싱어 송 라이터가 되기 위해 노력 중이던 콜린은 자신의 침체상태를 더 이상 혼자서 버텨낼 수 없다는 판단을 내렸다.

∞ 나는 아버지께 전화를 걸었어요. 그리곤 모든 사실을 털어놨어요. 나는 그 상황을 해결하기 위해 엄청나게 노력하는 중이고, 애인에게 버림받았고, 뉴욕에서 자리를 잡으려고 노력중이라고요. 그러자 아버지가 하시는 말씀이. '애야, 어서 집으로 돌아오너라. 그리고 자신감을 다시 찾고, 다시 강해져야 한다.'라고요. 아버지는 나를 데리러 뉴욕까지 오셨고, 바로 어제 집으로 돌아오게 된 거예요. 나는 조울병환자는 아니지만, 위험수위에 가까이 왔다고 할 수 있어요. 나는 감정의 기복이 심한 편이죠.

콜린은 이야기를 계속했다.

∞∞ 꿈꾸는 건 쉬운 일이에요. 대학을 졸업하면, 너무나 많은 것들이 정면에 버티고 있기 때문에 그 꿈을 볼 수 없어서 당황하게 됩니다. 그 것들은 꿈을 성취하기 위해 필요한 빛과 에너지를 모두 앗아가 버리죠. 다시 말해서, '이렇게 하라 저렇게 하라. 청구서의 돈을 지불하라, 살 곳을 구하라, 직장을 구하라, 내 여자친구가 떠났다. 나는 낯선 곳에 있다. 여기에 나를 도와줄 사람은 아무도 없다.' 등등 동시다발적으로 터지는 문제들 때문에 내가 가야 할 길을 제대로 볼 수가 없다는 겁니다. 그때 우리는 자신이 하고 싶었던 것들을 기억하느라 아주 힘든 시기를 겪게 되지요. 자칫 잘못하면 이런 문제들에 너무 깊이 빠져들 수 있어요. 그때는 이 시기가 단지 한 순간일 뿐 영원히 계속되지 않는다는 것을 상기해야 합니다. 나도 다른 모든 사람처럼 행복한 인생을 살고 싶어요. 인생의 행복만 찾게 된다면 다른 것들이 무슨 문제가 되겠어요? 하지만 나는 항상 그 행복을 찾는 문제와 씨름을 하고 있지요.

혼자 20대의 늪에서 외로이 정체된 상태에서 허우적대고 있는 사이, 다른 친구들은 보다 빨리 안정된 성년기로 향해 가고 있다는 느낌은 20대들이 하나같이 호소하는 것이다. 존 홉킨스대학(볼티모어)의 1995년 졸업생인 마우라는 자신을 다른 사람들과 비교함으로써 자신에 대한 회의감을 완화시켜 보려 했다고 한다. 그러나 그런 비교분석은 기분만 우울하게 만들 뿐이었다. 마우라는 이렇게 말한다.

∞∞ 내가 너무나 뒤쳐져 있는 것 같고, 다른 모든 사람들은 나를 앞서 가고 있는 것 같고, 남녀관계나 친구관계, 직업 등의 문제에서 내가 있어야 할 곳에 내가 있지 않은 것 같이 느낄 때 정말 우울한 기분이 들지요. 그 느낌은 마치 끊임없이 이어지는 회의와 의문의 고리같아요.

175

어느 커플이 사는 집에 가서 그들의 멋진 소파와 광고책자에서 튀어나
온 듯한 거실을 보게 되면요, 나는 남은 인생을 영원히 내 구질구질한
아파트에서 혼자 살아가게 될 것 같은 느낌이 들어요. 이런 상태가 언
제 끝날지 모르겠어요. 학비 융자금 상환 청구서를 받을 때마다 울음
을 터트리지 않게 될 날이 언제나 올까요. 물론 고통을 잊게 되는 순간
들도 있지요. 하지만 대부분의 시간이 너무나 지루하고 고통스럽게만
느껴져요.

마우라는 최근 졸업생들이 자기 가치에 대해 흔들리지 않는 잣대로
삼을 만한 것을 아무것도 가지고 있지 않기 때문에 지독한 자기회의에
빠져들게 되는 것 같다고 말한다.

∞ 인생의 다양한 부분을 한꺼번에 성취하려고 하다 보면 할 일이
너무나 많아요. 대학은 힘이 되어주는 닻과 같은 역할을 했었는데, 졸
업을 하는 동시에 그 닻은 순식간에 제거되고 말죠. 영원한 것이 아무
것도 없다는 것은 두려운 사실이에요. 고교시절에는 나름대로 꿈을 간
직하고 있었지요. 그리고 언젠가 남자랑 결혼하게 될 거라고 막연히
생각하죠. 하지만 졸업을 하고 나면 인생에 대해 현실적인 관점에서
생각하게 돼요. 그리고 막연하게 생각했던 그 꿈을 이루려면 얼마나
힘든 시간과 낙담의 순간을 겪어야 하는지 깨닫게 됩니다. 결혼을 해
서 아이를 갖는다는 것은 정말 생각만큼 쉬운 일이 아니에요.

마우라에게 가장 어려웠던 시기는 뉴욕 시로 혼자 옮겨와서 직업세
계의 첫발을 디디기 위해 노력하던 때였다. 그녀는 또한 새로운 인간
관계를 만들어 가는 일에 어려움을 겪어야 했다.

176

∞ 너무 힘들었어요. 정말 살아가기가 너무 힘들었어요. 친구를 사귀기까지 1년 반이나 걸렸어요. 그나마 운이 좋았던 것은 옆집에 사는 이웃을 친한 친구로 만들 수 있었던 거예요. 하지만 그는 자신의 인생을 계획하고 준비하느라 항상 바빠요. 뉴욕 생활은 힘들어요. 왜냐하면 사람들이 여기에 일단 정착하고 나면 너무나 사회적이 되고 눈코 뜰 새 없이 바쁜 생활을 하게 되죠. 그래서 매일 밤 비디오테이프를 빌려서 집으로 돌아오면 우울한 기분이 들곤 해요. 그건 알 수 없는 것에 대한 공포 같은 것이기도 해요. '오 맙소사, 아무것도 이루어지지 않으면 어쩌지.' 라는 기분 말이에요. 물론 친구를 사귀어야 한다고 생각했어요. - 안 사귀겠다고 한다면 그야말로 어리석은 생각이겠지요 - 하지만 한 1년이 지나면 혼자 남아서 '대체 모두 다 어디 간 거지?' 라는 말만 읊조리게 돼요. 그때부턴 두려워지기 시작하는 겁니다.

졸업 후 해가 거듭됨에 따라, 20대들은 그들이 희망했던 삶이 이루어지지 않을까봐 압박감을 점점 크게 느끼게 된다. 1997년 브라운 대학(로드아일랜드 프로비던스 소재) 졸업생인 애쉴리는 자신의 나이가 고작 25세의 나이임에도 불구하고, 인생을 설계해야 하는 이 시기에 완전히 지쳐서 쇠진한 기분이 든다고 말한다.

∞ 졸업하던 때보다 지금이 더 어찌할 바를 모르겠어요. 지금 인생을 위해 무언가 결정을 내려야 한다는 압박감을 느끼고 있어요. 경영대학원을 들어갈 것인지, 결혼을 할 것인지, 앞으로 무엇을 할 것인지 등등 이런 모든 질문들을 생각해 오고 있어요. 하지만 내 통제권 내에 있는 것은 거의 아무것도 없어요. 제대로 되어 가는 것이 무엇인지 알아내는 게 힘들어요. 내가 한 길을 따라 너두 멀리 가버려서 다시 되돌

아갈 수 없게 되면 어쩌나 하는 생각에 두려워요. 브루스 윌리스의 영화 '더 키드' 의 광고를 보면 이런 구절이 나와요. '당신이 여덟 살 때, 지금 당신이 하고 있는 일을 하리라고 상상했던가?' 물론 할 수 없었죠. 그리고 이것이 평생동안 하게 될 일이 아니길 바라고요.

최근 나는 더욱 방향을 잃고 방황하고 있어요. 모든 것이 불안한 상태죠. 이것을 한번 생각해 보세요. 우리 부모님들은 우리들 나이에 결혼을 하셨잖아요. 그분들은 방황하지 않았어요. 그리고 나는 최근 내가 알고 있는 사람들 보다 내가 더 늙은 것 같아서 기분이 안 좋아요. 무슨 말이냐 하면요, 나는 자신들이 여전히 대학생활을 하고 있다고 생각하는 녀석들과 함께 살고 있거든요. 그러다보니 내가 그들보다 더 늙었다는 생각이 갑자기 내 머리를 치는 거예요. 또 내 직업도 만족스럽지 않아요. 이 일이 재미있을 거라고 생각하고 이 직장으로 옮겼지만 결국은 너무나 큰 실망을 느끼게 됐어요.

나는 내 주위에 젊은 사람들이 모여 있는 것을 좋아하지만, 어떨 땐 화장실에 가도 좋은지 허가를 받아야만 할 것 같은 느낌이 들어요. 그곳에서 계속 살고 싶냐구요? 잘 모르겠어요. 사실 그 누구든 확실한 생각을 가진 사람이 어디 있겠어요? 직장에서 상급자들을 살펴봐도, 그들도 역시 비틀거리고 있기는 마찬가지예요. 모든 사람들이 비틀거리고 있다는 생각이 들어요.

178

✳   ✳   ✳

닻을 올리다

마우라가 대학을 닻으로 묘사한 것은 − 그리고 그 닻이 느닷없이 제거되는 것을 졸업에 비유한 것도 − 많은 20대들이 공감할 수 있는 표현이다. 대학을 졸업하는 것은 자전거를 처음으로 타는 것과 같다고 할 수 있다. 20대가 앞으로 움직이는 동안 뒤에서 잡아줄 것이라고 믿었던 어른이 어느 순간에 가서 갑자기 손을 놓는 경우라고 할 수도 있겠지만, 그건 새 자전거가 갑자기 없어져서 당황스러운 느낌에 더 가깝다. 보스턴에 사는 저스틴(24세)에게 있어 대학은 마음의 위안을 의미했다. 그리고 졸업했을 때, 그가 대학에서 느꼈던 안정감이 그에게서 모두 떨어져 나가는 것 같았다.

∞ 대학은 내 인생이었기 때문에 나는 산모가 산후에 겪는 것 같은 우울증을 겪고 있었어요. 내 친구 모두를 대학에서 만났거든요. 지금은 절친한 친구들이 모두 이사를 가 버려서, 고등학교 친구 한두 명밖에 남아 있지 않아요. 많은 친구들이 나와 똑같은 입장이었어요. 그들은 무엇을 해야 할지 몰라 방황했어요. 대학원 진학보다는 그냥 어떤 일자리든 들어가야겠다는 생각으로 취직하게 됐어요. 하지만 항상 패배자와 같은 심정이었어요. 왜냐하면 나는 꽤 괜찮은 대학을 다녔었는데, 봉급도 낮고 보잘것없는 직장에 들어가서는, 그것도 직장이라고 그런 대로 적응해 가고 있었거든요. 내가 고작 이렇게 되라고 부모님이 그 엄청난 학비를 대셨던가를 생각하면 이루 말할 수 없는 죄책감이 들었어요. 내 인생이 완전히 내 손 밖으로 빠져 나가서 이제는 통제

를 할 수 없는 것처럼 느껴졌고, 자신에 대해 어떻게 해야 할지 몰랐어요. 지금까지도 그런 상태에 있어요. 이 상황을 통제해 보려고 노력은 하지만 내 자신과 대학을 분리시키기가 정말 힘들어요. 차를 몰고 학교를 지날 때면 이렇게 생각하죠. '저 곳에서 한 1년 정도 더 다니게 되면 어떨까.' 하고요. 다른 도시에 산다면 마음을 다스리기가 더 쉬웠을 거라 생각해요. 왜냐하면 학교를 볼 때마다 내게 마음의 안식을 주던 학교로 다시 돌아가고 싶었으니까요. 나는 거기서 안정감을 느꼈어요. 왜냐하면 그 시절에는 끔찍한 결과를 낳게 될지도 모르는 인생의 어떠한 결정도 내릴 필요가 없었으니까요.

저스틴은 설상가상으로 모든 20대들이 공통으로 가지고 있는 걱정거리에다가 또다른 걱정거리를 짊어져야만 했다. 저스틴은 학교보다 훨씬 큰 바깥세상에서 자신의 성적 정체성을 무리없이 적응해 나갈 방법을 터득해야만 했던 것이다.

∞∞ 나는 대학 4학년이 될 때까지 학교 밖으로 나오질 않았어요. 그리고 학교에 있는 어떠한 게이(동성애자) 클럽에도 가입하지 않았어요. 내가 게이라는 사실을 스스로 받아들일 마음의 준비를 하느라 시간이 걸렸던 거죠. 캠퍼스 내에서는 게이나 혹은 다른 문제 때문에 부끄러워할 필요가 없을 만큼 개방적이고 자유로운 느낌이었어요. 모든 사람들이 그 문제에 개방적이지는 않다 하더라도, 일반적으로 나는 별 걱정을 하지 않았어요. 하지만 사회에서는 이 문제에 대처해 나가기가 아주 어려워요. 성인 사회에서는 친하게 지내는 게이가 없었어요. 그리고 직장에서 이 사실이 알려지면 별로 좋지 않다는 사실도 알게 되었어요. 대학이라는 작은 세계는 실제 세상과는 많이 다르기 때문에

사회가 이 사실에 어떻게 반응할지 전혀 알지 못했어요.

이 문제에 대해 아직도 백퍼센트 완전하게 편치가 않아요. 내겐 게이 친구들도 많지 않고, 아직도 게이들과 함께 있으면 왠지 거북해요. 이건 참 이상한 일이죠. 특히 남자 게이들과 함께 있으면 불편해요. 나는 그들과 신뢰감을 형성하지 못하고 있어요. 게이 세계는 모두가 잔뜩 화장을 하고 비싼 옷으로 치장을 하는 분위기인데 나는 정말 그런 것에 관심 없어요. 한두 곳의 클럽에도 갔었는데, 아주 좋지 않은 광경이었어요. 사람들이 게이들을 이용하면서 마치 고깃덩이 다루는 듯 하는 것 같았어요. 그건 아주 좋지 않은 짓이에요. 최근 내가 만난 사람들은 모두 단지 외형만 게이일 뿐이에요. 사실은 그것보다 훨씬 더 중요한 게 있지요. 내 자신이 게이라는 사실을 인정하고 난 이 상태가 훨씬 더 편안해요. 하지만 내 고향사람들은 모두 독실한 가톨릭에다 호모 혐오증이 아주 심한 시골 사람들이에요(나와 가장 친한 고향친구도 역시 게이에요). 그리고 남들이 나를 보고 수군대는 걸 담담하게 대처하지 못해요.

저스틴과 마찬가지로 데스 모니스에 사는 커트니(25세)도 졸업 후 얼마동안 대학촌 근처에서 머물렀다. 그녀는 학교 근처에 살게 되면 자신의 과도기를 쉽게 보내게 될 것이라 기대했었다. 그러나 얼마 지나지 않아 — 저스틴과 마찬가지로 — 자신의 상황을 더욱 어렵게 만들뿐이었음을 알게 되었다. 그녀는 이렇게 말한다.

∞∞ 나는 4년 간 이곳에서 너무나 멋진 대학생활을 경험했어요. 그런데 이 도시와 환경은 전혀 변하지 않았는데 내 삶은 전체가 변해버렸죠. 대학을 졸업한 뒤 사회에 적응하기가 더욱 어려웠던 것은, 내 주위

181

의 물리적 환경이 바뀌지 않았다는 데 있었어요. 그것은 도리어 전혀 다른 장소 같은 느낌이었어요. 말하자면, 대학시절 우린 캠퍼스라는 지극히 배타적인 환경에서 살았던 거예요. 그래서 사실은 그 도시에 살았으면서도 그 도시를 잘 알지 못하고 있었던 거죠. 그건 참 암담한 느낌이에요. 커트니는 말을 계속했다.

∞∞ 많은 친구들이 이사갔다는 소리를 들으니 무척 낙담이 되더군요. 우리는 모두 새로운 경험을 겪고 있었지만, 내 경우는, 차를 몰고 갈 때마다 우리가 한때 어울려 지냈던 장소를 지나치곤 했기 때문에 아주 힘들었어요. 마침내 나는 사실 아는 게 전혀 없었던 그 도시를 뒤로 한 채 새로운 곳으로 떠나게 됐어요. 이제부터는 인생을 즐기고 새로운 것을 추구하는 새로운 삶이 펼쳐질 거라는 기대를 가지고 있었지만, 훨씬 더 어렵기만 했어요. 왜냐하면 대학 생활의 기억을 완전히 떨쳐 낼 수가 없었기 때문이었어요.

커트니에게 있어 과도기 동안 가장 어려웠던 부분은 대학생활 내내, 그리고 지금까지 그녀의 삶을 이끌어왔던 모든 가이드라인이 실세계에는 전혀 대응시킬 수 없었다는 점이었다. 대학생활의 일상적인 과정이나 목표들을 실세계의 그 어떤 측면으로도 연계시킬 수가 없었던 것이다.

∞∞ 너무나 놀랐어요. 사회에 비하면 학교생활은 너무나 쉬웠던 거예요. 학문적인 측면이 아니라, 규칙 같은 면에서 그럭저럭 빠져 나갈 수 있는 방법들이 있었으니까요. 일종의 게임처럼 말이죠. 게임을 하는 방법만 알게 되면 모든 게 무리없이 흘러가잖아요. 하지만 직장 내의

심각한 규칙이나 사회생활의 법칙들은 나와는 완전히 동떨어져 있었어요. 나는 그 규칙들을 이해하지 못했고, 무엇을 해야 할지 또는 어떻게 행동해야 옳은 지도 몰랐어요. 심지어 나는 콜라를 끊으려고도 했다니까요. 왜냐하면 그게 전문직업인과 어울리지 않다고 생각했거든요. 게다가 업무상 누군가와 점심을 하게 될 때 무엇을 마셔야 되는지 엄마한테 물어 본 적도 있어요. 왜냐하건 물이나 커피, 혹은 성인들이 마시는 음료를 마셔야 한다고 생각했기 때문이에요. 나는 그런 것에 대해 아는 게 전혀 없었고, 그래서 너무나 두려웠어요. 그리고 직장생활 처음 시작할 때는 사내에서 친하게 어울리는 사람이 한 사람도 없었어요. 그 힘든 직장생활을 내내 혼자서 겪어나가게 될 거라는 생각에 암담한 기분이었어요.

   졸업해서 처음 직장생활을 시작했을 때, '이것이 내 인생에서 내가 하고 싶은 일인가?' 라는 질문을 하게 됐어요. 그리고 그때마다 대답은 항상 '노(NO)' 였죠. 이상과 현실의 부조화로 인해 아주 혼란스러웠어요. 그건 저항할 수 없을 만큼 압도적인 느낌이에요. 사람들이 졸업을 하면 당연히 앞으로의 인생에 대해 생각하게 되지요. 하지만 앞으로 인생에서 무엇을 해야 하는가를 알 수 있는 방법은 전혀 없어요. 한 1, 2년 직장생활을 하다 보면 나이가 좀더 들게 되고, 그러다보면 우리는 우리 자신을 위해 세운 목표 중 그 어느 것에도 도달하기가 힘들다는 사실에 낙담하게 되지요. 그렇게 해서 현실 앞에 무릎을 꿇게 되는 거구요.

아틀란타 출신의 칼리(28세)는 졸업 후의 인생에 심한 배신감을 느꼈다. 왜냐하면 그녀는 너무나 성공적으로 대학생활을 보냈었기 때문이었다. 그녀는 대학 시절 내내 체육 장학금을 받았고 웨이트리스도 했

었지만, 돈 문제에 대해 크게 집착하지 않았으며, 또한 졸업 후에 살아
가는 문제에 있어서도 낙관적으로 생각하고 있었다.

∞∞ 나는 대학에서 내 자신이 아주 중요한 존재라고 생각했고, 계속
해서 아주 대단한 일들을 해 나갈 것이라고 기대했어요. 역사에 남을
위대한 미국소설을 쓴다든가 하는 일 말이에요. 하지만 그런 일을 할
수 있을 만큼 내 자신이 성숙하지 못하다는 사실을 깨닫게 되었을 때
정말로 힘이 쫙 빠지는 느낌이었어요. 인생을 산다는 것이 무엇을 의
미하는지 몰랐던 거죠. 그리고 졸업 후의 삶을 완전히 준비하지 못했
던 거예요.

졸업 후 칼리는 부친으로부터 얼마 정도 돈을 받은 게 있었는데, 그
돈은 다른 데도 아니고 식료품을 사는 데에 눈 깜짝할 사이에 다 써버
렸다. 그래서 크레딧 카드로 지불하기 시작했는데, 그건 사태를 더욱
악화시킬 뿐이었다. 그녀는 오랫동안 원했던 유럽여행을 갈 여유가 없
었기 때문에, 그 대신 새로운 경험을 쌓는다는 의미에서 오레건 주에
있는 인디언 보호거주지에서 일해 보기로 했다. 그러나 차도 없고 전
화도 없이 사막 한가운데에 있는 초라한 오두막에서 산다는 것은 스트
레스를 줄이기는커녕 가중시키는 결과를 초래했다. 그래서 그녀는 로
스앤젤레스로 옮겼다.

∞∞ 그 당시 LA 생활은, 특히 초기에는 정말로 힘들었어요. 대학에서
는 공부에서든 운동에서든 정말 잘 나갔었거든요. 대학 졸업 후 사는
게 이렇게 힘들 거라곤 한 번도 생각하지 않았어요. 왜냐하면 대학시
절 나는 가지고 있던 모든 재능과 기술을 연계해서 대학 내 어떤 조직

이든 나를 위한 조직으로 만들어버렸거든요. 그러나 졸업 후에는 나를 위한 조직이 더 이상 존재하지 않았고, 이 때문에 나는 완전한 상실감에 빠졌어요. 자동차 보험료와 건강 보험료, 집세, 컴퓨터 할부금을 갚느라 허덕댔어요. 나는 방향감각을 완전히 상실해 버렸어요. 그리고 아직도 방향을 찾지 못하고 있고요.

칼리의 말은 계속 이어진다.

∞ 나는 과음하기 시작했어요. 정서적인 스트레스가 너무 심했기 때문에 너무나 침울해 있었고 그 기분은 계속해서 밑으로 가라앉았어요. 나는 옛날 남자친구 같은 과거의 것들에 의지하기 시작했어요. 침울한 상태는 점점 더 심각해져 갔어요. 몸무게도 많이 불어났죠. 그게 다 운동을 하지 않고, 과음에 줄담배를 한 탓이었어요.

비록 그녀가 대기업에 있는 텔레비전 프로그램 개발 부서에서 비교적 흥미로운 직업을 가지고 있었지만, 그것으론 마음의 의지가 되기에 충분치 않았다. 칼리는 정체성을 다시 찾는 방법으로 자신의 과거에 의존하려 했지만, 그것은 점점 더 자신의 인생을 통제할 수 없는 상태로 만들고 말았다.

∞ LA라는 별천지에서 하루종일 전화통에 매달려 있거나, 마사지 일정이나 잡고 사람들과 수다를 떨어대는 내 자신에 대해 별안간 완전히 회의가 들기 시작했어요. 이 세계에서는 도움이 될만한 영향력 있는 사람과 친구가 되어야 하고 유력하고 확실한 방향으로만 생각해야 해요. 세탁소를 갈 때조차도 따져보고 가야 할 정도죠. 이런 환경에 물

들지 않으려고 의식적으로 노력했지만 그건 피할 수 없는 일이더라구요. 나는 다시 LA로 오기 전의 그 상태와 비슷하게 되었어요. 대학을 갓 졸업한 후 느꼈던 상실감이 또다시 찾아온 거죠. 나는 영문학부에서 알아주는 괴짜였고 차 마시고 독서하는 걸 무지 좋아했었죠. 그런데 대학 시절 그러한 나의 정체성을 현실사회에서 어떤 식으로 적용해야 할지 통 갈피를 못 잡겠는 거예요.

그녀의 말은 계속 이어졌다.

∞ 나는 사람들이 다른 이들도 이러한 경험을 똑같이 겪고 있다는 사실을 인식하는 게 중요하다고 생각해요. 왜냐하면 내 자신이 변종처럼 느껴졌거든요. 내가 원하는 것이 무엇인지 전혀 알 수 없는 상황에서 넋을 놓고 있는데, 내 주위에는 큰 야망을 품고 영화학교로 진학하는 사람들뿐이었어요. 일을 마치고 나면 깡통 맥주 여섯 개를 사들고 목요일 밤 심야 프로를 시청하러 차를 몰고 집으로 향하는 나를 발견하게 되죠. 밤이 다 가기도 전에 맥주 서너 캔은 벌써 비워졌고, 그리고 내 옛날 남자친구에게 눈물 짜는 구구한 사연의 편지를 쓰고 난 뒤 잠에 떨어지곤 했죠. 그리고 나서 일어나면 다음날 아침이고 다시 똑같은 일이 반복되는 거죠. 그리고는 이러한 생활에 끝이 보이지 않는다는 느낌이 절실히 드는 거예요. 정말 끝이 존재하지 않을 거라는 느낌. 그게 바로 삶이에요. 그게 바로 '현실세계'의 모습이었어요.

＊　　＊　　＊

좌절된 기대

청년 위기의 주요한 요인은 현실세계가 사실은 많은 20대들이 기대했던 바와 다르다는 데 있다. 그것은 졸업 후의 삶에 대처할 수 있도록 대학이 학생들을 준비시키지 않았다는 이유 때문만은 아니다. 말하자면, 20대들은 지금까지 살아오는 동안 그들이 원하는 것은 무엇이든 될 수 있다거나 하고 싶은 것은 뭐든지 할 수 있다는 소리를 줄기차게 들어왔던 것이다. 이런 말들은 어린 시절 꿈이나 포부를 형성할 시기에는 힘이 되는 좋은 소리들이다. 하지만 일단 이러한 목표들을 이루는 시점에 도달하게 되면, 그게 모두 진실이 아니었음을, 모든 것을 이룰 수 있는 게 아니라는 사실을 깨닫게 된다. 그때의 느낌은 신문연재만화 피너츠Peanuts에서 찰리 브라운Charlie Brown이 느끼는 바로 그 기분과 유사하다. 찰리가 전속력으로 달려와서 축구공을 막 차려고 하는데, 그 순간에 루씨Lucy가 나타나서 그 공을 낚아채는 바람에 찰리 브라운은 헛발질에 뒤로 꽈당 넘어지게 된다는... 바로 이때 찰리 브라운이 느끼는 기분 말이다.

매릴랜드대학(컬리지 파크 소재)을 1995년도에 졸업한 줄리는 지금까지 살아오는 동안 자신이 장차 판사가 될 거라고 확신하고 있었다. 하지만 변호사보조원으로 일하게 되었을 때, 더 이상 법조계에서 일하고 싶지 않다는 생각이 밀물처럼 밀려왔다고 한다.

∞ 10대 때 나는 지나치리만큼 자신감이 차 있고 야심만만한 학생

187

이었어요. 나는 항상 내가 원하는 게 뭔지 알고 있었고, 원하는 것은 모두 가졌어요. 그런데 대학 문을 나서고부터는 그 무엇도 확실한 것이 없었어요. 일순간에, 내가 하려고 했던 모든 것이 잘못된 것이었음을 깨달아버린 거예요. 마치 그 모든 게 하나의 농담이었고 사람들이 나를 놀리고 있었던 것 같았어요. 그래서 나는 물건을 사대고 돈을 마구 써댐으로써(물론 다 빚이었죠) 나의 불행을 보상받으려고 했어요. 매일 밤 외출을 했고, 옷가지들을 사들였어요. 그 때의 기분은 정말 끔찍 그 자체였어요. 성격이 완전히 비뚤어져서는 마치 '누굴 놀려먹을까?' 라는 식으로 살았어요. 다른 무엇인가를 생각해내야 했지만 그게 무엇인지 알 수 없었어요. 나는 24살이란 나이에 모든 것을 다시 시작해야 했던 거예요.

세인트 노버트대학(위스콘신 주. 드페레 소재)의 1999학년도 졸업자 조지는, 대학졸업 후 모든 일들이 자연스럽게 제 자리를 잡게 될 것이라고 가정하고 있을 때 자신의 문제가 시작되었다고 말한다.

∞ 졸업 후에는 모든 것이 더 나빠지기만 했어요. 졸업 후에는 빨리 직장도 얻고, 가정도 꾸미고, 내 삶의 엉클어진 실타래를 잘 풀어서 알콩달콩 잘 살 수 있을 거라고 믿고, 대학원에 진학한다는 생각은 단호하게 제쳐 두었죠. 하지만 내 뜻대로 되지 않았고, 나는 다시 부모님 집으로 돌아갔어요. 너무 외롭고 슬픈 나날이었죠. 고등학교 친구들은 모두 떠나고 없었어요. 대학 친구들은 자신들의 삶을 찾아 뿔뿔이 흩어졌고, 나만 홀로 어중간한 림보 상태에 버려져 있었어요. 나는 어린 동생들과 함께 지내거나 부모님의 권위 아래 살기에는 너무 나이가 많았어요. 그렇다고 직장을 얻거나 내 집을 얻고, 내 인생을 꾸려나가기

에는 너무 미숙했어요. 내 자존심의 성가퀴는 허무하게 무너지고 있었어요. 1년이 지나자 나는 압박에 짓눌려 만신창이가 되어버렸어요.

기대가 좌절됨으로써 20대의 자존심이 꺾이는 경우는 흔히 볼 수 있는 일이다. 샌디에고에 살고 있는 켄(20세)은 석사학위를 받을 예정에 있었고, 그러고 나면 고향집에 돌아가서 친구들, 가족들과 가깝게 지낼 수 있으리라 기대했었다.

∞ 하지만 그런 일은 일어나지 않았어요. 왜냐하면 내 직업은 과학기술 분야인데, 가족들은 과학에 기억 자도 관심이 없는 사람들이거든요. 아주 감성적인 편이죠. 대학원을 졸업하자마자, 고향에는 사실상 이야기가 통하는 친구가 없다는 사실이 내 뒤통수를 후려갈기더군요. 아직도 나는 이 문제에 봉착해 있지요. 이것은 내 스스로가 타협해야 할 문제였어요. 다시 말해서, 직업 하나만 놓고 보자면 이 직업은 내 자신에게 최적격인 분야지만, 나의 사생활과 연관시켜 보면 그 반대라는 얘기예요. 직업이 나를 가족관계로부터 그리고 나를 알고 있는 모든 사람들로부터 분리시켜 버리니까요. 정말 암담한 심정이었죠. 이 문제를 해결하기 위해 나는 계속 일을 하면서 다른 일을 찾아야 했었고, 내가 좋아했던 일에서는 찾아 볼 수 없는 감정적인 문제를 어떻게 처리하느냐 하는 것도 때로 배워야 했으니까요. 한 직장에 근무하면서 만약에 대비한 대책도 마련해 놓지 않은 채 다른 직장들을 찾아야 하는 상황 때문에 스트레스를 엄청나게 받았어요. 그 스트레스는 몸에까지 영향을 미쳐서 체중도 엄청 불어났었죠.

조지타운 대학(워싱턴 D.C. 소재)의 1993년도 졸업생인 그레그의 경

우, 기대가 좌절됨으로써 전혀 내키지 않는 직장에 다녀야 하는 처지
가 되고 말았다. 바로 경제적인 문제를 해결해야 했기 때문이었다. 그
레그는 대학을 졸업하면 곧바로 대학원에 진학하려고 했다. 그렇게 되
면 적어도 몇 년 동안은 사회무대로 데뷔하는 시기를 연장할 수 있으
리라 생각했었다. 하지만 어느 대학원에도 진학하지 못하게 되자, 그
는 여름동안에만 아르바이트로 했었던 일을 아예 정식 직업으로 삼는
수밖에 달리 방도가 없는 상황으로까지 몰리게 되었다.

∞ 그건 그냥 갑작스럽게 된 일이에요. 다른데다 이력서를 내려 해
도, 뭐 쓸 말이 있었어야죠. 그래서 여름 아르바이트가 내 직업이 된
거죠. 그런 처지가 될지 예상을 하지 못했기 때문에 정신적으로 아주
힘든 시기를 겪었어요. 초기 한 두 해 동안은 생활비에 무척 쪼들렸는
데, 뭐 어떻게든 해 볼 방도가 없었어요. 가끔 고등학교 친구들을 만나
기도 했는데, 내가 그 얘들이랑 공통점이 별로 없다는 것을 깨닫고는
그 후론 그냥 내 남동생들이랑 어울려 지냈어요. 그리고 여자친구와
멀리 떨어진 채 관계를 유지하려고 노력했었지만, 뭐 그렇게 성공적이
질 못했어요. 그 당시 둘 사이는 아주 냉랭했었죠. 가을이 오면 연례행
사처럼 내가 다니던 대학교로 차를 몰고 가곤 했었어요. 그 시절이 그
리웠거든요. 몇 년이 지나니까 더 이상 나는 그곳에 안 어울린다는 생
각이 들더군요

그는 계속 말을 이었다.

∞ 세상에 대해 크게 실망하고 있었어요. 대학을 막 졸업했을 때는
하고 싶던 일이 그렇게나 많았는데... 그 일들은 모두, 학비 융자금이

190

나, 집세나, 차 할부금같이 가장 먼저 해결해야 할 금전적인 문제들로 대체되었어요. 그리고 나는 한 달 간 유럽 여행도 가고 싶었는데, 그러질 못했어요. 결혼하기 전에 여행을 많이 못해본 게 후회되더라구요.

대다수의 대학생들은 돈이(혹은 금전적 결핍이) 졸업 후 그들의 생활에 큰 영향을 미치게 되리라고는 전혀 예상치 못하기 때문에, 경제적인 고민은 종종 기대감을 좌절시키는 촉진제 역할을 한다. 델하우지 대학 (노바스코셔, 할리팩스 소재)의 2000년도 졸업생 올리비아는 대학을 졸업하고 난 후 몇 달 동안은 아주 재미있고 흥미진진하게 보낼 것이라 기대했었지만, 그녀가 최근에 경험하고 있는 상황은 정확하게 그 반대라고 말한다.

∞ 나는 항상 대학 졸업 후에는 생활에 무한한 자유가 보장될 것이라고 생각했어요. 전국 방방곡곡을 세계를 여행할 거라고, 흥미롭고 도전적인 직업을 두루 거치게 될 거라고, 그리고 새로운 사람들, 새로운 친구들을 많이 만나게 될 것이라고 생각했죠. 하지만 여행을 하려면 돈이 필요했고, 안정된 직장을 얻기 전까지는 그만한 돈이 생길 리가 없겠지요. 그래서 나는 고향집으로 돌아와 부모님과 함께 살면서, 진열장에다 CD를 진열하는 재미라곤 손톱만큼도 없는 일을 하고 있어요. 그것은 내가 오래 전부터 여름 방학이면 아르바이트로 하던 일이었어요.

보다 많은 자유, 보다 많은 기회, 보다 흥미진진한 인생을 향해 진보하기는커녕, 나는 점점 더 뒤로 미끄러져 가고 있었어요. 마치 아직까지 대학에 다니고 있는 것 같아요. 아니, 그래도 대학 생활에는 가끔씩 설레게 하는 일이라도 있었으니까 이 보단 훨씬 나았어요. 마치 고교

191

시절로 다시 돌아와 있는 것 같다는 게 옳은 표현일 거예요. 직장을 잡고 능력이 생기는 대로 나가서 살고 싶어요. 하지만 아무리 호의적인 어른들이 '최근 몇 년 중 어느 때 보다 지금이 직업의 기회가 가장 많은 시기'라며 확신있게 말씀들을 하시지만, 도대체 어떤 직업도 나타날 것 같지가 않아요. 내가 이 권태의 바다에서 시드는 동안 자포자기와 절망감만 커지고 있어요. 이런 상황에서 그 누군들 쉽게 좌절감에 빠지게 되지 않겠어요?

졸업 후에 느끼는 실망감 – 인생은 자신이 상상했던 대로 이루어지지 않을 것이라는 깨달음 – 으로 올리비아는 지금 자신이 정서적으로 힘든 시기를 겪고 있다고 말한다.

∞ 대학에서 졸업하고 나니까, 내 성격이 변했다는 걸 알 수 있겠더라고요. 짜증도 잘 내게 되고 더 쉽게 침울해지게 되고요. 인생의 이 모호한 상황이 나를 불안정한 상태로 빠트리고 있어요. 아주 사소한 일에도 아주 예민하게 반응하게 되요. 최근에는 툭하면 좌절감에 빠지곤 해요. 이런 과도기가 나를 벼랑 끝으로 내몰고 있어요. 인생의 다음 단계를 시작하고 싶은 마음이 굴뚝같은데, 내가 한 발 앞으로 내디뎌야 되는 시기에 뒤로 물러나고 있다는 생각에 항상 불안하고 초조한 느낌 속에 살고 있어요. 내가 직장을 구하고, 집에서 나가 새로 어딘가에서 살게 될 때까지 이런 감정에서 탈출할 수 있을지 잘 모르겠어요. 지금 하는 일은 너무 따분한 일이라서 이런 상황에 아무런 위안도 주지 못해요. 대학까지 나와서 배운 것도 많고 아는 것도 많으면 뭐해요. 고작 선반에다 CD나 진열하는 신센걸요.

* * ✕

잃어버린 낙원

심한 자기 회의, 새로운 일과 사회적 규약을 체득하는데서 받는 스트레스, 숨쉴 겨를도 주지 않고 한꺼번에 발생하는 사건들, 대학이라는 지지대의 상실, 좌절된 기대들 — 이런 모든 요인들로 인해 수많은 20대들이 졸업 후에 몇 년 동안 무력감 속에 허덕이며 살아가게 된다. 몇몇 20대들이 우리들에게 말해 준 바에 의하면, '불안정한 정서적 기간을 유발하고 연장시키는 상실감, 절망감, 그리고 완전히 대책 없는 느낌'이란 표현이 이 시기에 느끼는 감정을 잘 묘사하고 있다고 입을 모아 말하고 있다. 앨라배마 주 버밍햄에 사는 산드라(25세)는 자신의 경험을 이렇게 말한다.

∞ 졸업 후 나는 어떤 계획도 세우지 못했어요. 그냥 집으로 돌아가서 내가 자랐던 마을에서 살게 될 거라고 막연하게 생각했죠. 이 때문에 나는 기가 완전히 죽어 있었죠. 사실 당시에는 눈물을 달고 살았어요. 눈물이 쉬지 않고 줄줄 흘러나와서 너무나 당황스러웠어요. 진짜말 그대로, 울음을 멈출 수가 없었어요.

루트거즈대학(뉴저지, 뉴 브룬스윅 소재)을 1992년도에 졸업한 존은 학교를 마친 후에 대책없는 난감한 느낌에 시달려야 했다.

∞ 대학을 나온 직후 내가 무엇을 하고 싶은지에 대해 백지처럼 아

무런 생각이 없었어요. 나는 막다른 길에 몰린 심정으로 아무 생각 없이 눈에 띄는 대로 두어 군데 직장엘 들어갔죠. 내가 무엇을 하고 싶은지 파악할 동안 그냥 생활비를 버는 수단에 지나지 않았어요. 내가 하고 싶은 일이 무엇인지 아무런 생각이 떠오르지 않았을 때는, 심지어 무슨 일이 됐든지 내가 일을 하고 있는 그림조차 떠올릴 수 없더라구요. 세상에 무슨 직업들이 있는지조차 생각해 낼 수 없었어요. 내게는 인생의 방향이란 게 없었어요. 그래서 어떤 일이 일어날지 모른다고 막연히 기대하면서, 그런 미래가 없는 잡일에 매달려 있었어요. 내가 처한 상황이 너무나 비참하다는 생각이 들었어요. 그나마 위안이 되었던 한 가지는 대학을 졸업한 내 친구들이 모두 같은 배를 타고 있었다는 사실이었죠. 우리는 모두 집에 모여서 함께 직장에 대한 불평을 늘어놓곤 했어요. 그리곤 술에 취한 채 집으로 향하곤 했죠.

샌프란시스코 출신인 리치(25세)는 졸업 후 자신이 무엇을 하고 싶은지 몰랐기 때문에, 친구 따라 강남 간다는 식으로, 친구들과 함께 물리 치료학을 공부하러 대학원에 진학했다. 하지만 2년 반이 지나서야 자신이 물리 치료사가 되고 싶은 마음이 없다는 것을 깨닫고는 또다시 출발 지점으로 되돌아와야만 했다. 그는 앞으로 무엇을 할 것인지 알아내는 동안 고향집으로 돌아와서는 몇 군데 임시직으로 일했다.

∞∞ 집에서 지내는 것은 나한테 좋지 못했어요. 내 친구들은 모두 일하고 있는데, 나는 여전히 그런 상태에 있었어요. 그리고 나는 아주 독립심이 강한 편인데, 독립심이 강한 사람이 부모와 한 지붕 밑에서 살게 되면 모든 면에서 삐걱거리게 마련이지요. 그것이 가장 절망적인 부분이었어요. 당신이 직업을 가지고 있다면 그건 단지 직업일 뿐이

지, 궁극적으로 하려고 하는 것은 아니며, 여전히 다른 생각에 골몰한 채 있을 겁니다. 어느 덧 이미 꼬박 꼬박 봉급 받는 것에 길들여지게 되고... 그것이 자신이 하고 싶은 게 아니라는 것을 알고는 있겠지만, 사실 하고 싶은 일을 하는 것이 쉬운 일은 아니지요.

그는 계속 말을 이었다.

∞∞ 내가 책임져야 할 일을 생각해 봤어요. 학비 융자금을 여전히 갚아야 했고, 집세도 내야 하고, 내가 진정 독립적인 사람이라는 것을 증명해야 했죠. 독립적임을 증명하는 일은, 내 능력으로, 혼자 힘으로 가능한 일인지 확신할 수 없는 부분이었어요. 게다가 나와 함께 물리 치료학을 전공한 내 친구들은 모두 취직을 한 상태였죠. 함께 교육은 받았지만 나는 선택하지 않았던 그 직장엘 다니고 있었어요. 그 순간 나는 내 인생이 쓸모없는 인생처럼 느껴지더군요. 그나마 내가 가지고 있던 기술은 내 스스로가 사용하기를 거부했기 때문에, 새로운 일자리에 팔려갈 만한 기술이 내게는 전무했던 거예요. 부모님과 함께 살았던 그 시기에는 모든 것들이 내게 상처를 주었어요. 대학원을 졸업한 지 6년째 접어들고 있는 지금은, 데이터 입력하는 일을 하고 있어요.

앞에서 에이미가 소크라테스를 인용하면서 설명했다시피, 20대들은 자신들이 직면하고 있는 문제로부터 도망가기 위한 방법으로 종종 변화를 추구하려고 한다(사실 그들이 직면하는 문제들은 옥상가옥으로 그 변하기 때문에 야기되는 경우가 허다하다). 리치는 자신의 절망감을 그의 모친의 집에서 나오는 것으로 어찌 해결해 보려그 했으나, 그의 절망감은 그를 계속 따라다니고 있었다.

∞∞ 그 당시 나는 기가 완전히 죽어서 내가 쓸모없는 인간처럼 느꼈어요. 컴퓨터에다가 주소나 쳐 넣는 멍청한 일을 하고 있으려니 내가 더 멍청해지는 것 같았어요. 엄마 집에서 살았을 때 나는 굉장히 침울해 있었어요. 왜냐하면 인생을 위해 내가 하는 게 아무것도 없다고 느꼈고, 독립해서 살고 싶은 마음이 절절했지만 현실적으로 불가능했기 때문이었죠. 그것이 제게 엄청난 좌절감을 안겨주었죠. 대학교 때 대부분이 완전히 독립된 것 같은 호사스런 기분을 느꼈겠지만, 사실상 그것은 학자금 융자와 부모님들의 원조로 만들어진 유사독립일 뿐이에요. 다시 부모님 집으로 돌아가야 한다는 사실이 나에게는 하나의 충격이었어요. 지금은 나와서 혼자 살고 있지만 초조한 느낌은 여전해요. 언젠가 내가 '진정으로 하고자 하는' 직업을 찾고 싶어요. 그리고... 직장에서 돌아오면 외로움을 느낄 때가 많아요. 혼자 사는 것은 이게 처음이거든요.

매리 워싱턴대학(버지니아 프레데릭스버그 소재)을 1994년도에 졸업한 레이첼의 경우도 역시 달리 무엇을 해야 할지 확신이 없었기 때문에 대학원에 진학한 경우이다. 그녀는 자신이 침울한 상태를 계속 겪어야 했던 이유가 대학원 진학으로도 해소할 수 없었던 그 이상한 상실감 탓이라고 망설임없이 말한다.

∞∞ 그 과도기는 정말로 힘들었어요. 도대체 어찌할 바를 몰랐으니까요. 학사학위만으론 고소득이 보장되지 않을 거라는 생각도 했어요. 대학 졸업 후에 나는 뉴저지에 있는 고향집에서 가족들이랑 살고 싶지 않았어요. 하지만 사회 환경이 바뀌니까, 어디로 가야 할지 누구랑 살아야 할지 아무 생각도 나지 않는 완전히 길을 잃은 듯한 기분이 들었

어요. 따라서 대학원 생활은 그 상황을 피할 수 있는 하나의 방편으로 여겨졌어요. 그러면 적어도 다른 상황에 놓이게 될 수 있을 테니까요. 그리고 대학원은 사회적 인맥을 만들어 줄 것이고, 그렇게 되면 학사 학위로 갈 수 있는 직업보다 더 나은 자리를 구할 수 있으리라 생각했죠. 그래서 충분히 생각해 보지도 않고 그런 단순한 이유만으로 대학원에 진학했어요. 단지 어딘가 다른 곳으로 가고 싶은 마음에 그런 결정을 했던 거예요. 하지만 새로운 도시로 옮겨 산다는 것은 정말로 엄청난 어려움이 따르는 일이더군요. 사람을 만나고, 친구를 사귀고, 어디에 살고, 누구랑 살고... 기타 등등 정말 문제가 끝도 없이 이어졌어요. 그리고 내가 행복하지 않다는 생각에 너무나 비참했어요.

레이첼은 대학원을 졸업한 지 2년이 지난 지금도 여전히 앞으로 무슨 일을 해야 할지에 대해 확신이 없는 상태이다. 마치 미루고 미룬 방학숙제를 하는 초등학생처럼, 성년기를 가능하면 미루고자 했던 지금까지의 행동에 대해 20대 후반에 와서야 비로소 대가를 받고 있는 것 같다고 그녀는 말한다.

∞ 나는 20대를 지나는 동안 이따금씩 찾아오는 절망감과 외로움과 고립감 때문에 고통스러웠어요. 직장을 갖게 되면 그런 기분이 일시적으로 가라앉을 거라고 생각하겠지만, 사실은 그렇지 않아요. 지금이 이전보다 훨씬 더 불행하다고 느끼고 있어요. 20대에 있는 사람들이 이런 문제를 함께 고민하고 토론할 수 있는 그런 모임이나 단체는 그 어디에도 없더군요. 나는 지금까지 여러 장소를 거치면서 살았어요. 여러 명이 단체로 모여 사는 집에서도 살았다가(아주 재미있는 경험이었죠), 룸메이트와 함께 아파트를 빌려서 살았다가, 지금은 나 혼자서 살

고 있어요. 그리고 이 도시는 유동인구가 많기 때문에 지금까지 알고
지내다가 떠나간 친구들이 아주 많아요. 그러니, 누군가를 만나서 사
귄다는 게 여간 어려운 일이 아니예요.

* * *

심리치료 받을 것인가 말 것인가

20대들은 우울증을 해결하기 위해 전문의를 찾아간다는 생각을 적
어도 다음과 같은 이유들 때문에 쉽게 받아들일 수 없다. 첫째, 대부분
졸업생들은 심리치료를 하나의 치욕으로 생각한다. 정신과 치료는 동
료들과 쉽게 이야기를 나눌 수 있는 주제가 아니기 때문에, 20대들은
그들 나이에 그런 종류의 상담을 찾는 사람은 좀 특이한 경우라고 생
각한다. 더욱이 심리치료는 비용이 만만치 않게 든다. 20대들이 대학
을 졸업하는 시기가 되면, 대부분은 부모님의 건강보험 혜택을 더 이
상 누릴 수 없는 처지에 놓인다. 사실 많은 20대들은 건강보험이 없이
살고 있다. 그러한 보험혜택이 없이 정신과전문의를 찾는데 드는 비용
은 불가해할 정도는 아니라 해도 엄청난 수준이며, 특히나 주요 관심
사가 '환자들로부터 어떻게 하면 돈을 우려낼까'에 골몰하는 사람에게
걸리면 치료비 대는 일이 밑 빠진 독에 물 붓기 식이 될 것이다.

그러나 20대들 중에도 이런 망각의 구렁에 갇힌 시기 동안 정신과
전문의를 찾아가는 사람들이 없지 않아 있다. 그리고 그 중 몇 명은 그
치료가 도움이 되었다고 말한다. 다음은 1996년 예일대학(코네티컷 주
뉴해븐 소재) 졸업생 데니스가 들려준 이야기이다.

∞∞ 나는 대학을 졸업한 첫해에 전문의를 찾아갔어요. 그것은 내가 심한 자기회의와 우울증을 극복하기 위해 필수적인 조치였어요. 그 의사는 내가 느끼고 있는 불확실성이 모두 이 모든 괴로운 상태에서 한 순간만이라도 벗어나고자 하는 마음 상태와 관계된 것이라는 것이라고 하더군요. 내가 깊은 자기회의감에 빠졌을 때는 그 회의가 바깥으로부터 야기된 것이 아니라 바로 내 자신으로부터 온 것이라는 사실을 스스로에게 일깨우는 방법을 터득하게 되었어요.

1997년 조지아 공대(아틀란타) 졸업생인 토드는 자신이 정신과 전문의를 찾았으며 그것은 대학에서 현실세계로 이동하는 데에 문제가 있었기 때문이라고 분명하게 말했다.

∞∞ 무엇인가가 내 삶에서 일어나지 않는다는 사실에 불안감과 초조감을 느꼈어요. 그래서 누군가의 도움이 필요하다고 생각했었죠. 학교 졸업 후 대학 졸업자들이 필요로 하는 청년 지원모임과 같은 것이 없다는 사실을 깨달았어요(청년 지원모임이란 것은, '대학 이탈'(학창시절과의 결별)에 따르는 여러 가지 문제에 동병상련하는 비슷한 나이또래의 친구들 모임을 의미합니다). 나는 어디서 친구들을 찾을 수 있을지 상당히 고민했어요. 데이트 상대를 어디서 찾을 수 있을까 하는 문제는 말할 것도 없고요. 나는 혼자 있는 게 싫고 두렵기까지 했어요. 게다가 내 자신을 나도 좋아하지 않는데 그 누군들 나와 함께 있고 싶어 할 것인가 같은 피해망상적인 생각마저 들었어요. 수많은 밤을 불면증에 시달렸고 식욕을 잃게 되자 무슨 일이건 벌여야 된다는 생각이 절실히 들었죠.

토드의 말은 계속된다.

∞∞ 하루는, 마침내 용기를 내서 회사 사장님이 사용하는 유료전화상담에다 전화를 걸었어요. 나는 전화를 응대하는 사람이 내 처지를 너무나 잘 이해해 주고 있다는 사실에 놀랐어요. 그 사람이 정신과 전문의 한 분을 소개해 주더군요. 나는 그 치료사가 나에게 우울증이라고 진단하고 약물치료를 받게 하면 어쩌나하고 걱정했는데, 놀랍게도 그 대신, 나의 불안을 다스리고 마음의 안정을 갖기 위해 필요한 여러 가지 방법에 대해 함께 이야기를 나누었어요. 우리는 긴장을 푸는 기술에 대해, 그리고 자기 가치에 대해 이야기를 나누었어요. 시간이 걸렸지만, 마침내 나는 내 자신에게 만족하게 되었고, 그리고 나 혼자만의 시간을 진정으로 즐길 수 있게 되었어요. 내가 그런 상태가 되니까, 내가 사람들 주위에 다가가는 게 아니라 사람들이 내 주위에 몰려들기 시작했고, 자연히 친구들도 생기게 되었어요.

정신과 상담치료는 다양한 방식에서 사람들에게 도움이 될 수 있다. 칼리는 상담치료사를 통해 그녀의 삶을 다른 관점에서 보게 됨으로써 우울증에서 벗어날 수 있었다고 한다. 그녀는 그 도움을 찾기까지 3년이란 세월을 기다린 것이 후회스러울 따름이라고 했다.

∞∞ 심리 치료사를 찾고 진정으로 도움이 되는 지원 시스템을 가지는 것은 그 당시 나에게 아주 중요한 일이었어요. 치료를 받으면서 나는 생각과 실제 사이에 엄청난 차이가 있다는 것을 배웠어요.

칼리의 말은 계속된다.

∞ LA에 교통 체증이 얼마나 심한지는 말 안 해도 잘 아실 거예요. 나는 차 안에 앉아, 앞 차와 간격을 두고는 멋진 공상에 젖곤 했어요. 내가 어떤 것을 하려고 했던가, 내가 어떤 모습이 되려고 했던가 하고요. 그러나 그건 한낱 공상에 불과했고 다시 나의 초라한 삶으로 돌아오면 이전보다 더 심한 우울감에 빠지곤 했죠. 급기야는 집 밖으론 한 발짝도 나가지 않는 지경까지 이르렀어요. 그래서 심리치료사를 찾게 되었는데, 심리치료사는 나의 공상에 대해 이야기 나누면서 나의 치유를 도와주었어요. 그리고 마침내 어떤 것을 공상하는 대신에 실제로 무엇을 하는 상태까지 발전하게 되었죠. 만약 당신이 균형 잡힌 몸매를 원한다면, 아침에 일찍 일어나 열심히 조깅을 해야겠지요(이것은 상식처럼 지나치게 간단한 논리이지만, 이런 생각을 하게 되기까지 나는 아주 오랜 시간이 걸렸답니다).

그리고 그 치료사는, 차 안에서 앞으로 10년 내에 무엇을 하고 싶은가에 대해 공상을 하는 대신에, 내게 이런 생각을 하라고 했어요. '내가 지금 무엇을 하고 있는가? 나는 차 안에 있다. 밸리로 가는 405번 도로 위에서 앞차를 따라가고 있다.'라고요. 즉, 내가 처한 바로 그 현실에 머물러야 한다고 했어요. 그렇게 하지 않으면 내가 현실과 너무나 멀리 떨어져 있다고 느낄 테니까요.

로스앤젤레스에 거주하는 에밀리(22세)는 심리치료사들이 그녀가 힘든 시기를 헤쳐 나갈 수 있도록 도움을 줄 수 있을지에 대해 처음엔 회의적이었다.

∞ 나는 내가 겪는 힘든 시기가 인생에 있어서 하나의 통과의례같이 생각하고 있었어요. 나는 심리치료사가 나를 위해 무엇을 할 수 있을

지 회의적이었죠. 나는 이미 많은 시간을 나 자신에 대해 생각하면서 문제 해결을 다각도로 고민해 왔었거든요. 그러니 내가 알아낼 수 없었던 것을 그 사람들이 어떻게 알 수 있겠어요? 게다가 나는 내 자신에 대해 너무나 잘 꿰뚫고 있었거든요. 그래서 나는 그들이 나를 분석하는 것이 아니라 내가 그 사람들을 해부하고 분석하게 될 것이라고 생각했어요. 그리고 그들은 결코 나를 분석할 수 없다는 것을 보여주고 싶었어요. 그들은 이 문제를 해결할 수 없다고 확신하고 있었죠.

에밀리는 말을 계속 이었다.

∞∞ 나는 의심에 가득 차서 그리고 내게 잘못된 것이 무엇인지에 대한 내 자신의 이론으로 단단히 무장하고는(특히 나의 중학교 시절에 있었던 일과 처녀성을 잃게 된 사건 등을 걸고넘어질 게 분명하다고 속으로 짐작하면서) 당당히 사무실을 들어갔죠. 그리고는 빠른 말투로 왜 내가 이런 상태가 되었는지에 대한 나의 이론을 재빨리 토해내고는 그 심리치료사에게 이 문제를 당장 멈추게 해달라고 지시했어요. 그리고 그가 시간당 돈 값을 하는 무언가를 말해줄 것이라고, 그리고 내 머릿속에 있는 문제를 해소해 줄 것이라고 추측하면서 기다렸죠. 제 말은, 나는 그에게 도움을 청하는 대가로 돈을 지불할 테니까요. 그렇지 않나요? 그런데 그는 내게 아무 말도 하지 않았어요. 그냥 내게 질문만 하는 거예요. 처음에 나는 그가 어떤 식으로 유도해 나갈지 알 만하다고 생각하고 있었어요. 하지만 그의 질문에 대해 대답을 하는 동안, 동시에 내 말을 내가 듣게 되었어요. 그런 식의 면담이 몇 해 이어지자, 나는 내가 인정하고 싶지 않았던 것들을 자발적으로 인정하게 되었고 의논하기 원치 않았던 것을 털어놓게 되었어요. 치료는 아주 힘들었어요. 치

료하는 동안 지독한 좌절감과 화가 치밀어 오르는 분노를 몇 차례나 느꼈어요. 내 문제를 알아내는 그런 치료과정은 대학 시험이나 냉장고를 옮기는 일처럼 정확히 목표점을 맞추기가 쉬운 일이 아니죠. 12차례 면담을 했지만 아무것도 해결된 것은 없었어요. 하지만 상태가 크게 좋아졌어요. 여유가 생기면 다시 치료를 받으러 갈 예정이에요.

에밀리는 자신과 아무 관계도 없는 제 3자의 눈을 통해 자신의 삶을 들여다봄으로써 자신의 문제를 더 쉽고 객관적으로 분석할 수 있었다고 말한다. 그 결과, 자신에 대해 품었던 회의는 어느 정도 완화되었는데, 그것은 부분적으로 그녀가 처음으로 그 회의를 가지고 있다는 것을 수긍하기 시작했기 때문이었다.

∞∞ 일반 사람들이 생각하는 것과 달리, 심리치료사들은 우리가 모든 친구들이 두 손 두 발 다 들었던 구제불능의 실패자라서 우리의 친구가 되어 주는 대가로 돈을 받는 사람들이 아니에요. 대신 치료사들(물론 좋은 치료사로 꼼꼼히 비교해 보고 선택해야 되죠)은 우리의 생각이 논리적으로 의미를 가질 수 있도록 만들어 주는 대가로 돈을 받는 사람들이에요. 개인 트레이너나 운동센터, 치과의사나 혹은 발전문의나 혹은 영양사에게 돈을 지불하는 것에 대해 반론을 제기하는 사람이 있나요? 심리치료사들도 그 경우와 마찬가지예요. 내 경우는, 자신에 대한 회의로 스스로를 불행하게 만들고, 나를 좌절시키고 전혀 예상치 않은 상황으로 나가고 있을 때, 심리치료사가 그 원인을 내 스스로 찾도록 도와주고 그것을 떨쳐버릴 수 있도록 도와주었어요. 물론 사람마다 경우가 다 다르겠죠. 모든 사람들이 각기 다른 정신적 고통이나 감성적 불균형의 원인을 가지고 있으니까요. 하지만 불행은 용납할 수

없는 것이죠. 특히 자기 자신에 대해 만족하지 못해서 느끼는 불행 말이에요.

뉴욕에 사는 빅토리아(25세)는 자신이 심리치료사를 찾아간 적이 있다고 친구들에게 털어놓았을 때 그들 대부분이 부정적인 반응을 보였다고 한다. 그러나 그녀는 전문적인 제3자의 관점이 때로는 아주 중요한 역할을 한다고 믿고 있다.

∞ 정신적으로 아주 안 좋은 상태에 있었기 때문에, 나는 정신과 전문의를 찾아가야겠다고 결심했어요. 내 자신에 관한 모든 것에서 아무런 의미를 찾을 수 없었어요. 사람이 정서적으로 괴로운 상태에 있을 때는 논리적인 결정을 내리기가 힘든 법이지요. 심리치료는 내가 논리적인 생각에 집중할 수 있도록 도와줬어요. 치료를 받고 난 다음부터 나를 위한 최선의 선택이 무엇인지 결정을 내릴 수 있었어요. 그 치료는 효과가 있어요. 그리고 만약 자신이 가지고 있는 약점을 이겨내고 싶다면 그 치료는 특히나 도움이 될 수 있을 거예요. 그럼요. 물론 친구에게나 식구들한테 자신의 문제점을 말할 수 있겠지만, 자신의 지성과 감성을 파악하는 데 있어서 객관적인 관점을 얻게 되면 훨씬 더 도움이 될 수 있을 거예요.

빅토리아는 계속 말을 이어갔다.

∞ 그러나 심리치료에는 어떤 오명이 붙어 다니죠. 그 치료를 한번도 경험해 보지 않은 사람들은 심리치료를 받는다고 하면 정신력이 박약한 것으로 보거나 아니면 하나의 유행으로 보는 경향이 있어요. 내

경우도 내가 심리치료를 받았다고 친구들에게 털어놓았을 때 그 반응들이 언제나 긍정적인 것만은 아니었으니까요. 나는 심리치료가 절실하게 필요할 때 그 치료에 의지해 본 사람으로서, 그 방법이 도움이 되었다고 정직하게 말할 수 있어요. 지금은 심리치료를 받지 않고 있지만, 만약 다시 필요할 경우가 생기면 나는 그 방법을 다시 이용할 거예요. 그 이후로 나는 사람들에게 심리치료를 우울증 극복을 위한 하나의 방법으로 권하고 있고, 과감히 시도해 보라고 조언하기도 한답니다.

* * *

훌훌 털어내기

20대들 중에는 정신과 치료에 의지하지 않고도 청년 위기의 엄청난 어려움을 헤쳐 나갈 수 있는 방법이 있다고 이야기하는 사람들이 있다. 이들은 그들의 성공이 다음 두 가지 중 하나에 크게 의존한다고 말한다. 그것은 삶을 영위하기 위해서 자신들이 어떤 종류의 운을 가지고 있는가 하는 것이고, 또 다른 하나는 그들이 올바른 태도를 계속 유지하기 위해 자신을 어떻게 잘 다잡을 수 있는가 하는 것이다. 아주 낙관적인 관점을 가지고 있는 20대들은 확실히 자신들의 회의가 정상적인 것이라고 믿고 있었다.

로스앤젤레스에 사는 브랜든(24세)은 이러한 태도가 졸업 후의 공포와 불확실성을 대처하는데 얼마나 도움이 되는지를 설명해 주었다. 자기불신을 받아들임으로, 역으로 그것들을 훌훌 털어내고 그 대신 자신의 삶을 영위하는 일에 집중할 수 있었다. 브랜든은 말한다.

∞ 회의는 우리가 인간임을 말해주는 것이죠. 우리 인간은 원래 회의를 하게 되어 있어요. 나는 정신치료가 정답이라고 생각하지 않아요. 어떤 일은 생각대로 될 것이고, 어떤 일은 생각대로 잘 안 되겠죠. 그것이 바로 인생 아니겠어요? 나는 회의가 왜 가장 큰 고민거리가 되어야 하는지 잘 이해가 안 돼요. 그건 아마 당신이 느끼는 고통을 십분 이해하는 사람이 아무도 없고 그 누구도 당신을 충분히 이해하지 못한다고 생각하기 때문일 거예요. 하지만 그들이 왜 그래야 하죠? 자신의 속옷에 오물이 묻은 것을 발견하고 어떤 기분일지 모른 채 인생을 살아가는 사람은 거의 없을 거예요. 만약 당신이 그런 사람들 중 하나라면, 정말 측은한 생각이 들지 않을 수 없군요. 당신이야말로 정신과 의사를 찾아가봐야 할 거예요.

브랜든의 말은 계속 이어진다.

∞ 우리는 졸업 후의 인생이 어떻게 전개될 것인가에 대한 교육은 받지 않아요. 성공하기 위해 필요한 게 무엇인지를 알려주는 교과서도 없어요. 어떤 친구나 어떤 직업분야를 택해야 할 것인가를 안내해 주는 시간표 따위는 더 이상 존재하지 않아요. 내가 고작 하루 종일 전화나 받고 서류 정리나 하라고 우리 부모님이 수천만 원을 쓰신 건 아니죠. 나는 접수계에 앉아 있기 위해 대학에 들어간 게 아니에요.

　제 말은, 무엇인가를 완전히 이해하려면 그에 따르는 고통을 참고 견뎌야 한다는 거예요. 두려움을 겁내지 마세요. 무조건 물 속에 뛰어드세요. 물이 차가우면 약간 오그라들겠죠. 그래서 어쨌다는 거예요? 배짱만 있으면, 바른 선택을 할 수 있을 겁니다. 두번째 떠오른 생각이 가장 나빠요. 최악이죠. 나는 인생을 그런 식으로 살고 싶지 않아요.

아마도 우리는 과거에 우리가 경험했던 것만큼 우리의 상황을 '조종'할 수 없기 때문에 당황스러워하는 것 같아요. 그래서 우리가 실행에 옮길 기회를 갖게 되면, 우리가 미치기 직전까지 밀고 나가 버리지요. '내가 내리는 이 결정이 다음 수십 년 동안의 내 삶에 영향을 미치게 될 거야'라고 생각하면서요. 하지만 이것은 건전한 생각이 아니에요. 나는 사람들이 회의하는 것과 다양한 방법을 통해서 새로운 기회를 갖는다는 것을 긍정적으로 생각하고 있어요. 그리고 당신이 선택한 일이 결국 나쁜 결과로 나타났다고 해서, 계속 앞으로 나아가는 것을 두려워해서는 안돼요.

브랜든은 또 이렇게 말한다.

∞ 나는 회의하는 것은 자연스러운 것이라고 생각해요. 우리가 점점 더 나이가 들수록, 더 어려운 선택을 해야 할 상황과 직면하게 될 거예요. 점점 더 선택하기 어려워지는 상황이 펼쳐진다 해도 그것을 두려워할 필요도 없어요. 아이고... 어쩌면 나도 정신과 의사와 상담이 필요할지도 모르겠군요.

인생은 '만약 잘못된다면...' 이라는 대사나 읊조리며 허비하기에는 너무 짧아요.

우리는 올바른 결정을, 아니 올바르지 않더라도 어쨌든 결정을 내려야 하는 상황에 있어요.

하지만 올바르지 않은 결정이 대체 뭐죠?

5

지금 내가 올바른 결정을 내리고 있는 걸까?

＊　＊　＊

우리가 4장에서 논의한 불확실성과 우울증은 비교적 장기간 지속되는 문제이기는 하지만 대부분의 경우 영원히 지속되는 것은 아니다. 그러나 20대들이 사소한 문제에 대해 결정을 내리게 될 때마다 느끼는 작은 회의감은 매달 혹은 하루 단위로 일어날 수 있는 지속적인 문제다. 사회 초년생들은 결정을 내리는 일에 큰 부담을 느끼고 있다. 어떤 것이 올바른 선택인지를 몰라서 수개월을 망설이며 보내기도 한다. 어쩌면 그렇게나 오래 꾸물거릴 수 있다는 것은, 애초에 어느 하나를 선택할 필요가 없었다는 얘기가 될 수도 있겠다. 어쨌든 그렇게 꾸물거리며 번민하는 데에는 두 가지 원인이 있다.

첫째, 그들은 지금 내린 결정이 자신들의 인생 진로를 바꾸게 될 가능성이 있다고 믿는다. 그들은 자신들에게 주어진 선택의 범위가 너무나 넓다고 생각하고 있으며 그 중에서 올바른 선택을 내려야 한다는 중압감을 느끼고 있다. 따라서 어느 하나를 선택하기 전에 여러 선택 사항들의 무게를 가늠해봐야 한다고 생각한다. 번민의 또 다른 이유는, 사회 초년생들이 대부분 결정을 내리는데 참조할 만한 선행경험이 없는 처지임에도 불구하고 부득불 중요한 결정을 내려야 한다는데 있다. 어느 20대의 말처럼, '한 번도 해 본 적이 없는데, 내가 잘하고 있는지 어떻게 알 수 있는가?' 말이다.

오마하 출신 스티브(22세)는, 이 시기에 받는 압박감은 아주 심각한 것이지만, 사실 그 스트레스는 20대들 스스로가 자신들에게 부과하는 경우가 많다고 지적한다. 사회 초년생들의 머리를 어지럽히는 문제는, 자신들에게 즉각적인 도움을 주는 결정을 내려야 하는지 아니면 보다 장기적인 관점에서 도움이 되는 결정을 내려야 하는지에 대한 것이다. 단기냐 장기냐 중에서 하나를 선택하는 문제는 단지 금전적인 투자에 만 적용되는 사안이 아니다. 비록 많은 20대들이 학자금 융자 상환에 다, 술집 외상값, 그리고 여행자금 문제 등등으로 훗날 은퇴했을 때 보다 이시기가 돈에 더 필요하다고 느끼고는 있지만 말이다. 사회 초년생들은 '미래를 위해 준비하라' 는 말을 귀에 못이 박히도록 들어왔을 것이다. 그러나 이 진부한 경고는 머릿속에만 맴도는 훈장 선생의 잔소리에 지나지 않는 것이다. 스티브는 다음과 같이 이야기한다.

∞∞ 정말 어려워요. 우리 세대는 말이죠, 인생에 장기적으로 영향을 미치는 결정을 내릴 때, 그 결정으로 어떤 결과가 초래될 것인지에 대한 지식을 많이 가지고 있는 것 같아요. '내일은 알 수 없으므로 오늘을 위해 살라' 는 말은 믿지 않아요. '대우가 좋으니까 이 일을 하라' 도 아니에요. 그 보다는 '나의 선택이 어떤 방향으로 가고 있는가?', 또는 '이 일이 내가 가진 지식과 기술을 십분 살리고, 내 욕망을 충족시키고 있는가?' 에 관계되는 문제지요. 또 하나 어려운 질문은, '과연 내가 이 결정을 내릴 만한 자격을 갖추고 있는가?' 라는 겁니다. '가정을 위해 좋은 직장을 잡을 수 있는 기회를 포기하라' 구요? 아니 지금 농담하십니까? 나는 아직 결혼도 하지 않았어요. '미래를 위해 현재를 투자하라' 는 말도 있지요. 글쎄... 대체 내일 내가 살아 있을지 어

떻게 장담합니까? '직장 생활의 행복을 위해 돈은 포기하라'는 말도 있군요. 하지만 직장에서 행복을 찾을 수나 있을까요? 어쩌면 행복을 사기 위해 사적인 시간에 돈을 벌어야 할지도 모르지요. 전체적으로, 우리 세대는 어떤 결정이 가져올 장기적인 영향을 예상하는 데 있어서 이전 세대들보다 훈련을 더 많이 받았다는 말입니다. 그리고 그러한 지식이 큰 짐으로 현재의 우리를 내리누르고 있는 것 같아요. 우리는 올바른 결정을, 아니 올바르지 않더라도 어쨌든 결정을 내려야 하는 상황에 있어요. 하지만 올바르지 않은 결정이 대체 뭐죠? 어쩌면 마흔이 되어서 그때까지 다녔던 직장과 살아온 인생을 싫어하게 될 수도 있겠죠. 그러면서 대체 세월이 언제 이만큼 흘렀냐며 당황스러워 하겠죠.

베이비 붐 세대의 어른들은 자식들을 앉혀 놓고, 30년 전 당신들이 젊었을 때보다 지금 세대가 훨씬 더 많은 기회를 누리고 있으니 얼마나 행운이냐는 말씀을 자주 하시곤 한다("내가 네 나이였을 때는, 7마일이나 되는 거리를 걸어서 직장엘 다녔다. 그 푹푹 빠지는 눈길을 더군다나 전쟁 때 다친 성치 않은 다리로!"라는 18번 대사와 함께). 그러나 점점 더 길어지는 선택목록이야말로 20대의 삶을 더욱 힘들게 만드는 요인인 것이다. 선택할 수 있는 대안들이 너무나 많기 때문에 어느 특정한 길을 정하는 일은 더욱 어려워진다. 노스캐롤라이나 주 롤리 시에 사는 올리비아(22세)는, 인생의 여러 측면 중에서 어느 한 가지라도 자리 잡고 싶었지만, 급격히 증가하는 직업의 기회와 지리적 문제, 그리고 학문을 계속하고픈 생각 등이 그녀의 결정을 더욱 힘들게 만들었다고 한다. 그녀의 머릿속에 너무나 많은 사안들이 꽉 들어차 있었던 것이다. 올리비아의 말을 들어보자.

∞∞ 어떤 사람들은 무엇을 하고 싶은지 몰라서 졸업 후에 불안감을 느낀다고 하는데요. 내 경우는 하고 싶은 것이 너무나 많아서 걱정이에요. 내가 하고 싶은 것을 하기에는 내 자격이 반도 못 미친다는 것은 잘 알고 있고, 게다가 내가 흥미로워 하는 직업 중에는 내가 안 할 게 뻔한 것도 있어요. 하지만 나는 인생을 아주 충만하게 살고 싶어요. 내가 관심있어 하는 것은 모조리 다 해보고, 가보고 싶은 곳은 어디든 다닐 수 있는 그런 삶을 살고 싶어요. 졸업하자마자 선택하게 되는 어느 특정 직업, 어느 특정 장소에 갇혀버리게 될까봐 두려워요. 그래서 내가 사회생활 하던 첫해에 가급적 집에서 멀리 떨어진 곳으로 나가 살기로 작정했던 거예요. 어느 한 곳에 정착해서 가족을 이루고 사는 게 싫지는 않지만, 지금 한 곳에 정착하게 되면 다시는 떠나지 못하게 될까봐 두려워요. 그리고 큰 고민거리가 한 가지 더 있는데, 어느 시점에 가서는 학문의 길로 계속 나아갈 것인가 갈 것인가를 결정해야 한다는 겁니다. 나는 일자리를 얻을 수 있는 곳이면 어디든지 가서 살아야 된다는 생각은 맘에 들지 않아요(학계에서는 자주 볼 수 있는 경우죠). 박사 학위를 받는데 10년이 걸리게 될지도 몰라요. 그리고 나서 어디에도 교수직을 얻지 못할 수도 있고요. 정말 어떻게 해야 할지 결정을 못 내리겠어요.

종종 그들은 성인으로서 내려야 하는 모든 결정을 전적으로 자신들이 내려야 하는 것으로 여기지만, 항상 그렇지만은 않다는 사실을 기억하는 것이 중요하다.

∞∞ 자신에게 영향을 준 가족이나 친구, 문화적인 영향을 떠나서 어떤 결정을 내리는 사람이 어디 있을까요? 단 한 가지 결정이라도 오직

자신의 이익만을 생각하면서 내릴 사람이 누가 있겠어요? 그리고 누구든 무슨 이유로 그것을 원하겠어요?

하고 사라 로렌스대학(뉴욕 주, 브롱스빌 소재)을 졸업한 안드레아(22세)는 반문한다. 그녀는 사람들이 자신의 문제는 혼자서 결정한다는 이른바 '21세기형 태도'라는 것이 오해의 소지가 많은 관념이라고 말한다. 그것은 지극히 자기 중심주의적인 80년대의 '미 제너레이션me generation'을 상기시킬 뿐만 아니라, 사회 초년생들을 지금까지 삶에서 얻은 모든 영향으로부터 자신을 분리시켜서, 거품 속에서 살도록 조장하는 잘못된 관념이라는 것이다.

∞ 더욱 어처구니없는 것은 이러한 믿음에 경도된 사람들이 자신들의 그런 태도를 당대의 지배적인 도덕률인 양 떠들어댄다는 사실입니다. '나의 편의가 바로 너의 편의' 등과 같은 문구와 영합하면서 개인주의를 끊임없이 강조하고 있는 그들의 행태는, 바로 이 시대, 이 특정 문화가 내뿜은 그을음에 훈제된 것이라고 할 수 있어요.

안드레아의 견해는 위안처럼 들리는 동시에 우리를 낙담시키기도 한다. 다시 말해 그녀는, 20대들이 독립된 성인으로서 마침내 자신의 문제를 스스로 결정할 수 있는 자유를 얻었다고 느끼고 있지만, 사실상 그 결정은 혼자서 내릴 필요가 없다고 말한다. 그러나 또 한편으로 그녀는, 사회가 조장한 이기주의적 사고방식이 젊은이들에게 압박감을 주기 때문에 그들이 스스로의 힘으로 삶을 운영해 가는 것을 더 어렵게 만든다고 주장하는 것이다.

214

*　*　*

다른 도시로 이사하기

20대가 내려야 할 가장 큰 결정 중의 하나는 거주지에 대한 것으로써, 언제 그리고 어디로 옮기는가 하는 문제다. 사실, 거주지를 옮기는 문제는 사회 초년생이 졸업 후에 제일 먼저 내려야 하는 결정이기 때문에 더욱 어렵고 복잡하게 느끼게 되는 것인지도 모른다. 다음은 알칸사스 주의 리틀 록 출신인 아만다(24세)의 이야기이다.

∞ 대학에서 매 학기마다 새로운 수업을 듣고, 매년 방을 옮기면서 사는데 익숙해져 있다가, 졸업한 지 2년이 된 지금까지 한 곳에만 계속 있다보니 지루하다는 생각이 들어요. 여기 처음 왔을 때는 아는 사람이 아무도 없었죠. 나는 아는 사람이 없는 곳으로 옮긴 것은 잘한 일이라고 생각해요. 왜냐하면 아는 사람이 없다는 사실이 내가 힘든 시간들을 억지로라도 견뎌낼 수 있게 해 주었거든요. 다른 사람들은 대학 친구들과 어울려 다니는 걸 더 좋아하지요. 그게 안전하고 특히나 너무 긴장하면서 살지 않아도 되니까요. 글쎄, 지금은 다시 새로운 곳으로 옮길 수 있을지 잘 모르겠어요. 옮긴다고 해서 문제가 모두 사라질 것 같지는 않거든요. 그래도 지금 다른 도시로 옮긴다면 기분이 좀더 새로워질 것이고, 문제를 해결 할 수 있는 더 나은 방법이 생길 수도 있을 테니까, 사는 게 좀더 쉬워질 거라는 생각은 들어요. 어딘가에 분명히 내가 원하는, 내가 살고 싶어하는 그런 장소가 있을 거예요.

215

호놀룰루 출신인 마르넬(20세)은 동부지역으로 옮긴 것이 잘한 결정이었는지 아직 확신을 못하고 있다. 그는 이렇게 말한다.

∞ 동부 문화는 하와이 문화와 전혀 딴판이에요. 하와이의 생활은 느긋한 반면, 여기에서는 모든 것이 바쁘게 돌아가지요. 하다 못해 여기 동부 사람들은 걸음걸이조차 엄청 빨라요. 눈부신 자연경관을 가진 하와이에서나 볼 수 있는 해변 같은 건 여기서는 볼 수 없어요. 고향에서는 여가를 서핑하면서 보내는데, 여기서는 영화관이나 미술관, 혹은 서점 같은 델 가요. 이런 걸 생각하면 다시 고향으로 돌아가고 싶죠." 이렇게 말한 뒤, 그는 다음과 같이 덧붙였다. "하지만 하와이는 독신 직장인들의 교제생활을 위한 환경이 여기만큼 좋지 않아요. 그리고 재미있게 놀기엔 이곳의 밤의 유흥가만한 데가 없죠.

새로운 도시로 옮기는 결정뿐만 아니라 그 곳 생활에 적응하기 위해서는 커다란 용기와 결단력이 요구된다. 낯선 장소로 옮겨 산다는 것은 모든 것을 처음부터 시작한다는 의미인데 이것은 실로 두려운 일이 아닐 수 없다. 하지만 새로운 장소로 거주지를 옮겨 본 경험이 있는 대부분의 20대들은, 비록 초기 얼마간은 어려운 시기를 겪어야 했지만, 옮긴 결정에 대해 한번도 후회해 본 적이 없다고 말한다. 다음은 듀크대학(노스 캐롤라이나 더햄 소재)을 97년도에 졸업한 젠의 이야기이다.

∞ 대학을 졸업하고 얼마 동안 큰 도시로 옮겨 사는 문제로 굉장히 고심했었어요. 왜냐하면 모든 면에서 제게 불리하게 보였거든요. 이사할 돈도 없고, 생활을 유지할 만큼 돈벌이가 되는 직장을 찾기도 쉽지 않을 것이고, 또 어디에서 살게 될지, 혹은 누구랑 함께 살게 될지도

모르는 일이었죠. 게다가 저희 아버지께서는 허튼 생각이라며 반대하셨죠. 이 모든 장애에도 불구하고 나는 내 결정을 실행으로 옮겼어요. 새 도시로 혼자 나와 사는 것을 후회 하냐고요? 아니요. 적응하기 힘들었냐고요? 그랬고 말구요. 어딘가로 혼자 나와 살게 되면 자기 성장을 크게 경험하게 되죠. 나는 이전 보다 독립심이 더 강해졌고, 많은 일들을 스스로 해결할 수 있다는 것도 알게 되었어요. 지금까지 엄청나게 외로운 시간들을 보내야 했었어요. 사랑하는 가족과 떨어져서 혼자 살게 되면 아주 다양한 정서적인 문제를 겪게 되고, 이와 더불어, 여러 가지 시시콜콜한 일상의 문제들이 끝도 없이 이어지게 마련이죠. 이런 과정들이 나를 더욱 강하고 지혜롭게 만들어 주었고, 또한 이를 통해 나의 진정한 목표가 무엇인지, 그리고 나의 한계가 무엇인지에 대해 많이 알게 되었어요.

버지니아 알링톤에 사는 스테이시(23세)는 아는 사람이 단 한 사람도 없는 도시로 옮긴 것은 자신이 내린 결정중 가장 잘한 것이라고 말한다.

∞∞ 그 결정을 통해서 얻은 독립심과 자유로운 느낌은 가히 표현할 수 없을 정도예요. 졸업 후에 나는 내가 자랐던 곳인 시카고로 옮겨갈까 하고 아주 많이 고심했어요. 가족들이 더 이상 거기에 살고 있지 않기 때문에, 적어도 전통적인 관점에서는 집으로 돌아가는 게 아니었죠. 하지만, 아무리 가족이 거기에 살고 있지 않고(친구들도 대부분 떠났죠) 성장기에는 거의 살지 않았던 도심ᄌ에서 살게 될 거라고는 하지만, 그 생각이 고향집으로 돌아가고 싶은 심정에서 나온 발상이라는 것을 어느 정도 시간이 흐른 뒤에 깨닫게 되었어요. 친숙함이 그리웠던 거예요. 그래서 나는 내게 위안을 주는 환경으로부터 떠나기로 결

정을 내렸어요. 지금은 그렇게 하길 잘 했다고 생각해요. 만약 다시 고향으로 돌아갔더라면, 여러 가지 면에서 성숙할 수 있는 기회를 갖지 못했을 거예요.

20대들이 자신들과 익숙한 것들로부터, 예를 들면 고향, 가족, 소꿉친구로부터 멀리 떨어질 것인가 말 것인가 하는 결정은 사실 선택하기 어려운 문제가 아닐 수 없다. 세인트 로렌스대학(뉴욕 주 칸톤 소재)을 1997년도에 졸업한 클라우디아는 "3년 전 대학을 졸업한 이래로, 엄청난 무게로 다가오는 내적 성찰과 변화의 시기를 경험해왔다."고 이야기한다. 그녀는 대학 졸업 후에 모교 가까이에 있는 어느 큰 도시에서 직장을 구했다. 그 도시는 젊은 직장인들과 밤마다 뜨거운 열기로 넘쳐나는 곳이었고, 클라우디아의 대학 친구들도 그녀의 집과 고작 몇 분 거리에 살고 있었다. 따라서 그녀는 당연히 흥미진진하고 행복한 생활을 기대했었다. 그러나 사실은 그렇지 못했다. 클라우디아의 이야기를 들어보자.

∞ 행복은 고사하고 무척 혼란스러웠어요. 그리고 직장이 내 기대를 충족시키지 못한다는 사실을 깨닫게 되기까지 약 1년이 걸렸어요. 친구들도 자주 볼 수 없었고, 날씨 때문에 내가 좋아하는 취미활동도 즐길 수가 없었어요. 내가 다시 삶을 영위해 갈 수 있다는 용기를 얻기까지는 그 보다 더 많은 시간이 걸렸어요. 그리고 내가 그때까지 내렸던 결정 중 가장 어려운 결정을 내리게 되었죠. 그것은 어떤 일을 마무리 짓는 것보다도 더 어려운 일이었어요. 나는 부모님이 사시는 고향으로 돌아가기로 결심했어요. 친구들 대부분이, 내가 직장을 관두고 친구를 떠나 고향으로 돌아간다고 하니까 날더러 미쳤다고 했어요. 하지만 그

애들이 생각하지 못하고 있던 부분은 대학시절 여름 방학 때의 상황이에요. 그 애들이 매년 여름에 부모님 집에 가서 재미있는 아르바이트나 하면서 용돈을 벌 동안, 나는 그 도시에 혼자 남아 풀타임으로 일해야 했거든요. 그래서 나는 졸업하기 이전부터 현실세계에서 혼자 살아가는 것이 어떤 것인지, 독립생활의 참 맛이 뭔지 알 만큼 알고 있는 상태였던 거죠. 나는 이사할 결심을 하면서, 인생이 짧다는 사실과 일은 단지 일일 뿐이라는 사실, 그리고 이 짧은 생애에서 가족과 친구와의 관계가 얼마나 소중한 것인지 깨닫게 되었어요. 나는 고향으로 돌아가서 내가 사람 구실을 할 수 있게 키우느라 너무나 많은 희생을 치르셨던 부모님들과 함께 인생을 보내고 싶었어요.

클라우디아는 여러 가지 이유 때문에 고향으로 돌아가기로 한 선택에 후회는 없었다고 한다. 그녀는 파트타임으로 일을 하면서 짬짬이 GMAT(Graduate Management Admisson Test: 대학원 입학 자격시험) 시험 준비를 할 수 있을 것이라 생각했다. 언젠가는 경영대학원으로 진학하고 싶었던 것이다. 그녀의 친구가 한번은 자기들이 직장에서 하루종일 일하는 것보다 더 많은 시간을 공부하는 것 같다고 그녀에게 말했을 때, 클라우디아는 자기 스스로 계획한 일이기 때문에 열의가 더 생겨서 그런 것이라고 대답했다고 한다. 그런 기간이 지난 뒤, 그녀는 몇 개월 동안을 여행을 하며 보냈고, 여행에서 돌아온 지 몇 주 만에 직장을 구했다. 그녀는 사무실과 친구. 그리고 가족이 공히 등거리에 있는 위치에다 아파트를 얻었다. 그녀는 자신이 올바른 결정을 내렸다고 어떻게 확신할 수 있었을까? 클라우디아는 이렇기 말한다.

∞∞ 무작정 고향으로 돌아와 부모님과 함께 살게 되었을 때 나는 용기백배해 있었어요. 신념을 갖고 목표를 세우고 열린 시각으로 세상을 본다면 인생에서 못 이룰 게 없다고 확신하고 있었죠. 대학과 첫 직장에서 사귄 친구들이 너무나 보고 싶지만, 나는 자신을 위해 올바른 결정을 내렸다고 생각해요. 요즘은 새로운 곳으로 옮기려는 꿈을 가지고 있는 친구들과 자주 대화를 하고 있어요. 인생에 있어서 최대의 실패는 과거에 무엇인가를 시도해보지 않았던 것을 후회하는 일일 겁니다. 20대란 나이는 무엇인가에 안주하기보다는 탐험하고 실험하는 시기라고 생각해요. 내가 배운 것이 있다면, 그것이 직장을 바꾸는 것이든, 애인과의 관계를 청산하는 일이든, 혹은 새로운 도시로 이사가는 것이든 간에 인생에 있어서 기념비적인 변화를 시도하는 시기로써 언제가 적당한가를 알 수 있는 사람은 오직 자신뿐이라는 것입니다. 인생은 '만약 잘못된다면...'이라는 대사나 읊조리며 허비하기에는 너무 짧아요. 모험하는 삶과, 그리고 그 모험 속에서 만나게 되는 사람들을 통해서 나 자신을 발견해 나가는 것입니다. 자신의 열정을 억누르게 되면 그 위대한 발견의 기회를 놓치게 되는 거예요. 이런 결정에는 그 어떤 것도 실수라 할 수 없어요. 인생은 실수를 통해 우리 스스로가 만들어 가는 것이고, 이런 경험으로부터 우리는 진정 자신이 누구인지를 알아가는 것입니다.

20대들이 거처를 옮기는 것과 같은 중요한 결정을 한 번 내리고 나면 다른 결정들을 내리기가 다소 쉽다고 느끼게 되는 것 같다. 어떤 문제를 혼자서 해낼 수 있다는 사실을 체득함으로써 새로운 자신감을 얻게 되는 것이다. 또 다른 한 가지는, 무언가를 선택하고 진행해 나가는 단순한 행위는 '경험'이라는 이름으로 이들의 무의식 속에 저장된다는 사실이다. 경험이란 사람이 압박감을 다소 덜 느끼면서 미래의 문제를 결정할 수 있는 지혜를 갖게 해 준다. 일리노이즈 주 롱 그로브 출신의 카린(25세)은 학교를 졸업한 후 6개월 동안 스웨덴에 있는 부모님 집에서 기거했다. 부모님 등쌀 때문에 거의 미칠 지경에 이르게 되자, 그녀는 대서양을 횡단하여 완전히 다른 나라로 떠나오게 된다. 그녀는 무언가 새로운 것을 원했고, 새로운 장소에서 발견되는 '사소한 새로움'으로 인해 삶이 좀더 수월해질 것이라고 생각했었다. 사소한 새로움이란 예컨대, 스웨덴에서는 봉급을 한 달 단위로 받는 반면, 미국 근로자들은 일반적으로 주급을 받는다는 사실 같은 것이다. 미국에서 그녀는 오페어(혹은 오페어걸 : 숙식을 제공받는 대신 가사를 돕는 외국인. 그 나라 말을 배우기를 목적으로 함 – 역자 주)로 생활하면서 국제 마케팅 강의를 들을 계획이었다. 다음은 카린의 말이다.

∞ 처음에 미국으로 왔을 때, 이것이 내가 진정 원하는 일인지 알 수 없어서 내내 울면서 보냈어요. 한 번도 본 적도 없고 이야기 나눈 적도 없는 가족들과 함께 살면서 오페어로 생활하겠다며 이리로 옮긴 결정이 과연 옳은 것이었는지 알 수 없었던 거죠. 그 집 사람들은 내가 어디에 있었는지 항상 알고 싶어했어요. 그리고 내게는 통행금지 시간이 정해져 있었어요. 왜냐하면 나는 차가 없었기 때문에 그 집 차를 이용해야 했거든요. 고향에 있는 사람들은 내가 이런 생활을 해 낼 수 있으리라고는 꿈에도 생각하지 못했을 거예요. 왜냐하면 나는 엄마가 끔찍하게 키운 귀한 딸이었거든요. 하지만 나는 변했어요. 남의 나라에서, 남의 나랏말로 네 명의 아이를 돌봤으니까요. 다시 스웨덴의 고향으로 돌아가서 옛날 친구들을 만났을 때, 그 애들은 내가 떠날 때 바로 그 모습, 그 상태에 있었어요. 그래서 나는 다시 미국으로 돌아왔죠. 사람

은 성숙해짐에 따라 큰 문제를 결정하기가 좀더 쉬워지는 것 같아요. 하지만 그보다 미국생활이 싫어지면 언제든지 고향으로 돌아갈 수 있다는 생각이 제게는 큰 힘이 됐어요. 그리고 아시지만, 부모님과 떨어져 사는 것은 시간이 지나면 차츰 익숙해져요. 여기서 약혼자를 만났고, 몇 주 후에 우리는 스웨덴으로 돌아가서 거기서 살 생각이에요. 약혼자는 미국인인데, 그 사람은 미국으로 다시 돌아오고 싶어할 사람이 우리 둘 중에 나일 거라고 생각하고 있어요. 그럴지도 모르죠. 예전에도 그랬으니까요.

＊　＊　＊

'바로 이 사람이다'라고 어떻게 확신할 수 있는가?

카린과 그녀의 약혼자가 스웨덴으로 돌아가기로 한 결정에는 20대들이, 특히 서른이 될 때까지 결혼 상대자를 만나야 한다는 구식 사고방식을 신봉하는 젊은층들에게 있어서(어쩌면 연령대를 불문하고) 반드시 내려야 하는 아주 힘든 결정이 포함되어 있다. 20대들이 "결혼은 언제 해야 하나?" 혹은 "가정을 가지려는 마음의 준비는 언제 하게 될까?"라는 질문보다 더욱 골몰하는 문제는, 그들이 결혼을 생각하고 있는 '이 사람'이 진정 일생을 함께 해야 할 바로 '그 사람'인지에 대한 고민이다.

치폴라 주니어대학(플로리다 마라안나 소재)을 1994년도에 졸업한 웨인은, 20대들은 흔히 관계를 맺은 지 얼마되지 않아서부터 상대방에 대한 확신을 갖는 문제로 스스로에게 스트레스를 준다고 말한다. 그들은 이런 확신에 대해 한 번 결정을 내리고 나면 그 다음부터는 확신에 관한 문제로 더 이상 스스로를 고문할 필요가 없어질 것이라고 생각한다는 것이다. 웨인은 이렇게 말한다.

∞∞ 누군가에 대해 빨리 확신감을 갖기 위해 자신을 너무 몰아붙이지 마세요. 우리는 가끔 누군가를 너무 일찍 판단하고 싶어하는 경향이 있어요. 그렇게 되면 서로가 부담없이 즐길 시간을 충분히 갖지 못하게 돼요.

22세인 올리비아는 자신이 영국인 남자친구에게 시간과 노력을 어느 정도 투자해야 하는지를 초기 단계부터 파악하려고 애쓰고 있다. 그녀의 논리에 따르면, 만약 두 사람이 장기전으로 돌입하게 된다면 함께 보낼 시간을 위해 자신의 계획 중 적어도 몇 가지는 포기해야 하기 때문에 일찌감치 상대에 대한 확신감을 파악하는 것이 순서라는 것이다. 그렇게 발전할 작정이 아니라면 시간을 낭비할 필요가 없다는 논리이다. 올리비아의 말을 들어보자.

∞∞ 이것이 내가 스트레스를 가장 많이 받는 문제예요. 남자친구가 내년에 테네시로 옮기는데, 그이는 내가 함께 가주기를 원하고 있어요. 하지만 나는 테네시로 가고 싶은 생각이 없어요. 처음에는, 이것이 진짜 심각한 문제 같았어요. 그런데 곰곰이 생각해보니, 외면상 불행해 보일 뿐이지 도리어 고맙게 생각해야 할 일이라는 생각이 들더군요. 서로 사귄 지 1년이 넘었는데, 우리 둘 다 이런 심각한 관계는 처음이거든요. 그래서 이런 결론을 내게 됐어요. 1년 정도 떨어져 지내는 것은 우리가 계속 함께 해야 하는지에 대해 생각해 볼 수 있는 좋은

기회가 될 거라고요. 하지만, 나는 여전히 확신이 서질 않아 골머리를 앓고 있어요. 그는 내가 없으면 비참해 할 거예요. 하지만 그를 기쁘게 하는 일만 하게 되면 나 자신이 비참하게 되는 결과를 가져올 수 있을 거예요. 그렇게 되면 진짜로 그를 원망하게 될 수도 있겠죠. 정말로 어떻게 해야 할지 모르겠어요.

올리비아의 딜레마는 대학시절 동안 혹은 졸업하자마자 장래 배우자가 될 짝을 찾아 나서는 20대들 사이에서 흔히 찾아 볼 수 있다. 이들은 연인과 좋은 관계를 계속 유지해야 하는지 아니면 더 나은 짝을 찾아 나서야 하는지 가늠하느라 눈동자가 정면을 향할 틈이 없는 사람들이다. 사실 배우자를 찾는 것도 하나의 도박이라 할 수 있다. 혹시 다른 곳에 좀더 나은 짝이 있을지, 아니면 다른 곳에다 한눈을 파는 사이에 이미 손에 쥔 물고기를 놓쳐버리게 되지나 않을지 그 누구도 장담할 수 없는 일일인 것이다. 이와 동시에, 20대 초반은 자신의 능력이나 취미를 파악하기 위해 그 무엇이든지 시도해 볼 수 있는 시기라는 인식이 팽배해 있는데, 바로 이것이 자신에게 중요한 사람에 대한 기준과 감정을 결정해야 하는 이들을 더욱 힘들게 만드는 요인으로 작용한다.

더욱이 20대는 어른으로서 연애경험을 시작하는 시기로 여겨지기 때문에, 최근의 많은 졸업생들은 누군가와 정착하게 되기 전까지 가능하면 연애경험을 많이 그리고 충실히 하고 싶어한다. 그러나 많은 20대들은 26세나 27세의 나이에 이르게 되면 연애에 대한 관점이 변화하는 것 같다고 우리에게 털어놓았다. 반올림해서 30이란 나이에 접어들었기 때문에, 갑자기 연애를 위한 연애는 시간낭비이며, 그 시간에 배우자가 될 사람을 심각하게 찾는 것이 더 의미있다고 느끼게 된다는 것이다.

224

그들은 연애 초기에 그 관계가 오래 지속될 수 있을지 알고 싶어한다. 왜냐하면 그렇지 않는 관계일 경우 성가신 상황을 만들고 싶지 않기 때문이다. 20대들은 종종 그 얽히고 설킨 복잡한 연애 문제를 간단히 풀어줄 수 있는 일종의 '계시' 같은 것을 믿고 싶어한다. 만일 첫눈에 사랑에 빠진다는 그런 일이 진짜로 가능하다면, 연인관계를 진행시켜야 할지 말지를 애초부터 분명하게 알 수 있게 될 것이기 때문이다. 그들은 이런 생각을 믿고 싶어하지만, 그와 동시에 그것이 헛소리에 지나지 않을 뿐이라고 생각하는 것 같다.

첫눈에 반해 사랑에 빠진다는 생각에 대한 20대들의 반응은 회의에서부터 기대에 이르기까지 다양하다. 하지만 우리와 이야기를 나눠본 대부분의 20대들은 그 생각은 기본적으로 미신에 불과하다고 말했다. 그들의 말에 따르면, 이미 결혼한 사람들이나 그런 이론을 받아들이게 된다는 것이다. 그렇게 함으로써 그들은 배우자와의 견고한 사랑의 역사를 반지르르하게 광을 내고는 지금까지 정말로 그렇게 알고 있었다고 주장한다는 것이다. 그 결과, 많은 20대들은 미디어가 만들어낸 허구에, 즉 언젠가 당신의 가슴에 백만 볼트의 전기가 빠지직 흐르게 할 누군가를 만나게 될 것이라는 미신에 자신들이 의존하게 될까봐 걱정하고 있다. 그래서 그런 일이 일어나기를 바라며 영원히 기다리게 될까봐 두려워하는 것이다. 이에 대해 뉴욕 시에 사는 릭(25세)은 필자에게 다음과 같이 말했다.

∞ 힘든 문제죠. 혹시 말씀하시는 대상이 영혼의 친구를 의미하는 건가요? 나는 그렇게 이해하고 있습니다만. 나는 '언젠가는 알게 될 거야'라는 생각이 맘에 들어요. '우리는 첫 눈에 반했어요.'와 같은 일이 당신에게 일어났다면 더할 나위 없이 멋진 일이겠지요. 하지만

225

이런 일이 대부분의 사람들에겐 일어나지 않는다그 생각해요. 대부분의 사람들은, 함께 지내는 게 당연한 생각으로 받아들여지는 시점에 이르게 되고, 결혼의 중요성에 대해 서로가 같은 생각을 하는 시점이 되면 자연스럽게 결혼을 하게 되는 것 같아요. 그리고 아이를 갖고 싶어하는 여성도 또한 중요한 문제지요. 출산 적령기 같은 걸 고려하지 않을 수 없잖아요. 남자들은 30대가 되면 하나같이 생식능력이 최상인 24세의 여성을 낚아채고 싶은 꿈에 젖게 되지요. 처음에 내가 말했던 대로 이건 어려운 문제에요. 그리고 나는 아직도 내게 맞는 배우자를 만나기 위해 노력하는 중이랍니다.

20대들은 가능성이 희박한 '하늘이 맺어준 인연'에만 목을 매고 기다릴 수 없기 때문에, 결국에는 한 연애를 가능한 많이 하는 방법을 통해 사랑에 대한 자신의 태도를 발전시키려고 하고 있다. 뉴욕 시민인 빅토리아(25세)는 어떤 유형의 사람이 자신의 반쪽이 될 수 있는지를 알려고 하기 전에 자기 자신에 대해 완전히 알아야 한다는 생각을 가지게 되었다고 말한다.

∞∞ 먼저 '네 자신을 알라'라는 말도 있잖아요. 자신이 내린 결정에 어떤 영향을 받게 될지도 모른 채 어떻게 중요한 결정을 내릴 수 있겠어요? 나는 사람들이 결정을 내릴 그 당시에 자신의 상황에 가장 적합한 결정을 내린다는 사실을 깨닫게 되었어요. 어느 한 가지 결정이 언제나 올바른 선택일 거라고 믿는 것은 어리석은 생각이에요. 21살이나 22살에 결혼하려는 친구들을 보면 정말 놀라지 않을 수가 없어요. 어떻게 그렇게 어린 나이에 자신들을 속속들이 알 수 있다죠? 인생의 반려자가 앞으로 10년이 지난 후에도 자신에게 딱 맞는 사람일지 어떻게

확신할 수 있지요? 사람들은 변하기 마련이에요. 사람을 보는 눈도 마찬가지로 변하고요. 나는 결혼하려고 하는 사람들이나 이미 결혼한 사람들을 보면 항상 이렇게 묻곤 해요. '이 사람이 당신이 찾던 그 사람이라고 어떻게 알았어요?'라고요. 그러면 열에 아홉은 이렇게 대답해요. '그냥 알았어요.'라고요. 나는 지금까지 두어 번 사랑에 빠져 본 경험이 있고 그때마다 그 사람이 내가 찾았던 바로 그 사람이라고 생각했었어요. 하지만 정말로 내가 '그냥 알게' 될지는 확신할 수 없어요. 이것이 인생에 있어서 내가 아직까지 알아내지 못해 고심하는 분야예요. 내가 65살이 되어서 처음으로 결혼이란 걸 하게 되면, 그때야 마침내 내가 그것을 알아냈구나 하고 생각하시면 될 거예요.

아이오와 대학(아이오와 시 소재)을 졸업한 더그(27세)는 자신이 앞으로 살아가는 동안 사용할 수 있는 의사결정의 전술戰術을 연애관계에 적용하는 법을 터득했다고 한다.

∞ 대학시절 이래로 내가 극복해야 했던 아주 중요한 것 한 가지는 - 아직도 극복하려고 노력 중이긴 하지만 - 모든 일에 있어서 항상 단 하나의 정답이 존재한다는 생각이에요. 나는 대학 시절 대부분의 시간을 공학 수업을 들으며 보냈고, 그 수업에서는 언제나 단 하나의 정답이 존재한다고 강조했어요(그리고 심지어는 많은 사회과학 수업에서도 그런 관념을 갖도록 밀어붙이더군요). 하지만 현실세계에서는 그 관념이 통하질 않아요. 정치세계에서도, 직장생활에서도, 심지어는 애인관계에서도 통하질 않아요. 이런 사실을 내 직업 경력에서도, 우리가 알고 있는 정보를 근거로 최선의 결정을 내려야 하는 일상생활 속에서도 발견해 왔어요. 만약 실수를 하게 되면, 우리는 잘못된 부분을 고치는 방법을

알아낸 다음 계속 앞으로 나아갑니다. 물론, 이것은 모든 사회적 상황에서 그리고 연애 관계에서 적용되는 사실이지요. 나는 우리가 '완벽한' 사람을 찾거나 완벽한 관계를 이룰 수 없다고 생각해요. 단지 정말로 좋은 사람을 만나서 인생이 주는 모든 시련을 함께 이겨낸다면 그게 최선이죠. 우리는 실수란 언제든지 일어날 수 있고, 그럴 경우 잘못된 곳을 고쳐서 계속 앞으로 나아 갈 수 있다는 성숙한 인식을 가져야 합니다. 그리고 훌륭한 결정에 대한 대가를 거두려면, 실패를 두려워하지 않고 언제든 제로 상태에서 다시 시작할 수 있다는 각오를 해야 합니다.

프린스 조지 커뮤니티대학(매릴랜드 라고 소재)을 1996년도에 졸업한 나타샤는, 연애관계를 하나의 본능적 직관으로 단순화시키고 있다.

∞ 직관에 의존하는 방법을 터득해야 해요. 왜냐하면 직관이 내 자신을 행복하게 만드는 결정이라는 것을 알 수 있는 유일한 방법이니까요. 싸움은 연인관계에서 피해야 하는 아주 재미없는 일이라는 것을 명심해야 합니다. 충돌이나 대립이 나쁘다는 말은 아니에요. 싸움이 필요하긴 하죠. 만약 당신이 누군가와 싸울 때, '지금은 당신과 싸우고 있지만 여전히 당신을 사랑하고 있어요.' 라고 말할 수 있다면 그것은 당신이 누군가에 대해 확신하고 있다는 아주 좋은 징표라 할 수 있어요. 그런데 당신이 정말로 그 사람에 대해 확신할 수 없는 순간이 올 거예요. 하지만 그래도 때로는 노력을 해야 해요. 그렇지 않으면 인생이 당신을 그냥 스쳐 지나가 버릴 테니까요.

보스턴에 살고 있는 러스(25세)는 결정을 내리는 일이 왜 21세기를 살아가는 20대들에게 특히나 어려운 일이 될 수밖에 없는지, 그리고 이 시기를 보다 쉽게 넘기기 위해 20대들이 할 수 있는 일은 무엇인지에 대한 자신의 견해를 분명하게 밝혀주었다. 그는 인생이란 정답이 딱 떨어지는 수학공식이 아니라는데 의견을 같이 하면서, 사회 초년생들이 대학에서부터 앞으로 펼쳐질 인생으로 옮겨가는 전환기를 수월하게 보낼 수 있는 하나의 관점으로써 인생을 하나의 시험으로 간주할 것을 제안했다. 다음은 러스가 우리에게 들려주는 이야기다.

나는 결정을 내리는 것이 이 시대를 살고 있는 우리 세대가 가진 큰 과제라고 생각한다. 한편으로는, 인생에서 일어나는 모든 것들이 결정을 요구하는 것들이기 때문에, 결정을 내리는 일은 우리가 지속적으로 숙련해야 할 아주 중대한 기술이라 할 수 있다. 그러나 문제는 어떤 결정이 현명하고 어떤 결정이 어리석고 경솔한 것인지가 언제나 분명치 않다는 것이다. 비록 우리가 분별있는 선택과 철없는 선택을 미리 구별할 수 있다 하더라도 언제나 지혜로운 태도를 유지할 수 있는 원칙을 가지고 있는 것은 아니다. 우리 인생에서 반드시 결정해야 할 기본적인 사항들은 우리 부모님과 그 부모님의 부모님, 또 그 부모님들이 해왔던 것과 똑같은 것들이다. 그것은 인류 역사를 통틀어 인간이 스스로에게 질문해왔던 바로 그 질문들인 것이다. 무엇을 하며 살 것인가? 누구를 배우자로 삼을 것인가? 어디에 돈을 쓸 것인가? 여가시간을 어떻게 보낼 것인가? 어디서 살 것인가? 가족계획은 어떻게 할 것인가? 부모님이나, 조부모님, 혹은 다른 '어르신'은 모두 인생의 지혜를 알려주는 경험의 보고寶庫들이다. 우리는 인생의 중대한 문제를 어떻게 처리할 것인지에 대해 이 분들을 통해 많은 지도를 받아야 한다.

하지만 그 경험의 보고가 우리에게 큰 도움을 주지 못하는 것이 또한 현실이다. 우리 세대는 이전 세대들보다 인생의 해답을 찾는 데 있어서 훨씬 더 복잡하고 다양한 조건과 상황 속에서 살고 있다. 심지어 우리 부모님 세대가 사용하던 잣대조차도 우리 세대의 기준으로 삼기에 부족할 정도다. 직업 문제, 돈쓰는 문제, 하다 못해 누군가와 함께 여행하는 문제에 있어서 우리가 선택할 수 있는 선택범위를 30년 전 사람들의 그것과 비교해 보자. 따라서 우리가 지금 고대 이집트 사람들과 똑같은 질문을 하고 있다고 하더라도 그 질문에 대해 우리가 생각할 수 있는 답변의 길이는 그들보다 훨씬, 훨씬 더 길다는 것이다.

얼핏 봐서는 이것이 부당한 거래처럼 느껴질지도 모르겠다. 마치 우리가 백만 달러짜리 질문을 생각해 냈는데도, 생명의 전화를 받는 상담자는 우리에게 전혀 도움을 줄 수 없는 상황처럼 말이다. 하지만 다른 관점에서 보자면, 우리가 처한 이 상황은 우리가 운명을 결정하는 데 있어서 엄청난 능력을 기를 수 있는 조건이 아닐 수 없다. 과거에 살았던 사람들과는 달리(오늘날에도 세계 어느 지역에서는 과거와 크게 변하지 않는 조건 속에서 살아가고 있기는 하지만), 우리는 직업이나 배우자, 거주지 등을 선택하는 데 있어서 외부의 조건이나 환경에 크게 영향을 받지 않는다. 그 대신 우리의 유일한 한계는 우리 스스로가 부과하는 것들이다. 우리는 아직도 윗사람들의 조언을 구할 수 있지만 그분들이 우리와 나눌 수 있는 경험이란 아주 제한적일 수밖에 없는 것이다.

우리가 어떻게 '나는 누구인가'를 규정하는, 다시 말해 실존에 관한 질문의 해답을 찾을 수 있을까. 수십 년이 흐른 뒤, 우리가 내렸던 결정에 자랑스러워하며 회상하게 될지 혹은 후회와 부끄러움으로 회고하게 될 것인지는 지금 이 순간에 달려 있다. 이 말은 세월이 한 해 두 해 흘러감에 따라, 우리가 앞서 한 결정이나 행동들을 뒤집거나 바꾸기가 더욱 더 힘들어진다는 의미이기도 하다. 만약 우리가 스물 둘의 나이에 바람직하지 못한 결정을 내렸다면, 그것이 앞으로 있을 전 생애에 영향을 미칠 수 있다. 물론 이런 생각은 우리가 무엇을 결정할 때 불필요한 부담감이 될 수 있다. 그렇다면 잠재적 가능성을 확대 과장하거나 얼토당토않은 효과를 상상하지 않고서, 적절한 심각성을 가지고 인생의 문제를 결정 할 수 있는 방법은 무엇인가? 그리고 우리가 올바른 궤도 위를 달리고 있는지를, 사실은 그렇지 않을지도 모른다는 두려움을 느끼지 않고서 판단할 수 있단 말인가?

이러한 문제에 대해 내가 접근하는 방법은 모든 인생의 문제를 '오픈 북 시험'처럼 생각하는 것이다. 언제나 딱 떨어지는 정답은 없고 영원히 점수를 받을 수도 없지만(어쩌다 받게 된다 해도 평가는 언제나 모호한 경우가 많다), 도움을 청할 곳은 많은 '인생의 오픈 북 시험' 말이다. 이 시험은 사지선다형이나 오 엑스홓의 테스트가 아니다. 우리는 살아가면서 우리가 결정한 것을 설명하라거나 합리화시키라는 요구를 자주 받는다. 비록 타인의 요구가 아니더라도 우리 자신에게 그렇게 해야 하는 것이다. 이따금씩 우리에게 두 번의 기회가 주어질 수도 있다. 우리가 원한다면 다시 치를 수 있는 재시험의 기회 말이다. 이것이 바로 자기평가가 왜 그렇게 중요한지에 대한 근본적인 이유이다. 우리가 어떤 문제에 대해 두 번의 기회를 가지게 된다면, 그것이 이성간의 문제든 아니면 직장을 바꾸는 문제든 간에, 그 기회를 잡지 않을 이유가 없는 것이다.

　　토요일 밤에 앞으로 닥쳐올 입사시험 공부를 제쳐두고 데이트를 하러 나간다거나 하는, 일상 속에서 내가 내린 결정에 대해 평가할 때 가장 먼저 고려하는 것은, 그 결정을 내리는 과정에서 내 자신에게 솔직했었는가 하는 것이다. 만약 내가 옳다고 생각한 것이 바른 길로 가고 있는지를 끝까지 관찰하지 않으면 나의 의사결정 기술을 향상시킬 수 없기 때문에, 나는 내 마음 속에서 옳다고 내린 결정과 실제로 행동으로 옮긴 결정을 따로 분리시켜서 생각한다. 예를 들어, 집에서 공부를 하는 것과 친구와 밖에서 어울려 노는 것 중에서 내려야 할 결정인 경우를 생각해 보자. 시험 준비를 위해서 더 많은 시간이 절실히 필요하다는 것을 알고 있으면서도, '어쨌든 오늘 밤 공부하기는 글렀으니, 밖으로 나가서 머리나 좀 식혀야 할 것 같아' 라고 스스로에게 둘러댈지도 모른다. 이때 밖으로 나가기로 한 내 결정은 집안에서 공부를 수행할 자제력을 내가 갖추지 않았다는 증거이다. 종종 우리가 인생의 큰 그림을 그리고 있을 때는 아주 사소하게 보일 수 있는 일상적인 선택들이, 사실은 우리가 더 중량감 있는 주제들을 대하는 방식에서 피할 수 없는 조건을 형성할 수도 있다. 만약 우리가 매일 혹은 한 주 동안의 일상적 구조 속에서 현명한 판단을 내리게 되면, 휴가라든가 고가의 공연 티켓을 구입하는 경우처럼 좀더 큰 일을 계획할 때에 훨씬 더 좋은 조건(시간, 돈, 에너지 등의 측면에서)을 갖게 될 수 있을 것이다. 또한 직장을 선택하고 바꾸는 문제라든지, 배우자를 찾거나, 집을 사거나, 가족계획을 하는 것과 같이 인생에 있어서 중대한 결정을 내릴 때에 현명하게 대처할 수 있는 능력을 기르게 될 수 있을 것이다.

　　우리는 그것이 중요한 문제든 사소한 것이든 간에, 우리 자신과 우리의 행동에 책임을 지고 있다. 우리는 우리가 내린 결정이 가져온 결과에 대해, 그것이 비록 오도誤導된 것이라고 하더라도 승복해야 한다. 우리는 모두 의사 결정을 위해서, 개인의 경험, 타인으로부터의 충고, 상식, 직감 등으로 구성된 지극히 개별화된 시스템을 각자 보유하고 있다. 여기서 우리가 취할 수 있는 최선의 태도는, 우리 스스로가 과거에 선택한 것을 통해서 얻은 교훈에 기초하여 그 시스템을 지속적으로 다듬어 나가는 것이다. 만약 인생을 계속해서 재미있게 살고 싶다면 그런 삶의 방식을 멈출 필요는 없다. 이것은 아주 정상적인 생각이니까 말이다. 만약 인생을 즐겁고 재미있게 살고 싶지 않다면, 지방 DMV(Department of Motor Vehicle : 면허증 신청, 갱신, 자동차 등록, 자동차 타이틀, 보험, 주소 변경 등 자동차에 관련된 업무를 담당하는 정부 부서 – 역자 주)에서 직장을 구하면 될 것이다(그 곳은 정말 사람들을 비참하게 만드는데 안성맞춤인 곳이다. 특히 유약한 10대들에게는). 그러나 인생에는 재미를 보거나 다른 사람을 비참하게 만드는 것 보다 더 많은 것들이 존재한다. 인생은 하나의 시험이고, 그 시험이 결코 쉽지 않다는 것은 누구나 알고 있다. 만약 시험이 쉽다면, 최선을 다한 데 대한 만족감이 훨씬 감소할 것이다. 우리가 인생에서 찾게 되는 가장 큰 기쁨은 언제나 가장 힘든 시련을 통해서 얻게 된다. 그러나 다른 시험들과 마찬가지로, 긍정적인 견해를 계속 유지하면서 우리 주위의 상황을 계속 관심 있게 주시하고 자신의 실수를 분석할 시간을 가지게 된다면, 이 인생이란 시험을 걱정할 필요가 전혀 없을 것이다.

＊　＊　＊

직관에 의존하기

　20대들 중 상당수가 직관에 대한 일반적인 염려에도 불구하고 본능적인 직관에 따라 행동하라고 하는 어떤 계시가 분명히 존재하며 그것을 경험했다고 말한다. 직장이나 살 장소, 앞으로의 생활 설계에 관해 결정을 내리려고 할 때, 어떻게 해야 할지를 그냥 알게 되는 경우가 종종 있었다고 말한다. 갈라우데대학(워싱턴 D.C. 소재)에서 농아 교육을 전공하여 1998년 석사학위를 받은 케이스는 언제나 농아들을 위해 일하고 싶다는 자신의 본능에 기초하여 인생의 중요한 선택을 결정했다고 말한다.

　∞ 나는 언제나 농아들을 가르치고 싶어했어요. 그것은 내게 있어서 성직자들이 신의 부르심을 받고 따르는 천직처럼 하나의 소명과 같은 것이었어요. 연민이나 동정을 느껴서가 아니라 단지 이것이 내가 가야 할 길이라는 것을 알게 된 것뿐이에요. 그 만큼 그 일에 대해 열정을 가지고 있어요. 이 분야에서 처음으로 일하게 되었을 때, 나는 기쁨에 벅차서 눈물까지 흘렸어요. 이 일은 내 인생을 걸고 추구하고 싶은 중요한 일이에요. 윔블던(전 영국 테니스 선수권 대회)이나 NBA 챔피언십과 같은 거창한 것은 아니지만 지금까지 살아오는 동안 내내 가슴에 품었던 하나의 목표였어요. 농아를 가르친 지 2년이 흐른 지금, 내 선택이 옳았다는 사실을 알게 되었어요. 농아들을 가르칠 때면 살아있다는 느낌이 강하게 들어요. 나는 농아들을 정상인만큼 아니 정상인들 이상으로 개발시킬 수 있다는 확신을 가지고 있어요. 내가 가르친 내

용을 아이들이 이해했을 때 느끼는 만족감은 정말 말로 표현할 수가 없어요.

클락대학(매사추세츠 주 워스터 소재)을 1994년도에 졸업한 타라는 자신이 꿈꾸었던 직업을 좇아갈 때도, 그리고 그 직업을 그만 둘 때도 모두 그녀의 본능적 직관을 따랐다고 한다. 타라는 이렇게 말한다.

∞ 편의에 따라 무의식적으로 내린 선택이 올바른 선택이었던 경우가 더러 있어요. 그것이 바로 본능적인 직관에 의해서 내린 결정이었던 거죠. 나는 무용을 직업으로 삼으려는 생각은 한 번도 하지 않았어요. 그런데 졸업을 하고 나서, 무용 외에는 다른 분야로 이끌어줄 연고가 내겐 하나도 없다는 사실을 깨닫게 되었어요. 그리고 대학시절 무용을 했었기 때문에 뉴욕에서 연줄이 되어줄 만한 사람도 몇 명 알고 있었고, 거기에다 나는 아직 젊기 때문에 무용가로 성공할 가능성이 충분히 있다고 생각했어요. 그래서 가정교사, 웨이트리스, 보모, 프린스턴 리뷰(대학진학이나 다른 전문과정을 준비하는 수험생들을 위해 교육과정과 교재, 기타 서비스를 제공하는 미국의 유명 입시학원 – 역자 주)의 강사, 케이터링(연회용 음식준비) 등등 닥치는 대로 일하면서, 오디션을 받고, 강습도 받고, 요가도 가르치고, 공연도 했어요. 그러는 동안 인생을 살아가면서 영원히 소중히 여길 만한 중요한 사람들을 만났고, 광기와, 혹독한 고난과, 새로움에 대한 깨우침, 끝없는 도전으로 가득찬 세상에서 한 명의 무용가로서 정말 치열하고 굉장한 몇 해를 보냈어요.

무용가로 4년을 보낸 후, 타라는 어떤 계시와 같은 음성이 마음 속으로부터 들려와서 돌연 무용을 더 이상 하지 않겠다는 결정을 내리게 된다. 그녀는 자신의 직관에 따라 자신의 삶을 진행시켰다. 타라는 이렇게 말한다.

∞∞ 공연 기간이 끝나고 완전히 녹초가 된 몸을 회복하면서 휴가를 보내고 있을 때, 더 이상의 오디션도, 더 이상의 불합격 통지서도, 그리고 욱신거리는 발과 상처받은 자존심을 달래며 돌아오는 새벽 2시의 귀가도 더 이상 경험하기 싫다는 생각이 문득 들었어요. 나는 무용을 관두면 무엇을 해야 할지 생각해 오고 있었고, 더 이상 무모하게 밀어붙이는 것은 옳지 않다고 느꼈어요. 내게는 이 계통에서 성공하는 사람들처럼 '오직 무용'만을 생각하는 도전정신이나 추진력 같은 게 없었어요. 그래서 언젠가는 오게 되리라고 항상 예상하고 있었던 다음 단계를 생각하기 시작했죠. 나는 그 과도기가 어떠리라고는 전혀 인식하지 못했어요. 대학원 과정과 해외 취업 기회 등을 살펴보는 동안, 뉴욕에 머물면서 이런 저런 것들을 곰곰이 생각하면서 급하게 서두르지 않았어요. 그리고 그 막연한 욕망을 좀 더 실제적인 계획으로 옮겨보려고 노력했어요. 이것은 항상 발전하는 상태에 있는 발견의 과정이라 할 수 있어요. 그 과정에서 언제나 새롭게 시도해볼 무엇인가가 나타나고, 내가 특정 시기에 하고 있는 그 일이 언제나 이상적인 일은 아니라는 깨달음이 생겨나게 되지요. 비록 불안한 상태이긴 하지만, 나의 의식을 언제나 깨어 있게 해요. 그 첫번째 계시가 있은 지 2년이 흘렀어요. 그동안 세계 여러 도시를 이동하면서 일을 해왔어요. 그리고 가을에 대학원에 들어갑니다. 진정 변화는 무시무시하고 의혹으로 가득 찬 것이지만, 어쨌든 거기서 벗어날 수는 없어요.

236

노스웨스턴대학(일리노이즈 주 애반스톤 소재)을 1996년도에 졸업한 로렌은, 어려운 문제에 있어서 직관으로 내린 결정이 결국 좋은 결과를 가져왔을 뿐만 아니라 장차 더욱 힘든 결정을 내려야 할 때도 계속해서 잘돼 갈 거라는 낙관적인 태도를 갖게 해 주었다고 말한다.

∞∞ 대학 시절에도 이 사실을 알 수 있었겠지만 바로 이 순간까지 깨닫지 못하고 있었어요. 학교를 다니던 때는, 대부분의 사람도 마찬가지였겠지만, 처음으로 가족, 친구, 그리고 친밀하게 느껴지는 모든 것과 처음으로 떨어져서 지내게 된 시기였어요. 그 모든 일을 경험하면서, 정히 힘들면 돌아갈 고향이 있다고 항상 생각했었죠. 하지만 내가 경험해야 할 아주 큰 세상이 존재한다는 사실도 알고 있었어요. 학교를 졸업한 후, 나는 기회가 극히 제한되어 있는 인구 8백 명의 소도시인 고향으로 돌아가고 싶지 않았어요. 나는 혼자서 다른 대도시로 옮겼어요. 그곳에서 아는 이라고는 대학 때 만난 친구 한두 명뿐이었죠. 3년이 지난 후, 원래 알던 친구들은 모두 떠났지만, 새로운 친구들을 많이 사귀게 됐어요. 가족이 끔찍하게 보고 싶고, 특히 생일이나 피크닉 때 모여서 즐거운 시간을 보내는 친구들을 보면 떨어져 사는 고달픔과 서러움을 절절히 느끼게 되지요. 하지만 내 마음 속에 있는 무엇인가가 내가 여기 있는 것이 옳은 일이며, 결국에는 모든 것이 뜻한 대로 이루어질 것이라고 말하고 있어요.

* * *

인생은 회색지대

20대들 중에는 중요한 문제를 결정할 때 받는 스트레스를 완화하기 위해서 인생은 수학문제가 아니라는 사실을 스스로에게 주지시키려고 애쓴다. 다시 말해 정답이 존재하지 않는다는 것. 인생은 흑이냐 백이냐, 혹은 맞느냐 틀리냐 식의 양자택일의 문제라기보다, 대안들이 과다하게 범람하는 흐릿한 회색지대라 할 수 있다. 이와 동시에 20대들이 어렸을 때 품었었던 절대적인 '하나'(하나의 직업, 하나의 가정, 한 명의 애인)에 대한 믿음은 더 이상 현실적인 생각 같지 않다. 이에 대해 오벌린대학(오하이오 소재)을 1996년도에 졸업한 가브리엘라는 다음과 같이 말한다.

∞ 무엇을 해야 할지, 어디로 가야 할지, 내 삶의 에너지를 어디다 쏟아야 할지에 대한 선택의 범위가 너무나 넓은 것 같아요. 그런가 하면 나에게 완벽하게 맞는 조건은 완전히 제로인 상태죠. 내가 좋아하는 일을 하면서 경제적으로도 안정을 꾀할 수 있는 방법은 무엇일까요? 내가 하고 싶었던 일임과 동시에 앞으로 싫증을 느끼지 않을 수 있는 일을 어떻게 찾을 수 있을까요? 이것은 내가 상황을 선택하는 게 아니라 상황이 나를 선택하는 문제인 것 같아요. 가끔씩 너무 열심히 노력한 것이 결국 모든 것을 망쳐놓는 결과를 초래하기도 하니까요.

나는 어떤 것을 결정할 때 이 길은 옳고 저 길은 그르다는 식으로 생각하면서 접근하지는 않아요. 여행의 목적지를 결정하는 것, 어떤 직업을 구하는 것, 심지어 영화를 보거나 친구를 만나러 가는 사소한 문제들까지도 어떤 중대한 결과와 연관이 있을 수 있고 예기치 못한 모험을 초래할 수 있어요. 흑과 백, 부정과 긍정으로 나눌 수 있는 것은 그 어디에도 없고, 결국에는 어느 쪽을 택하든지 간에 우리는 새로운 사실을 배우게 되거나 어떤 새로운 방향으로 접어들게 될 겁니다. 나는 이 사실을 호주와 인도네시아를 몇 개월 동안 혼자서 여행하는 동안 깨달았어요. 결정해야 할 일들, 만나는 사람들, 둘러보아야 할 곳, 대화의 주제들이 매일 매일 새롭게 생기고 발생하는 거예요. 그건 정말 놀라운 경험이었어요. 혼자서 느긋하게 여행하며 즐기는 동안 인생이 저절로 풀려가는 그런 느낌이었어요. 너무나 대단한 사람들을 만나고, 더 이상 아름다울 수 없는 곳을 들아다니면서, 나의 신념을 내 자신과, 내 직관과, 내 주위에 있는 모든 것 속에 담는 방법을 배웠어요. 사람들에게 사기를 당했던 경험조차도 그렇게 나쁘지만은 않았어요. 왜냐하면 그런 경험들은 삶을 위협할 만큼 심각한 것도 아니고, 또한 그것을 통해 도리어 많은 것을 배울 수 있었거든요. 이제 다시 집으로 돌아와서 매일 직장에 출근하고 내 빚을 갚아야 하는 상황에 놓여 있어요. 이런 생활이 결코 쉽지만은 않지만 나는 여행에서 얻은 넉넉한 신념을 나의 미래 속에 항상 보존하려고 노력하고 있어요.

노스 캘리포니아 주립대학(랠리 소재)을 1995년도에 졸업한 딜란은, 우리 20대들이 결정에 대한 문제를 특정한 질문에 대한 정답과 오답이라는 관점에서 보기보다는 풍부한 가능성의 관점에서 생각해야 한다고 말한다.

∞ 결정에 따라 행동으로 옮기고, 앞으로 나아가는 동안 방향을 조정하세요. 그 결정이 '옳다', '그르다'로 분류하는 것은 좋은 생각이

아닙니다. 결정이란 너무나 복잡한 문제이고, 그 대가와 이득은 순간 순간마다 변화합니다. 그러나 항상 힌트는 존재하지요. 어느 하나의 방향으로만 지나치게 매달리지 않도록 하세요. 일생을 통틀어서 당신에게 딱 맞는 단 하나의 길은 존재하지 않습니다. 따라서 어느 정도 융통성을 유지하는 것이 최선입니다. 나는 오랫동안 내 꿈이 교사라고 생각해왔습니다. 또한 인류학자가 되고 싶은 꿈도 오랫동안 간직하고 있었어요. 나는 이 두 가지 목표를 마음 속에 늘 간직하면서, 두 가지 목표를 위해 다소 융통성 있는 방식을 취해 왔습니다. 4년 동안 대학을 다니면서, 그 중 1년은 심화과정을 위해 영국에서 공부했습니다. 그리고 또 다른 4년을 석사과정과 박사과정을 공부했습니다. 이 모든 학습과정을 끝내고 나서 어느 단체에 들어갔습니다(부분적으로는 박사학위 논문을 위한 리서치를 수행하기 위해서였죠). 그 2년 반 동안을 근본적으로 생활방식이 다른 경험을 하면서 보냈어요. 그러는 동안 내 자신에 대해 많은 것을 알게 되었고, 교육자와 인류학자라는 두 가지 열정이 내 마음 속에 고스란히 남아 있다는 것을 깨달았어요. 자신이 내린 결정이 모두 완벽할 수는 없겠죠. 그러나 그때마다 긍정적인 태도를 가진다면 잘못된 길을 가고 있는 사람이라 해도 다시 본래의 자리로 돌아오게 될 것입니다.

20대들 중 몇몇은 딜란의 관점을 약간 다른 방향에서 받아들인다. 다시 말해서 자신이 내린 결정 중에 잘못된 것이 있다 하더라도 그 실수가 결국에는 도움이 될 수도 식으로 말이다. 잘못된 결정에서 얻는 교훈은 미래에 더 나은 판단을 보장해 줄 수도 있다. 게다가 빅토리아의 말처럼, 만일 20대가 어떤 결정이든 내리지 않는다면 어느 것이 옳은 것인지 알 수 있는 기회가 결코 없을 테니까 말이다.

∞∞ 10개월 전에, 혼자서 아파트를 얻기로 결정했어요. 그 전에도 혼자 살려고 시도를 안 해 본 것은 아니지만, 어쨌든 6년 동안을 쭉 룸메이트와 함께 지냈었죠. 이렇게 결정하게 된 이유는 내가 자신에 대해 온전히 모르고 있다고 생각했고, 혼자서 사는 것이 어떤 것인지 알고 싶기도 했기 때문이었어요. 나는 아파트에 텔레비전이나 컴퓨터 같은 것은 들여놓지 않기로 했어요. 사색을 방해할 만한 것은 그 어떤 것이든 말입니다. 처음에는 적응이 잘 안 되더군요. 너무 조용하니까 외로움이 심하게 느껴졌어요. 하지만 나는 자기성찰을 하기 시작했고, 나라는 사람에 대해, 그리고 인생에서 내가 추구하고 싶은 방향에 대해 생각했어요. 그 시간들은 나 자신에 대해 전혀 생각지도 못했던 질문에 대한 해답까지 얻을 수 있게 해 주었어요. 그것은 내 스스로가 택한 것이었고, 그 선택 때문에 나는 내 자신에 대해 훨씬 더 많이 인식할 수 있게 됐어요. 그 결정이 내가 처한 문제에 기름을 들이붓는 꼴이 되어 결국에는 더욱 잘못된 결과를 초래하게 된다면 어쩔거냐구요? 그때는 그 문제를 해결한 다음 계속 앞으로 나아갈 겁니다. 잘못된 결정을 내렸다고 걱정할 필요가 없다고 생각해요. 우리는 과감히 뛰어들어도 될 만한 옳은 길이 어느 길인지 항상 알 수는 없습니다. 하지만 어느 하나를 선택하지 않는다면 그 또한 결코 알 수 없을 것입니다.

최근의 졸업자들 중 상당수가, 어느 문제에 대해 계속 미련을 두고 생각하지 말고, 일단 결정을 내린 다음 그 결정대로 밀고 나가야 한다고 말하고 있다. 그리고 그들은 이 시기가 정체된 것이 아니라 유동적이고 불안한 시기이기 때문에 20대들은 위험을 각오해야 하며, 또한 자신의 선택이 어떤 결과로 나타나는지를 끝까지 지켜보고, 사후에 그것을 평가한 다음, 그 자체를 교훈으로 받아들여야 한다고 말한다. 여

241

기서 뉴욕 시에 거주하는 릭(25세)의 말을 들어보자.

∽∽ 자신이 내리는 결정이 옳은 결정인지 어떻게 알 수 있냐구요? 알 수 없어요. 우리는 자신을 둘로 나누어서 다른 길을 걸어갈 수 없다는 사실을 받아들여야 해요. 어느 하나를 선택했다는 의미는 다른 기회는 포기했다는 의미가 되는 거예요. 옳고 그름에 대한 문제보다는, 결정을 내릴 수 있다는 것, 위험을 각오한다는 것, 이런 것이 더 중요하다고 생각해요. 언젠가 한 친구가 나한테, 자신이 했던 일 보다 하지 않았던 일에 대해 더 후회할 거라고 말한 적이 있었어요. 나는 그 말이, 옳고 그름을 판단하기에 앞서서 사실 우리가 중요하게 생각해야 하는 것이 무엇인지를 잘 말해 주고 있다고 생각해요.

* * *

결정한 대로 밀어붙이기

릭의 제안은 인생의 중요한 문제를 선택해야 하는 이 시기에서 무수히 많은 선택 가능성들과 직면하고 있는 20대들 중, 낙천적인 사람들이 취하는 태도와 유사하다 하겠다. 20대의 '어린' 성인들은 힘든 인생의 기로에서 건전한 태도를 유지할 수 있는 방법으로 두 가지 믿음을 채택하고 있다. 첫번째로, 그들이 내린 모든 결정이 다 이루어지는 시기는 결코 없으리란 것이다. 왜냐하면 인생은 계속해서 결정을 내려야만 하는 수많은 선택들로 이루어져 있기 때문이다. 그리고 두번째는, 다소 덜 일반화된 관점으로서, 그들이 어떤 결정을 내리든지 간에 결국에 가서는 어떤 이유에선지 다 괜찮아진다는 것이다.

26세인 프랭크는 인생을 대하는 이런 말랑말랑한 태도가 그의 경우에는 효과가 있었다고 말한다. 대학 2학년 말에 그는 전교轉校를 결심하고, 비록 아는 사람은 한 명도 없지만 더 많은 기회가 기다리고 있을 것이라 생각하고 버클리 대학으로 학교를 옮겼다. 버클리에서 3학년 과정을 시작하면서 잠시동안 외로웠지만, 그는 곧 자유시간을 몽땅 투자해야 하는 일자리를 만나게 된다. 다음은 프랭크의 말이다.

∞∞ 내가 차를 판다거나 팔 수 있을 거라고는 꿈에도 상상하지 못했었죠. 그러던 내가 학교에서 수업을 꼬박 다 듣고도 새차나 중고차를 팔겠다고 주 40시간을 포드 대리점에서 죽치고 있었던 거예요. 졸업을 할 무렵 나는 두 가지 목표를 세웠었는데, 그 당시에는 그 목표가 내 기준치를 훨씬 넘어선 행복을 가져다 줄 것이라 생각했죠.

하나는 캘리포니아에서 최연소 매니저가 되는 것이었고, 다른 하나는 연봉 십만 달러를 받는 것이었어요. 3년 만에 그 두 목표를 모두 뛰어넘었지만, 전혀 예기치 않게 난생 처음으로 내 인생에 대해 집중할 수 없는 순간을 맞이하게 됐어요. 그래서 단 6개월 만에 집과 자동차 3대를 소유한 자수성가의 위치에서 자신의 삶을 찾으려는 불안정한 고집불통 20대로 돌변하게 되었어요. 그때까지 나는 한 주에 평균 60에서 70시간을 일했고, 주말, 공휴일, 그리고 저녁 시간은 더 바쁘게 보냈죠. 그런데 내 마음 이면에서 오랫동안 잠자고 있던 요원한 꿈이 갑작스럽게 내가 가장 열망하는 염원의 대상이 되어버린 거예요.

나는 9월 어느 날 직장으로 가서 사직할 것이라고 선언했어요. 그로부터 45일이 지난 후, 내 집의 에스크로(미국 법률 용어. 특정물을 제3자에게 기탁하고 일정한 조건이 충족된 경우에 상대방에게 교부할 것을 약속하는 조건부양도증서條件附讓渡證書를 말함 – 역자 주)를 처분하고, 가구며 물건들은 모두 꾸려서 보관소에 맡기고, 차들은 모두 팔아치웠어요. 그리고 지금까지 행복하게 세계일주 여행을 하고 있어요.

프랭크는 간단히 짐을 꾸려서 떠났다. 12개월 간의 여행을 위해 2만 달러를 예상했었다(여기에다 별도로 최고 1만 달러를 생각했다. 여행이 1년 이 상 진행될지도 모른다고 생각했기 때문이다. 그리고 그는 오스트레일리아에서 4 륜구동 지프를 구입했다). 그는 이렇게 말한다.

∞ 사표내기로 결정했을 때 한 치의 두려움도 없었다고 한다면 거짓 말이겠지요. 하지만 나는 그것이 올바른 결정이라는 확신을 가지고 있 었어요. 내가 한 결정이 정말 잘한 일인가 하는 것은 그로부터 몇 개월 이 지날 때까지는 분명치가 않았어요. 그런데 말이죠, 티끌하나 없는 청명한 하늘에 만월이 환하게 뜬 피지의 카다부 섬에서, 내 오두막 앞 에 펼쳐진 화씨 95도나 되는 열대 개펄의 수면을 가로질러 와서, 해안 으로부터 수백 마일이나 이어진 아스트롤라베 암초에 부딪혀 산산이 부서지는 파도를 보고 있노라니까, 일에 대한 생각은 기억 저편으로 아련히 사라지는 것 같았어요.

당시 나는 다른 데로 특별히 여행을 떠날 계획이 없었던 상태라, 그 낙원이야말로 나를 맑게 정화시켜주는 장소라고 생각했어요. 바로 그 때 내가 올바른 결정을 내렸다는 것을 백 퍼센트 확신하게 되었죠. 더 일찍 떠났어야 했냐구요? 아니요. 그 보단 좀 빨리 떠난 게 아니었 나 하는 생각이 들기도 해요. 사실, 이맘때쯤이면 내가 감행한 '영원한 탈출'을 정당화시킬 수 있을 만큼 정말로 직장과 그 업계가 넌더리나 도록 싫었었는지 의문이 들 수도 있겠죠. 하지만 분명한 것은 자동차

244

세일즈업계에서는 다시 일하고 싶지 않다는 거예요. 그리고 한 가지
더 말하자면, 나는 지금 대학원 진학을 생각하고 있고, 그 꿈을 이룰
수 있을 만큼 그 어디에도 얽매여 있지 않아요. 전에는 너무 바빠서 파
트타임으로 다니는 것도 엄두를 낼 수 없었죠. 넌더리나게 싫은 직장
을 관두는 것은 결코 잘못된 결정이라 할 수 없어요. 그 지긋지긋한 직
장을 세계여행(예상보다 길어졌던)과 맞바꾼 결정은 의심할 여지없이
올바른 선택이었어요.

프랭크는 결정할 당시에는 자신의 결정이 옳은 것인지를 깨닫지 못
했다. 그러나 그는 결정을 내렸고, 결정한 대로 밀어붙였던 것이다. 그
리고 그 과정에서 자신을 위한 새로운 기회를 만들어냈다. "내가 올바
른 결정을 내리고 있는지 어떻게 알 수 있는가?"라는 물음에는 해답이
없다. 그러나 많은 20대들의 이야기가 암시하는 한 가지 삶의 방식을
제안하자면 바로 이것이다.

∞∞ 올바른 결정인지 아닌지 우리는 알 수 없다. 그러나 어쨌든 결정
했으니 밀고 나가야 하지 않겠는가.

245

20대로서 가장 힘든 부분은

생각해야 할 것이 너무나 많다는 것과 어디서 시작해야 할지,

그리고 그 모든 것을 어떻게 조화롭게 해결해나가야 할지 잘 모른다는 거예요.

6

일, 친구, 가족, 그리고 로맨스 사이에서 어떻게 적절한 균형을 잡을 것인가?

* * *

20 대들이 당면한 과제 중 가장 중요한 것은 일과 친구와 가족, 그리고 연애 생활 사이에 어떻게 적절한 균형상태를 유지하는지를 터득하는 일이다. 모든 사람들에게 다 들어맞는 이상적인 방법은 없다. 그 보다, 한 사람이 이러한 측면들의 중요도를 가늠하기 위해 선택하는 방법은 그를 그 자신으로 만드는 요소들 중 한 부분이다. 올바른 균형점을 찾는 일은 이 시기가 끊임없이 변화하는 과정에 있는 시기이기 때문에 특히나 어렵다.

어쩌면 20대 초기에는, 직업문제에 집중하는 것이 개인적으로 가장 우선적인 일일 수 있었지만, 그 이후부터는, 가정을 갖는 일이 가장 시급한 문제가 될 수 있다. 또는 어쩌면, 막 졸업을 한 시점에는 그의 사회적 네트워크를 효율화시키기 위해 새로운 사람들과의 친분관계를 개척해가면서도, 대학친구간의 관계가 사라지지 않도록 그들과의 관계를 유지시켜나가는데 집중할지도 모른다. 그러나 몇 달이 지나고 나면, 그는 여자친구와 사귀게 되고, 그러면 그 많은 친구들은 노변으로 밀려나는 신세가 될지도 모른다. 이러한 선택의 조건들은 개인적으로 천차만별이기 때문에, 그 아무도 어떠한 시기에 인생의 어떠한 측면을 최우선적으로 생각해야 하는가를 20대에게 말할 수 없다.

이 문제로 고군 분투하는 20대의 상태를 이해할 수 있는 가장 좋은 방법은 이 20대를 미식축구팀의 신참내기 쿼터백으로 상정해 보는 방법이다. 이 친구가 지금 막 프로로 데뷔했다고 가정하자. 팀의 베테랑 선수들은 지난 시즌 게임에서 한차례씩 부상을 당한 경험이 있다. 자, 스냅(플레이 개시 때 땅 위의 공을 한 동작으로 뒤쪽 선수에게 건네거나 패스하는 것 – 역자 주)을 많이 해보지 않았고 게다가 팀의 공수 포메이션을 수록한 플레이북을 아직 탐독하지도 않은 우리의 신참내기 선수가 출전선수로 선발됐다. 시즌 첫날에다, 빅 게임이다. 신참내기는 필드에 섰다.

코치들과 그의 헤드셋에다 대고 버럭버럭 고함을 질러대는 고참 QB(쿼터백 : 공격의 책임자로 볼이 쿼터백의 손에 들어가는 순간 공격이 시작된다. 쿼터백의 비중이 70% 이상을 좌우한다)들의 지령들을 머릿속에서 계산하고 있는 신참내기 쿼터백의 딜레마는, 보기에 따라서는 20대들의 균형잡기 고민과 닮았다. 왜냐하면 경험이 없는 처지임에도 불구하고, 그는 지금 현 시점에서 무엇을 이용하는 것이 최선의 행동인지를 결정해야하기 때문이다. 그에게는 스타급 러닝백(running back : 쿼터백 뒤에서 있다가 볼을 받아 뛰는 선수)에, 유능한 타이트앤드(tight end : 때에 따라 오펜시브라인 맨 – 패싱 공격시 쿼터백을 보호하고 러닝 공격시 러닝백의 진로를 트는 역할을 담당한다 – 역할을 하거나 패스를 받는 리시버 역할을 한다), 그리고 화려한 기량을 가진 두어 명의 와이드 리시버(wide receiver : 공격의 양날개로 빠른 스피드를 앞세워 적지에 뛰어들어가 패스를 받는다)를 보유하고 있다. 다시 말해서 그는 이 첫 플레이에 누구를 이용해야 할 것인지를 선택해야 하는 것이다.

최선의 결정을 위해 어떻게 해야 하느냐. 우선 그는 자신의 필드 포지션을 분석해야 한다. 그리고 수비측 팀의 수를 읽어야 한다. 또한 팀 동료들의 고함소리에 귀를 기울인다. 하지만 그의 결정이 오직 이러한 테크닉적인 측면에만 의존할 것이라는 주장은 사태를 지나치게 축소

화시키는 관점일 것이다. 이와 동시에 그는 필드 상태, 팀 동료의 컨디션(만약 라이트 가드가 발가락 부상이 있다면 쿼터백은 그쪽으로 향해서는 안 될 것이다), 그리고 그의 상대편 선수들의 컨디션 등을 다 계산에 넣어야 한다. 그리고 잠깐 계산해야 할 것이 몇 가지 더 있다.

그는 팀 동료와 맺고 있는 인간관계를 고려해야 한다(만약 그가 이미 특정 리시버와 잘 통하는 사이라면, 이 쿼터백은 그 리시버 쪽으로 공격을 시도하면서 진로를 잡게 될 가능성이 더 크다). 그리고 그는 인간관계를 쇠를 달구듯 잘 연마해야 한다(만약 그가 다른 리시버와 소원한 관계에 있다면, 나중에 그 리시버로부터 조력을 얻는데 어려움을 겪게 될 수 있다). 어떤 경우에(컴플리션 퍼센티지, 러싱 야드 등으로) 그는 보너스를 받게 될지도 모른다. 또 그는 관중석에서 고함을 질러가며 그에게 이렇게 하라 저렇게 하라고 알려주는 팬들을 생각할 것이다. 그리고 그는 이 플레이가 어떻게 흘러갈 것인가도 고려해야 할 것이다(다음 번 경기에 그가 배치되는 데에 이 경기가 어떤 영향을 미치는가?).

이렇게 이 쿼터백은 자신이 보유한 모든 자산에 우선순위를 매긴 다음 자신의 결정을 내리고, 경기를 진행할 것이다. 물론 쿼터백과 보통의 20대 사이에는 다른 점이 존재하는데, 쿼터백은 대개 그의 결정을 내리고 결정대로 밀고 나가는 데 걸리는 시간이 1분 미만이란 것이다. 물론 오더블(스크리미지〈난투〉 라인 상에서의 벌이는 공격의 대체 플레이)에 대한 전략과 보너스로 나올 멋진 새차에 대한 생각도 포함해서 말이다. 지금까지 살펴본 바와 같이, 신참내기 쿼터백과 20대 사회초년생은 모두 누구를 혹은 무엇을 우선시해야 하는지를 파악하기 전에 비교해야 할 변수들을 많이 가지고 있고, 또한 그 많은 것을 다 취할 수 없다는 공통점을 가지고 있다.

그렇다손 치더라도, 신참내기 쿼터백은 그가 스크리미지 라인 상에 접근할 때마다 청년 위기에 상당하는 끔찍한 순간을 겪게 되지는 않을 것이다. 미식축구는 그의 직업이지만, 그것은 또한 단지 게임일 뿐이기 때문이다. NFL(National Foobal League : 전미 풋볼 연맹 – 역자 주)의 빵빵한 후원을 받지 못하는 20대들에게는, 이 전투가 손에 미치기에 훨씬 더 힘든 여러 가지 문제를 파생시키고 있다. 최근의 졸업생들은 지금 천칭의 균형을 한쪽으로 기울게 하면 후에 오게 될 수년간의 삶에 영향을 미치게 될 것처럼 느낀다. 이런 생각은 20대의 균형감이 좋은 상태가 아닐 때, 그리고 올바른 균형점을 알아내는데 힘든 시기를 보내고 있을 때, 또는 그들이 실제적인 균형잡기를 위해 노력중일 때, 심각한 청년 위기를 초래하는 결정적인 요인이 될 수도 있다. 여기에 대해 펜실바니아 대학에서 2000년도에 석사학위를 받은 조는 다음과 같이 말한다.

∞∞ 20대로서 가장 힘든 부분은 생각해야 할 것이 너무나 많다는 것과 어디서 시작해야 할지 그리고 그 모든 것을 어떻게 조화롭게 해결해나가야 할지 잘 모른다는 거예요.

* * *

어쨌든 문제는 발생한다

청년 위기를 야기하는 또 다른 한 가지는, 많은 20대들이 예상하는 것보다 더욱 자주 발생하는 것으로써, 20대들이 가장 사소하게 생각했던 문제들이 인생의 우선 순위를 바꾸어 버리는 경우이다. 웨스턴 워싱턴대학(벨링햄 소재)을 졸업한 질의 경우, 대학졸업 후 처음 2년 동안의 삶은 인생의 여러 국면들에 균형을 유지하고자 벌이는 고투로 인해 완전히 차압당한 것이나 다름없었다고 한다. 다음은 질의 이야기이다.

∞∞ 아버지는 항상 저더러 단기 계획과 좀더 장기적인 10개년 계획을 세우고 있어야 한다고 말씀하셨죠. 나는 졸업하면서 내게 맞는 평생 직업 외에는 아무것도 원하지 않았어요. 그것은 외국에서 초등학교 아이들에게 미술을 가르치는 것과 어떤 식으로든 무용과 관계되는 일을 하는 것이었어요. 나는 그 목표를 이루어야 한다고 생각했고, 그것은 내 인생을 위한 큰 설계라고 생각했죠.

그러나 질이 예상하지 않았던 것은 그녀의 궁극적인 직업 목표가 순식간에 달성될 수 있다는 사실이었다. 졸업 후 그녀는 아이슬랜드의 케플라빅Keflavik으로 떠나 나토 군기지에 있는 초등학교에서 아이들에게 미술을 가르쳤고 아이슬란드 청소년에게 발레를 가르쳤다.

∞∞ 보세요. 저는 10개년 계획을 단 두 달 만에 이루었던 거예요. 자, 다 이루었으니 이젠 무얼 해야 하죠?

질이 그녀의 직장생활에서 직면하게 된 상황은 처음엔 약간 충격적이었다. 조직의 최말단의 자리에서 멸사봉공의 자세로 있었던 젊은 교사인 그녀는 초기에는 그 직장 내 이해관계와 부당한 관행 때문에 몹시 당황했었다. 그녀가 몹시 흥미로울 것이라고 생각했었던 그 일이 실상은 보상은 없고 단조롭고 고달픈 생활이라는 결과로 나타나게 된 것이다.

∞ 나는 내 인생의 '캔버스'가 될 수업과, 내가 가르치게 될 학생들에 대한 기대로 잔뜩 흥분해 있었죠. 그런데 말이죠. 내가 신경을 써야 했던 것은 바로 학생들의 품행을 단속하는 일이었어요. 수지가 자기 크레용을 레이몬드와 함께 나누어 쓰고 있는지, 조이가 수업시간에 몰래 빠져 나가서 분수대에서 놀지나 않는지... 등등 말이에요.

설상가상으로 질은 그녀의 선배 동료들과 돈독한 교류관계를 쌓아갈 수 없었다. 서른 살 미만의 교사들은 거의 없었고, 또한 그들은 대부분, 질의 표현을 빌면, '전형적인 아줌마에 심술궂은 고양이과(科)'에 속하는 부류였던 것이다.

이와 동시에, 그녀는 점차 아이슬랜드에서의 삶에 대해 품었던 환상에서 깨어나기 시작했는데, 실제 생활은 자신이 상상했던 것과 거리가 멀었던 것이다. 직장 동료와 공통점이 거의 없다는 느낌이 굳어지고 일에도 흥미를 느끼지 못하게 된 질은, 결국 5년이란 세월을 아이슬랜드에서 일궈갈 수 없으리라고 생각하게 된다. 그녀는 좀더 열정을 가질 수 있는 장소와 직업을 구하고 싶었지만, 그것이 무엇인지는 알 수 없었다. 그러나 놀랍게도 그녀가 자신의 일을 그 어느 것보다도 우위에 두고 있었을 때, 전혀 예기치 않은 일이 발생한 것이었다. 질이 해군 장교인 롭을 만나게 되면서 모든 상황은 변하게 된다. 여름이 찾아온 아이슬랜드 주둔지의 분위기를 상상해 보라. 짧기에 더 고귀한 일광, 그리고 그 작은 공동체 속에서 뜻밖에 발견된 강한 이끌림. 질과 롭은 그들이 예상했던 것보다 더 빨리 가까워졌다. 이렇게 된 이유는 그들이 모두 타국에 살고 있다는 점도 있었지만, 그들의 관계가 그들의 삶 속에 내재된 다른 측면들을 좀더 쉽게 감내할 수 있게 만들어 주었기 때문이기도 했다.

253

롭은 12월이 되자 새로운 기지인 사우스다코타로 재배치되었다. 케플라빅에 남은 질은 삶의 균형을 직장생활 쪽으로 기울이려고 노력했다. 그녀는 그 섬에서 교제의 폭을 넓혔고 학교에서 하는 큰 프로젝트에 전념했다. 그 해 말, 서로 멀리 떨어져 보낸 지 6개월이 지난 후, 그녀는 자신이 유지해왔던 삶의 균형을 다시 평가하는 시간을 갖게 되었다. 만약 그녀의 연인이 사우스다코타로 옮기지 않았더라면 결정을 내리기가 훨씬 쉬웠을 것이다.

질은 이렇게 말한다.

∞ 사우스다코타는 뉴욕이나 시애틀 같은 유명 도시처럼 쉽게 콕 찍어서 옮겨갈 수 있는 그런 곳이 아니에요. 전혀 아니죠. 사우스다코타는 단지 농장이나 빵 장사들만 있을 거라 상상되는 그런 곳이에요.

그 사이 그녀는 산타페에 있는 직장에 면접을 보았는데, 그 곳은 애인이 있는 곳과 같은 시간대에 있는 곳이었고(물론 육지라는 것은 말할 것도 없고), 게다가 좀더 흥미로운 곳처럼 보였다. 그러나 그녀는 산타페 쪽으로는 자신의 마음이 전혀 움직이지 않는다는 사실을 깨달았다. 여러 주 동안 질은 감정적인 대란 속에 있었다. 그녀의 부모님이 6월에 아이슬란드로 그녀를 방문했을 때, 아버지가 그녀에게 이렇게 질문했다고 한다. "자, 너의 새로운 계획은 뭐냐?"라고.

∞ 그런데 갑자기, 내게 아무 계획도 없다는 생각이 드는 거예요. 내 마음 속에서는 온통 롭과 함께 있고 싶다는 소리만 들릴 뿐이었어요. 그래서 아버지께 이 사실을 말씀드렸죠. 그런데 아버지께서는 담담하게 받아들이시더군요. 사실은 내가 결혼을 생각중이라는 소리에 반가

254

위하셨죠. 그래서 아버지는 내가 도움이 필요하면 정서적인 측면이든 금전적인 측면이든 도움을 주겠다고 하셨어요. 아버지의 후원을 받은 나는 엄청난 모험에 과감히 뛰어들 수 있었어요.

질은 사우스다코타에서 공립학교의 미술교사 자리를 얻었고 개인 무용 스튜디오에서 무용을 가르치게 되었다. 그렇지만 한두 달이 지난 후 그녀는 방향을 다시 바꾸었는데, 이번에는 좀더 확신을 가지고 한 행동이었다. 왜냐하면 한 사람의 성인으로서 난생 처음으로 삶이 자신의 기대를 충족시키고 있다고 느꼈기 때문이었다. 아이슬랜드를 떠난 지 6개월이 지난 뒤, 질은 학교 수업이 끝난 후 고급 무용 지도를 받기 시작했다. 그리고 그녀는 공연도 시작했다.

현재 질은 사생활 면에서나 사회활동 면에서나 생기에 찬 나날을 보내고 있다. 왜냐하면 그녀는 하루하루를 무용 수업을 고대하는 마음으로 시작하고, 그리고 집으로 돌아오면 남자친구가 기다리고 있기 때문이다. 무용 교실을 다니면서 질은 다른 20대들도 많이 만나게 되었다. 이 글을 쓰고 있는 시점에는(독자들이 이 글을 읽는 시점에는 어떻게 되어 있을지 잘 모르겠지만), 질의 삶의 균형은 의심할 여지가 없이 사생활과 연애관계 쪽으로 기울어져 있다. 질이 자신의 삶의 균형을 잡는 방식에 대해 문제를 제기하는 사람도 있을 것이다.

그녀가 '다시 어디로 배치될지 모르는 한 남자'와 함께 지내기 위해 자신의 꿈을 포기한 것은 어리석은 일이었다고 말이다. 하지만 그녀가 가진 생각은 좀 다르다.

∞∞ 대학 졸업 후 처음 2개월 동안에 일어났던 일들이 내 꿈의 전부예요. 그 나머지는 꿈이 아니고, 바로 저 삶이죠. 만약 내가 내 직업을

좋아하지 않는다고 해서, 그보다 다른 것에서 깨가 쏟아지는 행복을 느낀다고 해서 뭐 크게 문제가 될 게 있나요? 모험에 모험을 거듭한다는 것은 쉬운 일이 아니죠. 그리고 학교 다닐 때처럼 분명한 계획을 세울 수가 없어요. 나는 롭과 함께 삶의 한 페이지를 넘긴 듯한 기분이에요. 하지만 그가 없다면, 오늘날 내가 이 자리에 있지 않았을 거예요. 행복을 위해 가장 중요한 것은 그것이 아무리 터무니없는 소리로 들릴지라도 자신의 마음이 하자는 대로 따라가는 것이라고 생각해요. 그리고 모든 것이 이루어질 것이라고 믿는 것이죠.

* * *

사람은 일만으로는 살 수 없다

카메라를 뒤로 쭉 빼서 큰 그림으로 보자면, 질의 스토리는 분명 행복해 보인다. 가끔씩 너무 행복해서 비명을 지르고 싶을 수도 있다. 하지만 그녀의 인생 어디에다 초점을 맞추는 것이 행복을 가져다주는 것인지를 알아내기까지 그녀는 오랜 시간이 걸렸다. 그리고 그녀는 아직 자신의 직업경력을 어떻게 향상시킬 것인지, 적어도 연애관계에서 얻는 만족감의 절반이라도 직업에서 느낄 수 있을지에 대해 여전히 확신이 없는 상태다. 그러나 그녀는 사적인 인간관계를 직업적 경력보다 우위에 둠으로써 보다 큰 개인적인 만족감을 얻고 있는 수많은 20대들의 모습을 보여주고 있다.

노스캐롤라이나 주립대학(롤리 소재)에서 2002년도에 박사학위를 받게 되는 딜란은(29세) 20대들이 직업적 경력을 지나치게 강조하지 않으려는 이유에 대해 그럴듯하게 해석해주고 있다.

∞∞ 내가 가장 두려워하는 것은, 만약 직장경력을 너무 우선시하게 되면 나중에 당신이 석양을 감상하고 싶을 때 돈이 당신의 친구가 되어 주지 않을 거란 겁니다. 돈은 삶의 허탈함에 함께 웃어줄 수도 없고 삶이 힘들 때 술 한 잔 하자고 권하지도 않지요. 만약 당신이 좋은 인간관계를 유지한다면 당신의 직업적 경력도 저절로 활짝 꽃을 피울 거예요. 만약 인간관계를 원활하게 유지하지 못하면, 당신의 업무에도 활력이 없어지고 정상적인 궤도를 벗어나게 될 수도 있습니다. 일보다 사람을 더 앞세우는 것에 두려워하지 마세요. 경력이나 출세는 궁극적으로 당신이 친구나 가족과 함께 질 좋은 삶을 살아갈 수 있게 도와주는 것이라는 사실을 명심하세요. 만약 당신이 친구들이나 가족을 위해 함께 있어줄 수 없다면, 직장생활은 단지 에너지와 시간의 낭비일 뿐입니다.

위와 같은 견해는 20대 사이에서는 보편적인 것이다. 워싱턴 주 레드몬드 출신인 폴라(25세)의 경우를 예로 들어보자. 폴라는 여행을 많이 해야 하는 직업을 가지고 있는데, 특히 1년 중 어느 시기에는 기나긴 장거리를 여행해야 한다. 처음에는 이러한 고된 직장생활이 자칭 '일중독자'에게는 문제될 것이 없었다. 그러다가 그녀는 중요한 결단을 내려야 한다고 깨닫게 된다.

∞∞ 살아오는 동안 나는 무슨 일을 하든지 열심히 일했어요. 어느 위치에까지 도달하고 돈을 많이 벌려면 남들보다 더 열심히 일해야 한다고 믿었어요. 처음에는 오랜 시간을 일하는 것에 대해 아무 문제가 없

었어요. 그러나 주위 친구들이 함께 어울려 다니는 것을 보게 되면서 내 인생에 있어서나 친구관계에 있어서 많은 부분을 놓치고 있다는 생각이 들기 시작했어요. 물론 일은 내게 아주 중요해요. 하지만 이 젊고 자유로운 독신 생활이 영원히 지속되지 않을 거예요. 인생을 가장 재미있게 보낼 수 있는 시기는 바로 지금이라는 거죠. 일이야 언제나 해야 하는 거 아니겠어요? 일을 좀 적게 한다고 해서 뭔가 중요한 것을 놓치게 되지는 않는다고 생각해요. 게다가, 직장은 앞으로 살아가면서 언제든지 바뀔 수 있겠지만, 친구는 결코 변하지 않을 테니까요.

친구나 가족을 위해 출세의 꿈을 포기한다는 것은 항상 쉬운 일만은 아니다. 워싱턴 D.C에 사는 마리오(27세)는 바로 이러한 고민 한가운데에 놓여 있다. 그의 삶은 즐겁고, 직장도 만족스럽다. 그러나 문제는 가족과 친구들 대다수가 멀리 매사추세츠에서 살고 있다는 것이다. 그에 따르면, 삶의 균형을 어떻게 잡느냐 하는 문제는 대학교 4학년 시절부터 그를 귀찮게 따라다녔다고 한다. 맨 처음 그는 '밝은 대낮은 결코 볼 수 없는' 투자금융업계에 '자신의 영혼을 팔아야 할지 말아야 할지'에 고심했었다. 그리고는 그 대신으로 패션 컨설팅 분야에 직장을 잡게 되었다.

∞ 현재 나는 내 직업에 만족하고 내 인생에도 충분히 만족하고 있어요. 하지만 내가 투자금융 쪽으로 직업의 진로를 정하지 않았기 때문에 미래의 기회들을 포기하고 있으며 내 가족들, 특히 두 명의 조카들에게 제 역할을 다 하지 못하고 있다는 느낌이 들어요. 그래서 지금 가족들과 가까이 있기 위해 매사추세츠에 다시 돌아갈 계획을 세우고 있어요. 지금 내가 느끼는 것은 바로 지금 몸담고 있는 직업이 내가

다음에 가질 직업을 결정해 주는 것 같다는 겁니다. 나는 전국 어디서 건 내가 원하는 회사에서 일할 수 있도록 내 능력을 갈고 닦을 겁니다. 이런 말도 있잖아요. 가족과 친구 가까이에 회사를 두면 승진도 빠르다는.

직장은 사교생활을 억압하는 요인이 되기도 하지만 동시에 강화시키는 요인이 되기도 한다. 모든 일이 사적인 인간관계를 형성할 수 있는 시간과 에너지를 빼앗아 가는 것은 아니다. 친구들과 나란히 함께 일을 하거나, 가업을 이어가거나, 직장 동료와 데이트하고 있는 사람들에게 물어보라. 분명, 몇몇 20대들에게서 직장을 통해 발전시켜 온 관계에 대한 경험담을 듣게 될 것이다. 그리고 그 중에는 직장생활이 평생동안 애인을 교체할 수 있는 원천이라고도 말하는 '뻔뻔족'도 있을 것이다.

24세인 데본이 몸담고 있는 교사직은 평소 길들이지 않은 아이 같은 그녀의 성격과는 너무나 거리가 먼 직종이다. 이 때문에 직장생활을 하는데 고충이 많았다고 얘기한다.

∞ 진짜 심각한 문제였어요. 나는 어디를 가든지 '모범적인 처신'을 해야 하는 신분이에요. 학생이나 학부형들과 언제 어디서 마주치게 될지 모르잖아요? 슈퍼마켓에서 콘돔 사는 것 같은 사소한 데까지도 조심해야 했어요. 왜냐하면 계산대 직원이 학생일 수도 있으니까요. 식당에서 대화할 때도 만일에 대비해서 조심해야 하죠. 이런 것들 때문에 일종의 편집증세에 시달리게 되었어요.

얼마 후 데본은 직업 때문에 자신의 사생활을 너무 희생시키고 있다

는 것을 깨닫게 된다. 학교로 가는 통근길은 산들바람과 같았지만, 일
단 학교 사회에 들어선 다음부터는 항상 자신의 개성을 억눌러야만 했
다. 그녀의 생활반경이 직장과 가정을 동시에 포위하고 있었기 때문에
자신을 억눌러야 하는 일은 자주 발생했다. 그래서 이 문제를 해결하
는 첫 단계로 통근거리가 너무 멀지는 않되, 속옷가게를 쇼핑할 때 학
생들과 마주칠 걱정을 하지 않아도 될 만큼은 멀리 떨어져 있는 동네
로 이사를 가야만 한다는 결정을 내리게 되었다.

　새 동네로 이사를 간 그녀는 동네 헬스 센터에서 친구들을 몇 명 사
귀었다. 그리고 그녀의 아파트에서 몇 블럭 떨어진 곳에 눈에 잘 안 띄
는 동네 술집을 발견했다. 거기서 그녀는 바텐더가 그녀의 이름을 따
서 만들어주는 칵테일을 마시는 등 그야말로 평범한 소시민의 생활을
즐길 수 있게 되었다. 데본이 실행한 두번째 노력은 직장을 사교생활
의 장으로 만드는 것이었다.

　　∞ 처음에는 힘들었어요. 졸업을 하고 나면, 함께 데이트를 하거나
　　모임에 함께 갈 수 있는 동년배들을 주위에서 볼 수 없어요. 직장에서
　　찾아보려고 하고 있지만, 실상은 내 동료들이 대부분 적어도 나보다 5
　　살은 위고 대부분 결혼을 한 사람들이거든요. 하지만 지금 나는 남의
　　사생활을 꼬치꼬치 캐기 좋아하는 참새족들이나 심지어는 곰상스런
　　아저씨들과도 술 한 잔씩하며 어울리고 있어요. 나는 즐거운 모임 같
　　은 것도 만들려고 하고 있어요. 때로는 일이 생각대로 잘 돌아갈 때도
　　있어요. 매년 나같은 젊은 사람을 몇 명 더 채용할 거라는 것을 알고
　　있으니까 그냥 계속 노력해 봐야겠죠.

알칸소 주의 리틀 록 출신인 24세의 아만다도 역시 그녀의 일과 사

생활을 따로 떼어놓지 않고 한데 어울리게 함으로써 자신의 사교생활을 개선시키려고 노력해왔다.

∞∞ 맨 처음 몇 개월 동안은 직장에서 아무것도 하지 않고 그냥 집으로 돌아오곤 했어요. 아는 사람이 아무도 없었고 혼자 있는 시간을 뭐 하며 보내야 할지도 몰랐어요. 대학생활과는 너무나 딴판이었죠. 학교에 다닐 때는 함께 공부도 하고 동호회 회원들과도 만나고 운동센터에 함께 가기도 하면서 그룹 활동을 많이 했었거든요. 독신자 이벤트 같은 데서 사람들을 만나려고도 해봤는데 다 실패였어요. 그러다가 서서히 직장 동료 몇 명과 친하게 지내기 시작했어요. 지금은 훨씬 나아요. 비록 한번도 달콤 쌉싸름한 행복한 시간으로 연결되지는 않았지만요.

직장은 또한 새내기들의 삶의 다른 부분들에까지 영향을 미쳐서 근무 이외의 모든 것은 노변으로 밀려나게 만든다.

∞∞ 아침 7시에서 저녁 8시까지 일하고 있기 때문에 내겐 다른 것을 할 시간이 없어요. 이런 상황에서 내 생활을 어떻게 가질 수 있겠어요?

이것은 브라운대학(로드아일랜드 프라비던스 소재)을 1997년 졸업한 애쉬리의 반문이다.

∞∞ 하지만 내 근무시간은 주식 브로커 같은 직업을 가진 사람들과 비교하면 아무것도 아니죠. 나는 일 이외에 다른 것들을 해보려고 노력하고 있어요. 점심시간 동안 운동 같은 것을 함으로써 일이 내 생활

을 너무 지배하고 있다고 느끼지 않으려고요.

때로는 이런 방법이 소모적인 것처럼 보일 수 있겠지만, 이것은 사람들이 자신의 삶이 균형을 이루고 있다고 느끼게 만들기도 한다. 마치 고교시절에 있었던 그 불가사의한 사건처럼 말이다. 고등학교 때 학교 대표 3종 경기선수로, 밴드부의 오보에 연주자로, 그리고 학생회 간부로도 출마했던 한 학생이 있었는데, 그 학생은 빈민들에게 식사를 공급해주는 복지식당(이 식당도 그가 매주 아침식사를 제공하고 바둑도 함께 두어 주기 위해 정규적으로 방문했던 양로원에 사는 한 할머니의 이름을 따서 그가 세운 식당이었다)에서 주 7일간 자원봉사로 일하기도 했다. 게다가 그는 부럽게도 최우수 성적을 받는 우등생이기도 했다. 어쩌면 이것은 불가사의한 일로 치부할 것이 아니라 기술적인 문제와 관련지어 볼 수도 있겠다. 말하자면, 그 많은 활동들을 요술을 부리듯 뚝딱 해치우던 학생이 사실은 최고의 시간경영 기술을 개발했던 사람들이라는 것이다.

이와 똑같은 일이 사회생활에서도 일어날 수 있다. 최근 졸업한 사회초년생들 중에는 앞으로의 삶을 더욱 균형 있게 영위하게 될 것이라고 낙관하는 사람들이 있다. 직장이 그렇게 하도록 만들 테니까 말이다. 텍사스 A&M대학을 1999년도에 졸업한 제키는, 직장과 친구 그리고 가족들 사이에서 올바로 균형을 잡는 것이 자신의 인생에서 가장 중요한 일로 여기고 있으며, 또한 자신이 균형을 잘 유지하고 있다고 확신하고 있다.

∞∞ 사회를 낱낱이 꿰뚫는 전문가 수준은 안 되더라도, 현실세계가 어떤 것인가를 충분히 알 수 있을 만큼 지옥 같은 경험을 1년 동안 겪었어요. 20대 독신으로서 나는 어디에도 묶여 있지 않은 자유로운 처

지에 있어요. 나는 다른 사람에게 부정적인 영향을 주지 않고도 얼마든지 혼자만의 세계를 탐닉할 수 있어요. 그리고 하루 온 종일을 일에 매달려 있는 경우가 많기 때문에, 사교생활을 최우선으로 생각하고 있어요. 평생의 반려자를 찾을 고민을 하기에는 너무 이르기 때문에 자유롭게 데이트도 하고 친구들과 즐기기도 하고, 많은 사람들과도 만나고 있어요. 게다가 고등학교나 대학시절에 나를 성가시게 했던, 파티에서 일어나는 여러 가지 부적절한 것들을 걱정하지 않고도 주위의 동료들과 분위기를 즐길 수 있는 경제적 여건이나 자신감을 갖추었고, 교육도 받을 만큼 받았고, 나이도 먹을 만큼 먹었으니까요.

하지만 사정은 바뀌게 마련이다. 지난 몇 년 사이, 제키의 모친은 세상을 떠났고, 그것으로 인해 그녀에게 가족은 인생의 가장 중요한 의미가 되었다. 주중의 일과가 일이나 친구들과의 만남으로 꽉 차 있었기 때문에, 그녀는 주말을 가족과 함께 '내 자신을 찾는 시간'으로 보내고 있다. 그리고 로맨스는? 제키는 그것이 자신의 인생에서 빠진 한 가지 요소라고 하지만, 뭐 그래도 상관없다고 한다.

사람들에게 보편적으로 인식되고 있는 믿음과는 반대로, 사랑은 최근 대학을 졸업한 사람들에게 반드시 '핫 이슈'가 될 필요가 없다는 것이다. 그것이 대학시절 그 화려했던 연애 전력前歷에 식상한 탓인지 아니면 사회생활에 완전히 빠져서인지, 혹은 어떤 중요한 사건으로 인생의 우선 사항에 변화가 일어났기 때문이든지 간에, 모든 20대들이 바로 옆에서 숨쉬는 사람만 보면 영원한 인생의 동반자로 어찌해 보려고 필사적으로 덤비는 '딱한 인간'은 아니라는 것이다.

달라스 출신 일레인(24세)의 경우는, 올바른 균형을 잡는다는 것이 '사실상 불가능'한 일이었다.

∽∽∽ 가족은 내가 게을리 할 수 있는 유일한 곳이에요. 나는 친구관계를 그 무엇보다 우선으로 생각하고 있어요. 친구들과의 관계는 가족이나 연인간의 관계와 달리, 인간 대 인간의 관계거든요.

연예문제에 있어서는, 일레인은 제키의 의견에 동의하고 있다.

∽∽∽ 연예문제라~ 어이구! 나는 사랑이 내 인생의 다른 모든 중요한 문제들을 보충해 준다고 생각해 본 적이 없어요. 특히, 한 사람의 여성으로서, 나의 사회생활이나 친구관계를 엄청나게 희생하지 않고서 누군가와 관계를 유지해나가기란 아주 힘든 일이죠. 가끔씩 내가 하고자 하는 일이 나를 희생하는 것인지 아니면 양보하는 것인지 전혀 인식하고 있지 못할 때도 있어요.

그리고 여자문제가 있다. 최근 20대의 남성과 여성 간에 두드러지게 차이를 보이는 주제들은 그리 많지 않지만, 이것은 특히 남녀 간에 견해차이가 크게 나타나는 주제이다. 필자가 이 장의 제목대로 20대 여성들에게 질문을 던졌을 때 그들의 대답은 아래에서 소개될 캘리포니아 산타마리아에 사는 나타샤의 답변과 유사했다. "일, 친구, 가족, 그리고 로맨스 사이에서 어떻게 적절한 균형을 잡을 것인가?"에 대한 질문에 나타샤는 단 한 마디로 대답했다.

∽∽∽ 아주 세심하게요. 그렇지 않으면, 여자인 경우에는 엄청난 눈물을 동반한 가슴앓이를 겪을 수가 있거든요.

남부 캘리포니아 대학(로스앤젤레스 소재)을 2000년도에 졸업한 에밀

264

리는 우리가 인터뷰를 한 20대 중에서 이 문제에 대해 가장 분명하게 답변해 준 사람이었다. 다음은 에밀리의 말이다.

나는 청소년기에 든 소년을 갑자기 떠맡게 된 한 증권가의 커리어 우먼을 그린 대본을 쓰고 있었어요. 갈등 구조는 그녀가 사랑하고 아주 열심히 일하는 직장과 그녀를 필요로 하는 사람인 동시에 그녀도 필요로 하는 사람 사이에 설정했어요. 30대 독신남자였던 당시 지도교수가 고개를 끄덕이면서 이렇게 말씀하시더군요. '꽤 잘 썼는데. 단한 가지, 이 여자 주인공이 자신의 직장생활과 가정문제를 동시에 잘 이끌어 나갈 수 있는 아주 기발한 방법을 제시해 주기만 하면 될 것 같아. 계속 진행하도록...' 그래서 나는 생각했죠. 그 방법이 그렇게 쉽게 나올 수 있다면, 나는 세상에서 최고 여성재벌이 될 수 있을 거라고요. 일반적으로 여성들은 한숨과 시름을 한아름 안고 살아가는 사람들 아닌가요. 결국에 가서 그 극본의 성격을 바꾸어야 했어요. 왜냐하면 나는 그녀가 일과 가정 중 어느 하나를 선택하게 할 수가 없었거든요. 나는 계속해서 내 자신이 답변할 수 없는 질문만 해오고 있었던 거였어요. 그래서 진부하고 어리석은 답변을 애써 만듦으로써 내 자신과 나의 여성성에 대해 모욕하는 일은 하지 않기로 결정했었던 거죠.

나는 특히 직업이냐 가정이냐 라는 문제로 갈등하는 여성에 대한 문제에는 정답이 없다고 생각해요. 여성들에게 아이가 있으면, 우리 몸은 자연스럽게 아이를 양육하는 것을 좋아하고 원하게 되는 거예요. 하지만, 오늘날처럼 여성들이 직장에서 남자 엉덩이를 발로 차고, 이름도 함부로 부르는 시대에는, 여성들도 자신을 위해서 하고 싶은 일을 할 수 있는 기회를 가지고 있거든요. 본질적으로 여성들은 매일

두 가지 다른 속성과 두 가지 다른 필요성들과 싸우고 있어요.

보우도인대학의 한 농구 선수가 한때 미담의 주인공으로 사람들 입에 오르내린 적이 있었어요. 그의 여자친구가 그와 어린 딸을 버리고 떠나자, 그는 학교를 쉬고는 일하고 저축하며 딸을 키웠어요. 그리고 다시 학교로 돌아와 아주 훌륭한 경기를 치러냈다는 이야기였죠. 그는 어느 뉴스와의 인터뷰에서 그가 한 선택에 대해 들려 주었어요. 그는 대학의 학생처 직원에게 자신의 처지를 솔직하게 털어놨대요. 딸과 자신이 생계를 유지하기가 어렵다고요. 그러자 학교에서는 그에게 재정적인 지원을 더 많이 해줬다는군요. 정말 감동적이고 기분 좋은 미담 아니겠어요? 그래서 내가 엄마한테 가서 이렇게 말했죠. '너무 감동적이죠? 놀랍지 않아요? 생각해 보세요, 엄마. 학교 공부하면서 딸을 키우는 거요. 게다가 농구까지 한다니 정말 대단해요.' 그러자 우리 엄마는 눈 한번 깜빡 하지 않으시고 저를 똑바로 보며 이렇게 말씀하시는 거예요. '글쎄다, 잘 모르겠구나. 나는 당시에 아이 둘 키우면서 고작 박사학위밖에 따질 못했으니 말이다.' 그때 나는 우리 엄마가 다른 수많은 여성들처럼 학교에 다니고, 아이를 키우고, 그리고 일도 했다는 사실을 새삼 깨닫게 되었죠.

수많은 독신 여성들이 직장에서 일을 하거나 공부를 하는 중에 아이를 키우고 있지만, 어떤 이유에선지 한번도 뉴스에 다루어진 적이 없어요. 남자들 경우는 일과 사회생활이 그들 인생의 '본업'으로 여겨지고 있어요. 가족은 그들의 지지기반이고, 과외의 득점이자 보상이죠. 여자들의 경우, 가족은 이미 정해진 업이에요. 집 울타리 바깥의 모든 사회생활은 여성들의 선택이고 과외의 보상이에요. 이 문제에 대해 이 시대에 살고 있는 우리 여성들이 무언가를 해야 해요. 우리는 이 두 가지 일에 강한 애착을 가지고 있어요. 그 어느 것도 포기하고 싶지 않아요. 그리고 그래서도 안 되고요. 하지만 우리는 항상 둘 중 하나를 선택해야 하거나 어느 하나 치우침이 없이 균형을 이루도록 강요되어 왔어요. 우리 여성들은 다음 세대를 훌륭한 시민으로 키우고 그와 동시에 우리 자신의 생활과 우리 자신의 일에 책임을 다 해야 되죠. 이게 요술사가 되라는 이야기가 아니고 뭐겠어요.

　제 경우는, 이 문제에 대해 아직 해답을 찾지 못하고 있어요. 나는 내 일을 너무나 원해요. 나의 영혼을 내 글에다 완전히 쏟아내고 싶어요. 그리고 인생을 살아가는 동안 배워야 할 것도 많고요. 한편으로는 엄마가 되고 싶다는 생각이 너무나 간절해요. 그래서 자식들을 훌륭한 어른들로 키워내고 싶어요. 아이들 곁에 있으면서, 그들이 내 인생에 얼마나 중요한 의미인지를 느끼고 싶고, 나 또한 그들에게 좋은 영향을 주고 싶어요. 나는 이 두 가지 중 한 가지를 양보해야 한다거나 어느 한 가지는 아무래도 부족할 수밖에 없다는 발상은 싫어요. 그래서 두 가지를 모두 잘 해내고 싶어요. 지금 내 계획은, 누군가와 사랑에 빠질 때까지(사랑에 빠지지 않더라도 어쨌든 아이를 가질 때까지), 내 존재의 확장이라 할 수 있는 사회적 성공으로 방향타를 맞추어 전력 질주하는 거예요. 그리고 나서 인생이 나를 어떤 길로 데리고 갈지 두고 볼 거예요. 여성들은 각자의 방식으로 삶의 균형을 잡아가야 해요. 오늘은 이걸 포기하고, 다음날에는 저걸 포기하고, 이런 식으로 말이죠. 그리고 궁극적으로는 매일의 생활 밸런스를 디자인하는 사람이 되어야만 해요. 넘지도 차지도 않게 말이죠.

* * *

사랑이 그대를 찾아오면

　일레인은 주위의 여자 친구들이 연애문제에만 빠져 있는 것을 무수히 보아왔기 때문에 자신은 연애의 중요성을 덜 강조하는 편이라고 말한다. 연애문제가 인생에서 가장 중요한 위치를 점령하고 있을 때는 그 외 다른 중요한 문제를 인식하는 시각을 왜곡시킬 수 있다. 일레인은 이 사실을 안타까워하면서 이렇게 말한다.

　∞ 내 친구들 대부분이 30대가 되면 '섹스 앤드 시티(Sex and the City : 개성이 아주 다른 30대 독신 여성 4인의 사랑과 사회적 성취욕을 그린 미국 TV 드라마 - 역자 주)'의 멤버가 되지 않을까 걱정이 돼요. 아 물론, 오해하지는 마세요. 저도 거기 나오는 주인공들 좋아해요. 하지만 그들의 인생은 남자 중심으로 돌아가고 있는 것 같아요. 그들은 모두 멋지고 흥미로운 직업을 가진 30대들이죠. 그런데 매주 일요일에 함께 모여 브런치(늦게 먹는 아침)를 들면서 하는 소리라고는 모두 최근에 가진 잠자리 이야기뿐이잖아요? 큰 감동은 바라지 않더라도 그들이 걸치고 나오는 그 멋들어진 옷값은 할 수 있는 좀 가치 있는 이야기들을 했으면 좋겠어요. 사실 나는 지금까지 애인과 로맨틱한 밀회를 가져왔어요. 하지만 내 첫사랑이 나를 배신한 후로, 그 어떤 계획도 진행해나갈 마음의 준비를 할 수가 없더군요. 대학원 진학이든, 직장이든, 여행이든 그 무엇이든지요.

　20대들에겐 다른 중요한 요소들을 희생하지 않고서도 견고한 연애

관계를 유지하는 것이 사실상 가능한 일이다. 남부 감리교 대학 법과 대학원(달라스 소재)을 2003년도에 졸업할 예정인 제프는, 자신의 인생을 가능하면 많은 사람들과 함께 하고 싶어한다. 비록 오랜 기간 사귀어온 여자친구에게 그의 관심과 시간을 대부분 빼앗기고 있지만 말이다. 제프는 이렇게 말한다.

∞ 마치 내가 '연애지상주의자' 로 보이겠지만, 나는 지금 한 사람과 6년째 사귀고 있어요. 사랑 이외에 인생의 다른 부분도 중요하기는 마찬가지지만, 중요성의 정도가 같다고는 할 수 없겠죠. 친구들이나 가족들이 제 삶에서 큰 부분을 차지하고 있기는 하지만 그녀만큼은 아니에요.

최근 졸업생들의 생활 중에서 다소 위험스럽게 관찰되는 현상은, 친구들이나 가족들을 의식적으로 자주 자신의 생활영역으로 끌어들이지 않으면 그들의 존재가 아주 쉽게, 아주 빨리 20대들의 생활반경에서 제외된다는 것이다. 최근 제프는 '젖 먹던 힘까지 다하지 않으면 다른 사람을 기쁘게 할 수 없다' 는 모토로 생활하고 있다. 그는 이렇게 말한다.

∞ 중요한 것은 모든 사람들을 행복하게 할 수 있는 방법을 찾는 거예요. 예를 들면, 우리 형제는 축구광이라서 함께 축구를 자주 해요. 내가 축구팀을 만들었을 때, 동생을 제일 먼저 끌어들였죠. 그리고 내가 다른 팀에 합류하게 되면, 그 사람들에게 '선수 한 명 더 필요 없어요?' 라고 하지 않고, '후보 선수 두 명 더 필요 없어요?' 라고 해요. 나는 여자친구와 많은 시간을 집에서 함께 보내요. 그리고 밖으로 나가게 되면, 친구들을 불러모으죠. 모든 사람들에게 골고루 신경을 쓸 수는 없지만, 그 누구든 소외감을 느끼는 일이 없도록 노력하고 있어요.

269

내게 있어, 사회적 성공은 언제나 두번째예요. 인간관계보다 더 중요한 것은 아무것도 없어요.

조지아 주 오거스타 출신인 킴(25세)은 앞으로 살아가면서 사회생활과 연애관계에 균형을 어떻게 유지할지에 대해 계속 고민중에 있다. 그녀는 지금 남자친구와 장기간 연예관계를 유지해 오고 있는데, 킴은 두 가지 직장에서 동분서주하느라 시간을 거의 낼 수 없는 처지임에도 불구하고, 사람들을 만나고 연인과의 관계를 유지하느라 상당히 힘든 나날을 보내야 했다. 다음은 킴의 이야기이다.

∞ 내가 아주 멀리 떨어져 사는 사람들하고도 항상 좋은 관계를 유지해오는 사람이긴 하지만, 친구들과 가족들의 안부를 챙기느라 진이 다 빠질 지경이었어요. 주말이나 돼서야 한 주 내내 지속된 오랜 노동 시간에서 벗어나 잠시 쉴 수 있었죠. 나는 주말 밤마다 오거스타 지역에 사는 많은 친구들과 나가서 어울려 놀면서 보냈어요. 하지만 술집이나 나이트클럽 같은 춤추면서 낯선 사람과 눈인사나 찡긋 교환하는 정도의, 대화나 친밀한 관계에는 전혀 도움이 되지 않는 그런 장소들만 전전했어요. 어른스런 대화를 할 수 있는 기회를 다시 가지게 될 수가 있을지 염려되기 시작하더군요.

그러다가 한 사람과 심각하게 사귀기 시작하면서 킴은 새로운 문제에 봉착하게 되었다고 말한다. 바로 눈코 뜰 새없이 바쁜 일정 속에서 그녀의 연애 생활을 균형있게 이끌어 나가야 했기 때문이었다. 남자친구가 2시간 떨어진 거리에 살고 있다는 사실은 그녀의 생활을 실로 '무시무시하게' 변화시켰는데, 그녀의 삶이 남자친구 중심으로 돌아가게 되었기 때문이었다.

∞∞ 지금 이 상황이 엄청나게 나를 흥분시키기는 하지만 내 일정을
맞추기가 너무나 힘들어요. 나는 솔직히 누군가를 사랑하게 된다거나
사랑받게 될 거라고 예상하지 않았거든요. 그리고 행복이나 오락, 자
기만족 등은 전적으로 내 자신에게만 의지해 왔죠. 그런데 지금, 일
주일에 60시간씩 일하면서 2시간이나 걸리는 곳에 사는 남자를 찾아
가기 위해 시간을 낸다는 것은 사실 인간적으로 불가능한 일일 뿐 아
니라, 내 몸을 돌봐야 한다는 생각과 그와 함께 있고 싶은 욕망이 상충
하기 때문에 아주 힘든 시기를 보내고 있어요. 더욱이 이제는 그가 내
인생이 되어 버렸으니, 지금까지 친구들이나 가족들을 위해 그나마 만
들었던 시간마저도 더욱 줄어들게 되었죠(이와 함께 설거지, 빨래, 밥 해
먹고 청소하는 일 등 생활을 위해 꼭 필요한 시간들은 말할 것도 없고요). 그
래서 균형을 어떻게 유지하고 있냐고 물으신다면, 제 대답은 '전혀 균
형을 못 잡고 있다'라고 대답할 수밖에 없어요. 그래도 어쨌든 힘닿는
대로 그럭저럭 해내고 있어요.

젊은 신혼부부들에게는 부부생활과 다른 사교생활 사이에 균형을 유
지한다는 것이 특히나 힘든 일이라고 펜실바니아 대학을 1997년도에
졸업한 제시카는 말한다. 그녀는 23살에 결혼했다.

∞∞ 이건 정말로 힘든 생활이에요. 나는 결혼한 지 2년이 되는데, 다
른 친구들은 대부분 미혼이에요. 이 말은 다른 친구들이 독신 생활을
영위하는 사이에 나는 많은 시간을 결혼생활을 위해 전념해야 한다는
뜻이지요. 결혼생활은 대학 다닐때 보다 사회활동을 더욱 힘들게 만들

어요. 대학교 때는 모두 한 배를 타고 있었잖아요. 게다가 대학교에서
는 모든 사람들이 학생으로서 같은 목적을 가지고 있었고요. 그런데,
지금은 어떤 친구들은 일을 하고 있고, 어떤 친구들은 학교에 다니
고... 모두들 다른 도시들로 뿔뿔이 흩어져서 살고 있어요. 그래서 나
는 주중에는 직장생활로 보내다가 주말이 되면 친구를 방문하러 동부
지역을 자주 여행해요. 그리고 그 사이에 내 가족과 남편을 만나려고
노력하고 있어요. 하지만 결국에는 이것들 중에서 가장 우선적인 것을
하나 골라야 하는 상황에 이르게 되죠. 내게 있어 그것은 언제나 결혼
생활과 직장으로 좁혀지는데, 하지만 결혼생활이 언제나 우선이에요.

균형있는 인생을 영위하기 위해서는, 균형을 맞추느라 모든 것을 다
가져야 한다는 생각보다는 지금 자신의 삶을 구성하고 있는 모든 측면
의 균형을 먼저 잡아 나가는 것이 중요하다고 많은 20대들이 이야기하
고 있다. 그러나 애인이나 배우자를 만나는 문제에 있어서 제프나 제
시카만큼 운이 없었던 20대들의 주요 관심은 도대체 어떻게 상대를 찾
느냐 하는 것이다. 턱손에 살고 있는 단은 스스로를 20대치고는 상당
히 확실한 기반을 다지고 있다고 생각하고 있다. 따라서 지금 24세의
나이이지만, 그가 고민하는 문제들은 20대 후반이나 30대 초반들이 전
형적으로 고민하는 것에 가깝다고 말한다. 그는 직장생활에 만족하고
있지만, 때로는 '일과 사생활의 밸런스를 유지하는 것' 때문에 스트레
스를 받는다면서 이렇게 말한다.

∞ 일과 사생활이 서로 겹치는 문제에 조금 걱정하고 있어요. 대체
업무적인 것은 어디서 끝내고 비업무적인 것은 언제 시작해야 할지 모
르겠어요. 사실 난 꽤 운이 좋은 편이에요. 보통 하루 일과를 6시 30분

까지 다 마치고, 집에는 일거리를 한번도 가지고 간 적이 없었거든요. 하지만 출장을 갈 때는 상황이 달라져요. 왜냐하면 출장중에는 하루 온종일 밤까지 임무에만 매달려야 하거든요. 제가 출장가는 일이 그리 많지는 않지만, 출장가야 할 일이 생기지나 않을까 하는 두려움 때문에 일상적인 업무에 소극적으로 임하게 돼요.

단은 자신이 균형 있는 인생을 영위해 가는 방식을 '총체적 만족'이라는 용어로 표현하고 있다. 그가 다니는 직장은 현재 그의 정체성 형성에 주요한 부분을 차지하고 있다(그의 말에 따르면, 만약 자신이 직장에 만족하지 못한다면, 전체적으로 삶을 행복하게 느끼지 못하게 될 것이라고 한다). 하지만 단은 인생의 여러 가지 다른 측면도 검토해야 한다고 말한다.

∞∞ 내게 있어 행복한 인생의 핵심은 '총체적 만족'에 있다고 할 수 있어요. 내 인생의 모든 측면에 대해 골고루 신경을 쓰는 거죠. 도전적인 인생도 필요하고, 창의적인 인생도 필요하고, 가치 있는 삶도, 사랑받는 삶도 필요합니다. 그리고 재충전의 시간도 필요해요. 하지만 일반적으로는 이 모든 것들을 동시에 다 가질 수는 없어요. 그리고 무엇을 더 우선으로 두어야 하는지 모를 때가 많아요. 그래서 그 모든 것을 골고루 얻을 수 있는 방법들을 찾으려고 노력하고 있어요. 그것이 내가 직장을 사랑하는 이유예요. 왜냐하면 이 직장이 내게 도전적이고, 가치있고, 또 창의적인 삶을 제공해 주니까요. 그리고 재충전의 시간을 주기도 하죠. 하지만 한 가지 빠진 게 있다면, 지금 당장은 내가 누군가로부터 사랑받는 삶을 살고 있지는 않다는 겁니다.

단은, 비록 만족스런 삶을 살고 있긴 하지만 그 빠진 부분이 자신의 인생에서 가장 중요한 부분이며, 또한 연애 문제에 대해 걱정을 많이 하고 있다고 털어놓는다.

∞ 사실이지, 도무지 알 수 없는 유일한 한 가지는, 나한테 맞는 사람은 누구인지, 그리고 좋은 남편과 아버지가 되는(이것이 내 인생에서 제일 중요한 문제죠) 문제와 출세가도를 빠르게 달리는 일을(이것이 두 번째 중요한 부분이죠) 어떻게 병행할 수 있을까 하는 거예요.

단은 그 무엇보다도 자기에게 딱 맞는 여성을 찾는 일에 큰 노력을 기울여왔다고 말한다. 그는 단체 활동을 통해 사람을 만나는 것을 더 선호하는 편이어서, 음악 클럽이나 아마추어 코미디 극단에도 가입했었다. 그리고 파티에서 만난 몇몇 여성과 직장 동료로 만난 한 여성과도 데이트를 해 보았다. 그러나 그들 중 어느 누구와도 장기적인 관계로 발전하지 못했다.

∞ 지금까지 내게 딱 맞는 사람을 만나려고 노력했는데 정말이지 너무 어려워요. 뭐, 아직까지 충분히 많은 사람을 만나지 않았기 때문이겠죠. 클럽이나 시끄러운 장소는 안 좋더라구요. 음악 소리 때문에 도무지 대화를 할 수가 없으니까요. 언젠가는 누군가를 만나게 되겠죠.

단은, 미래의 여자친구를 사귈 수 있는 시간을 만들기 위해서 자신의 삶의 일부분을 포기하는 대신에, 오히려 다른 요소들을 더 끌어들임으로써 새로운 누군가를 만날 기회를 만들 계획이라고 말한다. 최근에 그는 뮤지컬 극단에 오디션을 보는 것과 자원 봉사단에 입단하는 것 중에 어느 것이 좋을지 심사숙고하고 있다.

*　*　*

스트레스 타파하기

생활의 균형을 잡는 문제는 이러한 난제를 겪어본 적이 한 번도 없었던 20대들에게 커다란 압박을 가져다준다. 사회 초년생들은 경험이 없기 때문에 자신들이 우선 순위를 적절하게 정할 능력이 과연 있는지에 대해 회의를 가질 뿐만 아니라, 바로 이러한 회의 때문에 자존심에 상처를 입을 수 있는 것이다. 툴래인 대학(뉴올리언즈 소재) 1996년도 졸업생인 마리아의 말을 들어보자.

∞ 제 언니가 최근에 아기를 가졌는데, 그건 바로 저 같은 독신자들에겐 수백 리나 떨어진 먼 얘기로 들리죠. 만약 내가 다시 가족과 함께 살게 된다면 내 직장생활에서 무언가를 놓치게 될 거라고 생각해요. 가족이 생기면 커리어 우먼의 삶을 포기하게 될 거라는 이야기는 아니지만, 지금 당장은 나에게 가족이 없기 때문에 내가 직장을 최우선시한다고 할 수 있어요. 바로 여기서 의문점이 생기게 돼요. 다시 말해, 인생의 모든 목표들을 세우고, 그것들을 계속해서 추구하면서 사생활에도 행복을 느낄 수 있도록 어떻게 균형을 유지할 수 있을까 하는 의문 말입니다.

인생에는 정해진 가이드라인이 없기 때문에, 마리아는 20대들이 자신들이 그 일을 해야 한다고 생각하는 것과, 사회가 그들에게 해야 한다고 말하는 것, 그리고 그들이 진짜로 하고 싶은 것 사이에서 방황하게 된다고 말한다.

275

∞ 서른 살까지는 겨우 4년밖에 남지 않았는데, 결혼이나 아이를 갖는 상황 근처에도 가지 않았다는 생각에 불안해요. 이것은 모든 여성들이 갖고 있는 '나는 어느 방향으로 가야 하는가? 결혼과 출산은 어느 시점에 해야 하는가?' 와 같은 두려움과 같은 성격이에요. 그리고 사회가 여성들에 대해 만들어 놓은 그 많은 제한적 요소들 때문에 너무나 큰 스트레스에 시달리고 있어요. 여성들은 좋은 엄마가 되고 직장생활도 성공적으로 수행하기를 강요받고 있어요. 나는 지금도 일자리를 찾으면서 대학원 공부를 해야 하는 이 슈퍼우먼 같은 생활로 완전히 녹초가 될 지경이에요. 평생을 이렇게 하면서 살고 싶지 않아요. 하루 6시간밖에 잠을 잘 수 없는 이 생활을 앞으로 평생 하면서 살 수 없어요. 가끔씩 이 문제에 관해 정신과 상담을 받아야 할 필요를 느끼곤 하죠. 하지만 시간이 지나면 이 문제들이 스스로 해결될 것이라고 생각하고 있어요.

1997년 캐이스워스턴리저브대학 법과대학원(클리블랜드 소재) 졸업생인 캐리는 자신에게 있어 균형있는 행동은 생각할 수도 없는 것이라고 한다. 왜냐하면 자신이 변화함에 따라 그 행동도 변화할 것이고, 그것을 어떻게 적응해야 할지에 대한 경험이 없기 때문이라는 것이다. 지금까지 그녀는 의과 대학원에 가야 한다고 생각하면서 살아왔지만, 대학을 졸업하자 그녀를 받아주는 의과대학원은 어디에도 없었다.

∞ 나는 그것이 내가 직업으로 삼아야 하는 분야라고 생각했을 뿐, 내가 하고 싶은 것인지, 아니면 부모님이 원하는 것인지, 혹은 진정 그 일을 하게 되리라고 생각했는지에 대해서는 아무런 생각도 확신도 없었어요. 두려운 사실은 이 법과 대학원 3년을 마치고 난 후에도 여전

276

히 불확실한 상황에 있는 것이고, 그리고 내가 너무나 미숙하다고 느끼고 있다는 거예요. 나는 친구들에게 자주 이런 말을 해요. 우리 20대들이 가장 고민하는 두 가지가 있는 데, 하나는 직업의 길이고 다른 하나는 사랑에 빠지는 것이라고요. 어쨌든 이 두 가지 문제를 해결할 때 명심해야 할 것은 고립감에 빠지지 않는 것이라고 생각해요. 내 마음 한 쪽에서는 한 길을 택하기를 원합니다. 그리고 가끔씩 걱정에 빠지죠. 나는 가지 않은 길에 미련을 갖지 않으려고 지난 몇 년간 정말로 열심히 노력해왔어요. 하지만 가끔씩 미련이 들기도 하는데, 그 때마다 내 마음 속에서는 '한 우물만 파야해'라고 말하지요. 그건 또 함정에 빠진 것 같은 느낌이에요. 나는 때로 무언가를 이루었다는 느낌을 결코 가지지 못할 거라는, 항상 내면적 혼란 속에서 살게 될 것이라는 걱정을 한답니다.

*　*　*

균형있게 행동하기

이 장에서는 20대들이 삶의 균형을 잡을 수 있는 다양한 방법들, 실제적으로 균형을 잡는데 수반되는 문제와 어려움 등에 대해 논의했다. 항상 그렇듯이 문제는 '어떻게?'이다. 그들은 친구, 가족, 직장, 그리고 연인에게 하루 또는 한 주를 기준으로 적정한 수준에서 관심을 골고루 쏟기 위해 열심히 노력하고 있다. 1996년 아이오와대학(아이오와 시티 소재) 졸업생인 더그는 사람들이 무엇이 중요한지를 깨달을 수 있는 놀라울 정도로 단순한 기술을 소개한다.

∞ 먼저, 자신을 위해 선택 사항들을 만들고 우선 순위를 매겨야 합니다. 내 또래에 있는 대부분의 사람들은 - 나보다 나이가 훨씬 많은 사람들도 역시 해당되지만 - 자신들에게 진정 중요한 것이 무엇인지, 그리고 왜 그런지에 대해 진지하게 생각하지 않는 경향이 있어요. 매일 아침에 일어나서 그 날 할 일을 하고 밤이면 잠자리에 드는 게 전부죠. 하지만 문제는 우리가 50이나 60세가 되어, 어느 날 아침에 일어났을 때, 당신에게 인생의 목표나 우선 계획들이 있긴 했지만 다른 일들로 인해 방해를 받아왔다는 사실을 깨닫게 될 수도 있다는 겁니다. 그리고 그때는 너무 늦은 후일테고요.

그의 말은 계속 된다.

∞ 나는 개인적인 목표나 우선계획들을 정규적으로 적어보는 것이 무척 중요하다고 생각해요. 6개월이나, 그게 힘들면 5년마다 할 수도 있겠죠. 하지만 목표는 바뀌고 상황은 변하게 마련이니까 지속적으로 그 일을 해야 하는 것입니다. 그리고 이것을 할 때 가장 중요한 것은 그 리스트대로 따라가는 것이 아니라, 그 목표가 왜 리스트에 올라와 있으며, 왜 이 항목이 다른 항목보다 우위에 있어야 하는지를 확실히 파악해야 하는 것입니다. 스스로에게 엄격해야 합니다. 그리고 '내가 50이 되었을 때, 매일 매일을 가족들과 보내는 대신에 운동센터에서 보냈던 일에 진짜로 행복하게 느끼게 될 것인지'를 생각해야 합니다. 그리고 우선 순위가 결정되고 나면, 당신의 시간을 뭐하면서 보내고 싶은지를 결정하는 일이 훨씬 더 쉬워집니다.

그러한 리스트를 만들려면, 헌터대학(뉴욕 시티 소재)의 졸업생인 캐

278

티(22세)의 말을 경청하는 것이 도움이 될지도 모른다. 그녀는 20대들은 반드시 직장 경력에 중점을 두어야 한다고 주장한다. 그 이유를 들어보자.

∞∞ 왜냐하면 그것이 미래의 안정을 보장해 줄 수 있을 테니까요. 하지만, 다른 어느 것도 소홀히 해서는 안돼요. 그렇게 되면 직장생활을 하는 의미가 하나도 없게 되니까요.

20대의 삶의 다른 측면에 관해서도, 그녀는 이렇게 말한다.

∞∞ 삶의 다양한 측면들 중 어느 한 가지가 삶을 모두 점령하게 해서는 안돼요. 그러면 비참해 질테니까요.

이 의견에 노스캐롤라이나 주립대학의 박사과정을 밟고 있는 딜란도 동의하고 있다.

∞∞ 많은 사람들이 저지르는 실수는 인생의 한 가지 측면(굳이 말하자면, 사랑)만을 우선시함으로써, 다른 모든 측면들은 무시해도 된다고 생각하는 것입니다. 그러나 한번에 한 가지씩 선택적으로 해나가지 않고 인생 전반에 관심을 기울이는 것은 분경 가능한 일입니다.

친구, 가족, 연인, 그리고 직장생활에 대해 적절한 비중을 두며 처신하는 일이 어렵지 않다고 말하는 사람은 아무도 없다. 하지만 딜란이 제안하듯이, 그것은 또한 가능한 일임에 분명하다.

사회에는 대학 교육이 나에게 가르쳐준 만큼이나
　　내가 전혀 교육받지 못한 경험들이 존재하고 있어요.

　　사람들은 대학을 졸업하고 나면 혼자서 모든 것을 처리해야 하는 상황에 놓이게 돼요.

　　대학은 인생에 대한 교훈은 가르쳐 주지 않아요. 사회생활이 가르쳐 주죠.

대학생활의 경험을 실제 생활에 적용할 수 있을까?

＊　　＊　　＊

독자들이 이 책을 여기까지 읽어오는 동안, 성인으로서의 정체성을 형성하느라 겪어야 했던 어려움에 대해 설명하는 20대들의 생생한 목소리를 들을 수 있었을 것이다. 이들 20대들은 자신들의 고통, 비정상적인 도취감, 혼란, 계시, 무관심, 그리고 결심 등에 대해 이야기했다. 그러나 아직까지 그들이 명확하게 논하지 않은 것이 있는데, 그것은 바로 청년 위기의 원인에 대한 것이다. 다시 말해 사람들이 강산의 변화를 두 번 경험하고, 이제 세번째 주기에 접어든 시기에 이 모든 감성의 충돌과 복잡하게 얽힌 인생의 행로를 겪게 되는 이유가 무엇인지에 대해서는 상세하게 다루어지지 않았던 것이다. 들어가는 글에서 필자가 설명했다시피, 이러한 문제들을 일으키는데 있어서 기폭제 역할을 한 것은 바로 졸업이며, 졸업을 한 후부터 20대들이 위에 열거한 상황으로 빠지게 되는 것이다.

이러한 과도기가 전혀 예상치 않게 찾아오는 이유 중 하나는 청소년기 동안에 일반적으로 다음과 같은 말을 반복해서 들어왔기 때문이며, 이는 '유년기에서 성년기로 이동하는 자연스러운 성장과정이 존재하는데, 그것은 고등학교와 현실세계 사이에서 이상적인 중간단계 역할을 하는 대학생활이다' 라는 말이다. 4년이란 세월을(혹은 그 이상) 집에서 떨어져 생활하면서 자립심을 측정하는 의미있는 경험을 하기 때문에, 마치 고등학교에서 학생들이 대학진학을 준비하듯이, 대학도 장차 성년기를 맞을 대비를 하는 곳이라고 추정하게 된다. 그러나 수십 명의 20대들이 우리에게 털어놓은 바로는, 그런 추정이 항상 들어맞지는 않는다는 것이다. 대학의 학습 자료, 최근에 발견된 효과적인 학습방법 등은 인생의 다음 무대로 반드시 환원되지는 않기 때문이다.

사실, 수많은 20대들이 대학에서 사회로 이동하는 이 시기를 묘사하는 방법은, 몽상가의 '완결판'이자, 우리 시대의 '립 벤 윙클(Rip Van Winkle : 워싱턴 어빙Washington Irving의 소설 명. 혹은 그 이야기 속에 등장하는 주인공. 미국이 영국 식민 통치 하에 있던 시절, 네델란드로부터 현재 뉴욕 주변의 카아츠킬 산맥 기슭으로 이주하여 정착한 한 소박한 사나이가 20년 동안이나 지속된 긴 잠에서 깨어나게 되자, 그를 괴롭히던 일상의 모든 장애 요소들이 사라짐과 동시에 그가 아는 사람도, 그를 알아보는 이도 남아 있지 않았다는 이야기 – 역자 주)'이라고 할 만한 오스틴 파워(Austin Power : 동명 타이틀의 영화에 등장하는 주인공 이름)가 경험한 '돌연한 각성'보다도 덜 진보적으로 들린다.

사실 그 이동은 사전에 충분히 인식하지 못하고 있었던 20대들에게 크나큰 타격으로 다가온다. 그들은 지금까지 거의 접해보지 못했던 완전히 새로운 규약에 적응해야 하는 처지에 놓이게 되는 것이다. 물론 회복기간은 개인마다, 때로는 대학마다, 그리고 대학의 환경이 졸업생들의 다음 기항지寄港地와 얼마나 유사한가에 따라 달라진다. 그리고 대학이나 졸업 후의 인생을 대하는 졸업생들의 태도에 따라 엄청나게 다양한 방식으로 전개될 수 있다.

그러나 그들이 학교 울타리 밖의 인생에 대해 얼마나 큰 기대를 걸었는지와는 상관없이, 이 책에 소개된 20대들의 거의 대부분은 대학이 그들을 미리 대비시키지 않았기 때문에 그 어렵고도 예기치 못한 상황과 맞닥뜨리게 된 것이라고 생각하고 있었다.

✻　✻　✻

이별의 과정

　대학에 대한 보편적인 생각은, 대학이 학생들을 직업세계로 자연스레 연계시켜 주는 곳이기 때문에 학생들은 이 곳에서 사회생활에 필요한 여러 가지를 철저히 준비를 하게 될 것이라는 가정이다. 이러한 가정은 예를 들어 의사와 같은 특정 직업으로 나가는 학생들에게는 잘 들어맞는다 할 수 있다. 왜냐하면 의예과에서 미래 의사가 되기 위한 본과를 준비할 수 있고, 또한 흰색 가운을 입는 경력을 점점 연장시키는 여러 단계를 차례로 거치면서 학생들을 훈련하기 때문이다. 더욱이 의대를 전공한 학생들은 이력서에 자신의 학위를 기입하면서 스스로 상처를 입는 특정 전공자들의 비애를 경험하지 않아도 된다. 하지만 몇몇 20대들이 앞에서 이미 언급한 바와 같이, 학위를 취득하기 위해 공부해야 하는 학문은 그들이 바라는 직업을 얻기 위해 필요한 분야와는 완전히 다른 경우가 허다 하다. 그래서 면접 보는 자리에서 한 유망한 기업의 사장이 최근 졸업자에게 당신은 아무런 경험이 없기 때문에 그 일을 할 자격이 없다고 말했을 때, 그 졸업자는 '4년이란 세월을 학위 하나 받으려고 허비했던가' 라고 회의에 빠지게 된다.

　이 '22살의 함정' - 경험을 얻기 위해서는 경험이 필요하지만, 경험이 없으면 고용주들은 경험 얻을 기회를 제공하지 않는다는 - 으로 인한 20대의 좌절감은 청년 위기에서 가장 괴로운 일면이 될 수가 있다. 그 결과로 나온 공통적 견해는, 한 20대의 "나는 비서가 되기 위해 대학에 간 것은 아니었다."는 자조 섞인 항변과 맥락을 같이하고 있다.

　다음은 시애틀에 살고 있는 마리아(26세)의 이야기다.

∞∞ 나는 원하는 것은 무엇이든 될 수 있다고 가르쳤던 여자 대학을 다녔어요. 그리고 대학을 다닐 때까지 내 모든 인생이 사실 그런 식으로 진행되었어요. 내가 원하는 것은 무엇이든지, 열심히 노력만 하면 다 이루어졌거든요. 그런데 갑자기, 입사시험 탈락 통지서를 받게 된 거예요. 그래서 나는 생각했죠. '아니, 잠깐, 거기에 취직하려고 열심히 공부했고, 그렇게나 간절히 원했는데, 나를 거절해?' 라고요. 나는 대학도 내가 선택해서 들어갔고, 대학의 학생임원도 출마하기만 하면 당선이 되었었죠. 그런데 지금 세상 사람들은 나를 거절하고 있단 말이죠. 이건 처음 겪는 일이에요. 대학에서는 뿌린 만큼 결실을 얻을 수 있었어요. 열심히 공부하면, A학점을 받을 수 있고, 그러면 모두가 만족할 수 있었는데, 여기서는 내가 아무리 열심히 했다하더라고, '우리하고는 인연이 없네요.' 라는 말을 들을 수 있단 말입니다. 나는 석사학위 소지자가 지천에 널린 도시에 살고 있어서 석사학위는 나를 부각시킬 만한 무기가 못돼요. 그래서 면접 때 면접관이 내가 자기네들이 찾고 있는 사람이 아니라고 말하면서, 비서직은 어떠냐는 엉뚱한 제안을 하게 되면 정말 황당해지는 거죠.

월라메트대학(오레건 주 세일럼 소재)을 1999년도에 졸업한 조시에 따르면, 실업률이 아주 낮다는 매스컴의 최근 보도로 직장 구하기가 생각보다 쉬울 거라 예상했었던 졸업생들이 사실상 굉장히 힘든 시간을 보내고 있는데, 그 이유는 이들이 필수적으로 요구되는 경험을 가지고 있지 않기 때문이라는 것이다. 그의 얘기를 들어보자.

∞∞ 나는 어디에도 의뢰하지 않고 혼자서 직장을 구하고 있는데, 아주 힘들어요. 대부분의 직장이 경력자를 원해요. 만일 3년 이상의 직

장 경험이 없으면(학위 소지자도 마찬가지에요), 최말단의 잡무를 할 각
오를 해야 해요. 고등학교를 졸업하고 그런 일을 해온 경우라면 대졸
자보다 훨씬 더 유리한 위치에 있다고 할 수 있어요. 사람들이 대학 학
위를 좀더 가치 있게 평가해 줬으면 좋겠어요.

스테이시(27세)는 대학을 졸업했을 때 그녀의 영문학 학위가 자신이
원하는 분야(언론계나 문단)에 발을 들여놓기에 충분하지 않다는 사실을
재빨리 깨닫게 되었다. 대학 신문사에서 4년 동안 일한 경험조차도 인
사기록카드의 경력란에 기입할 수가 없는 것이었다. 따라서 그녀는 기
사를 취재하러 가는 대신에 전화를 받아야 했고, 기사를 쓰는 대신에
서류 타이핑을 해야 했었다.

∞∞ 지방의 작은 신문사가 아닌 규모가 큰 신문사에 취직하려면 '3년
에서 5년'의 경력없이는 일자리를 구하기가 힘들어요. 서류 상에 버젓
이 기입할 만한 경력이 없어도 내가 일을 잘 해낼 거라는 것은 분명한
사실이지만, 내 이력서가 그 회사 인사담당자의 맘에 들만큼 충실하지
않기 때문에 서류전형이 합격했으니 인터뷰하러 오라는 전화를 많이
받지 못하는 겁니다. 내 자격으로 할 수 있는 일은 대부분 지금 내가 하
고 있는 일과 같은 행정 실무와 관련된 일이에요. 운이 무지 좋아서 내
가 원하는 일을 할 수 있는 자리에 들어가거나 아니면 여기서 빨리 승
진하거나, 이 상황에서 잘 풀릴 수 있는 길이라면 이 두 가지 중 하나죠.

트레이시의 문제도 부분적으로는 위에서 말한 '22살의 함정'과 관
련이 있다. 그러나 트레이시가 안고 있는 문제는 또 다른 문제를 낳게
되는데, 그것은 경험부족 때문에 그녀가 지금 얻을 수 있는 일은 새로

운 기술을 습득할 기회가 거의 적은 행정 관리직일 뿐이고, 따라서 지금 경험을 쌓을 수 있는 일이란 그녀가 전혀 추구할 뜻이 없는 비서업무일 뿐이라는 것이다. 최말단의 늪에서 헤어날 수 없는 상황에 처한 트레이시는, 야심만만하고 좋은 교육을 받은 최근의 많은 졸업생들이 장래가 희박한 직장 때문에 고민에 빠져 있는 지금의 상황을 잘 대변하고 있다. 트레이시는 또 이렇게 말한다

∞∞ 지금 나는 미국 상원의원의 비서노릇을 하고 있어요. 여기다 다른 기계적인 업무도 겸하고 있지만, 내가 하는 일은 명백하게 리셉셔니스트(안내직원)의 위치 그 이상도 이하도 아니에요. 사람들은 국회의사당에서 일한다고 하면 속된말로 '때깔' 나 보이고 승진의 기회도 많을 거라고 생각하는 것 같아요. 특히 워싱턴 정치계라는 게 그렇잖아요. 사람 운명이 하루아침에 바뀌는 곳이니까요. 그 말이 유혹적으로 들리겠지만 실상은 전혀 그렇지가 않아요. 게다가 지금 내가 하고 있는 일은 국회의사당 밖에서 직업을 찾고자 할 때는 경력 상 전혀 도움이 안 돼요. 지금 나는 허송세월하고 있다는 생각 때문에 엄청난 절망감에 빠져 있어요.

트레이시의 경우와 마찬가지로, 국제상업과 경영학이라는 전도 유망한 두 개의 전공학위를 받고 롤린스대학(플로리다 윈터파크 소재)을 1995년도에 졸업한 크리스티나도 그녀가 대학에서 배웠던 마케팅 분야의 지식을 활용할 수 있는 직장을 구할 수가 없었다. 그녀에게 열려 있었던 직업은 모두 타이핑이나 전화응대, 팩스 보내기, 서류정리 등의 수준에 머물러 있었다. 다음은 크리스티나의 말이다.

∞∞ 졸업할 당시에는 주위에 있는 사람들뿐만 아니라 취업지도교사들까지 굉장히 고무적인 전망을 해서 쉽게 일자리를 잡을 수 있으려니 생각했어요. 근데, 맙소사, 그게 말짱 헛꿈이었던 거예요. 졸업 후 6개월 동안은 그 흔한 행정관리직 자리도 못 구했어요. 그도 그럴 것이, 그 당시 나는 루이지애나에 있는 작은 시골 마을에서 살고 있었기 때문에, 일할 만한 곳이 많지 않았어요. 점차 끔찍한 기분이 들기 시작하더군요. 그래서 완전히 폐인이 되기 직전에 루이지애나를 벗어나서 좀 더 큰 도시로 떠나기로 결심했어요. 하지만 거기서도 똑같은 상황이 반복될 뿐이었어요. 그 어디에서도 날 채용하지 않았던 거예요.

크리스티나는 얼마간 임시직으로 기초 행정업무를 보다가 결국 한 회사의 경리직으로 들어가게 된다. 그러나 입사 3개월 만에 그 회사는 문을 닫아 버렸다. 그 후 내세울 만한 경력을 쌓을 수 없는 이전과 유사한 직업들을 얼마간 전전하는 사이 그녀는 점점 자신감을 잃어가게 되었다. 마침내 그녀는 4년 간의 학업과 그 전도 유망하게 들리는 전공 학위를 포기하고 비서직을 받아들이기에 이른다. 그리고 비서직에서 일하는 동안 받은 상처가 자극제가 되어 행정실무직으로 전직하게 되었고, 그 일을 하면서 접하게 된 월드 와이드 웹(World Wide Web)을 본격적으로 공부하게 된다. 얼마 후, 그녀는 웹마스터가 되었다.

∞∞ 지난 3년 동안 해직, 슬럼프 상태, 실업 수당, 저임금 행정관리직 등등을 거쳐 지금 컴퓨터관련직까지 왔어요. 나는 이게 마지막 종착지라고 생각하고 있고 일도 맘에 들어요. 여기까지 오게 된 건 행운이었죠. 대학 학위를 따느라 그렇게 열심히 공부한 것이 사회에서는 아무런 대가를 받지 못한다는 사실에 허탈하긴 하지만요. 이 일이 내가 원

하는 일인지 여전히 확신이 서질 않아요. 하지만 어쨌든 열심히 다녀야죠. 그래야 생활비를 벌 수 있으니까요.

크리스티나는 스스로를 운이 좋았다고 말한다. 왜냐하면 비록 행정 관리직에 종사하고 있었지만 누군가가 그녀의 잠재력을 인정하고 새로운 기술을 배울 기회와 웹 개발 부서에서 그녀의 경력을 쌓을 수 있는 기회를 제공해 주었기 때문이다. 하지만 자신의 수준에 미달하는 업무가 진정으로 원하는 미래의 직업을 얻는데 도움이 되지 않는다면 그 일을 할 가치가 없다는 사실을 깨닫게 되기까지 3년이란 세월이 걸렸다. 크리스티나는 대학의 취업지도교사가 그녀에게 말한, '결국에는 모든 것이 제자리를 잡아갈 것이다'라는 조언을 믿어 보려고 한 동안 노력했었다고 한다.

만약 그 취업지도교사가 젠체하며 학생들에게 상투적인 말만 들려주는 대신에 기본적인 전략을 설명했더라면 최소한 낭패감은 들지 않았을 것이다. 그러나 많은 20대들이 우리에게 말해 준 바와 같이, 대부분의 대학 취업정보서비스센터에서는— 특히 미국 명문대라는 곳일수록 — 쓸모 있는 정보는 거의 제공해 주지 않는다. 재미있는 것은, 학생들이 자신들이 선택한 직업분야에 대해 스스로가 정보를 얻으려고 동분서주하는 동안 정작 그 일을 대신해 줘야 하는 그 취업 '서비스' 센터들이 학생들에게 아무런 '서비스'도 제공하지 않는다는 것이다.

놀랄 일도 아닌 것이, 대학 취업정보센터들은 일반적으로 연구비나, 학비보조금, 대학원 장학생, 혹은 각종 대상에 지원하고자 하는 학생들을 도와주는 일에만 관심을 보이고 있다. 이유인 즉, 학생들이 대회에서 상을 받게 되면 그 취업정보센터가 올린 개가로 해석되고, 그것은 또한 학교의 명예로 연결되기 때문이다. 뿐만 아니라 대학 취업정보센터들은 일반적으로 컨설팅, 투자금융, 혹은 컴퓨터 정보 통신 등의 분야에 취업을 원하는 학생들의 취업알선에만 성의를 보인다. 그리고 그 외 나머지 학생들, 즉 미래의 예술가 · 교사 · 배우 · 목수 · 작가 · 음악가 · 정치가 · 기술자, 그리고 '기타 여러분'이 되려는 학생들은 외곽지역에 방치해 두고 있는 것이다.

취업정보센터는 본질적으로 재학생들이 이력서를 준비하는 방법을 지도해야 함에도 불구하고 그 방면에 대해서는 아무런 정보도 제공해 주지 않고 있다. 센터에서 만들어서 제공하는 전형적인 장밋빛 팜플렛에는 자기소개서 작성용 샘플 몇 가지와 참고가 될 만한 서적 정보 몇 줄 정도만 포함되어 있고, 더 있어 봤댔자 서점에서 쉽게 구할 수 있는 '단계별 취업가이드' 수준이거나 아예 여기에도 못 미치는 실정이다. 만약 취업센터에서 사실 그대로를 말해 주었다면, 다시 말해서 졸업자들이 사회에 나가면 행정관리 업무를 하면서 '시간을 벌어야' 할지도 모르며, 그들의 수준보다 낮은 대우를 받을 때는 정신적인 혼란을 경험할 수도 있으며, 그들에게 맞는 직업이 사실은 전공과 무관할 수도 있다는 사실을 알려 주었다면, 앞으로 이런 일을 당해야 될 20대들에게 훨씬 더 큰 도움이 되었을 것이다.

20대들이 직업에서 받는 스트레스의 또다른 측면은 그들의 전공이 직업과 직접적으로 관련이 있는 것이 아니기 때문에, 자신이 하는 일이 모두 허위인 것처럼 느끼는 것이다. 커트니(25세)는 졸업 후 첫 직장을 다닐 때 자신이 전문가도 아니면서 그 시늉만 하고 있는 것 같은 기분이 들었다고 한다.

∞ 나는 항상 내 자신과 능력을 의심했어요. 내가 그 직장을 어떻게 들어가게 됐는지도 몰랐으니까요. 지금 생각해도 그건 소 뒷걸음치다

가 쥐 잡은 경우였어요.

커트니는 계속 말을 이었다.

∞∞ 회사에다 학교 성적표조차 제출하지 않았거든요. 맨 처음 면접 기회를 얻게 된 건 내 편에서 생각하면 완전히 구렁이 담 넘는 꼴이었어요. 그 회사 사람들이 학교에 와서 회사소개 설명회를 열었을 때, 나는 그 사람들이 공짜로 나눠주는 모자에만 관심이 있었어요. 그래서 모자만 받고는 그 설명회를 빠져 나왔었죠. '컨설팅이 뭣에 쓰는 물건인지'도 모른 채 말이죠. 그런데 얼마 지나서, 그 회사로부터 면접을 보지 않겠냐고 전화를 받은 거예요. 그러니 그 회사를 들어가게 된 시작부터가 사기 같다고 할 수밖에 없는 거죠.

나는 그 회사에서 유일하게 컴퓨터를 다뤄본 경험이 없는 사람이었고, 그 회사가 설립된 이래로 정치학 전공을 한 직원은 나 혼자뿐이었죠. 그러니 나는 지식이나 능력 면에서 그 회사의 업무에 전혀 맞지 않는 사람이었던 거예요. 일을 배우는데 몇 년이 걸렸어요. 나를 채용한 것은 그 회사가 저지른 실수 중 최고로 큰 실수였어요. 나는 GPA (Gross Problem Asset : 잠재부실자산)가 뭔지도 몰랐다니까요. 직장 생활 1년 간은 완전한 낙제생이었어요.

* * *

전공 살리기, 혹은 죽이기(?)

달라스 출신 일레인(24세)은, 대학 취업센터나 졸업생 취업알선업무, 혹은 일반적인 고용 시스템 등에서 발견되는 가장 실망스러운 부분 중 하나가 그 어디서나 경영이나 경제관련 전공만 '지나치게 우위에 두는' 경향을 보이는 것이라고 말한다.

∞∞ 처음엔, 이 단체들이 지극히 자기 본위적이라고 생각했어요. 비즈니스 분야에서 정말로 일하고 싶은 사람들은 대학에서 경영이나 경제 분야를 전공했던 사람들이잖아요. 그런데 나중에는 내 생각이 부분적으로만 맞을 뿐이라는 사실을 알게 됐어요. 과거에 취업 지원자 중 한 사람이었으며 현재 신입사원 선발 부서에서 근무하고 있는 사람으로서, 나는 지원자들의 전공이 회사의 분야와 맞지 않는다거나 좀 시시한 전공이라고 생각되면 그냥 무시되는 상황에 항상 놀라지 않을 수가 없었어요. 전문성의 관념은 전공을 검토할 때뿐 아니라 직업 경력을 검토할 때 명백히 드러나지요.

대학을 갓 졸업한 20대가 한낱 인턴사원 자격으로 자신이 어떤 특정한 마케팅에 적합한 사람일지, 아니면 금융 컨설팅에 어울릴지를 어떻게 알 수 있겠어요? 왜 인턴이라는 자리를 단지 회사의 명성을 판단하는 데만 사용해야 하지요? 왜 사람들은 24살밖에 안 된 사람에게 어느 분야에 전문가가 되기를 바라는 거지요? 전문화는 하나의 악폐예요. 이것은 젊은 직장인들을 자신의 이력서와 어울리지 않는 직업에 모험을 걸어 보고자 하는 시도를 차단해 버리면서 그들의 발을 꽁꽁 묶어

놓고 있어요. 그리고 대학은 사회에 만연하는 이러한 관념에 대해 20
대들이 대비할 수 있게 교육하지도 않아요. 뿐만 아니라, 자신의 전공
이 표면적으로 어떤 특정 직업을 위한 것이라고 생각하지만 그것은 사
실 지극히 표면적일 뿐이라는 겁니다.

최근의 졸업자들이 그들의 전공과 어렴풋하게나마 일치하는 분야에
서 운좋게 직장을 얻었다 해도, 자신들이 진짜로 하게 될 일이 어떤 것
인지 알게 된다면 크게 실망하게 될 것이다. 아만다(24세)는 MIT(매사
추세츠 캠브리지 소재)에 다닐 때 하루 빨리 캠퍼스 생활을 벗어나서 사
회로 진출하는 것이 목표였기 때문에 학업에 그다지 충실하지 않았다
고 한다. 다음은 아만다의 말이다.

∞∞ 대학시절에는 내가 공부하고 싶은 분야가 무엇인지 확신이 없었
고 사실 그 어느 분야에도 관심이 없었어요. 그래서 그냥 이럭저럭 시
간을 보내다가 어서 졸업하기만 기다렸어요. 당시에는 바깥 세상에 나
가면 내가 하고 싶은 것이 있을 거라고 생각했거든요. 지금은 그게 맞
는 생각인지 전혀 확신이 없는 상태지만요.

아만다는 경제학 학위를 받고 졸업한 후, 어느 경제 컨설팅 회사에
자신의 생각으로 유망하다고 판단되는 연구원직에 취직이 되었다. 그
녀가 그 직업에 끌렸던 이유는 자신의 학위를 업무에 적용할 수 있을
거라고 믿었기 때문이었다. 또한 서류에 표현된 바로는 그 직업이야말
로 그녀가 가지고 있는 지식이나 기술면에서 적격인 곳이었으며 앞으
로 하게 될 일도 실질적이고 전망이 밝은 것처럼 보였던 것이다. 그러
나 현실은 예상과 달리, 아만다는 그 직업에 크게 실망하게 된다. 왜냐

하면 아만다의 생각으로, 거기서 하는 일이란 게 경제학으로 단련된 사고력은 말할 것도 없고 평범한 사고력조차 크게 요구하지 않는 단순 노동에 불과했기 때문이었다. 아만다는 이렇게 말한다.

∞ 사실 원숭이도 할 수 있는 일이었어요. 그 사람들은 우리같이 똑 똑한 학생들을 뽑아서는 실질적으로 우리 지적능력의 5% 수준밖에 이용하고 있지 않았어요.

마넬은 1994년에 경제학 학위를 받고 하노버대학을(인디아나 소재) 졸 업한 후 아만다와 비슷한 직장에 취직했다. 그리고 역시 그의 전공분 야를 실제로 적용할 수 없다는 사실에 크게 실망하고 말았다. 경제분 야 연구원이었던 그는 대부분의 시간을 컴퓨터 앞에서 보냈다. 그는 이른바 소비시장의 동향을 예측한다는 자신의 일에 중요성을 거의 느 끼지 못했으며, 따라서 직장생활에 전혀 만족할 수 없었다. 다음은 마 넬이 그 직장에서 근무할 당시 우리에게 들려준 이야기이다.

∞ 지금 내가 온종일 하는 일은 마우스를 갖다대고 클릭하는 것뿐이 에요. 대학 시절에 나는 경제학에 흥미를 가지고 있었고 그 전공에 만 족했어요. 그런데 졸업 후, 내가 공부한 경제학은 실제 현장에서의 일 과 크게 차이가 난다는 사실을 알았어요. 대학 졸업 후 내가 하게 될 경제 분야 연구원의 일이라는 게 실상 무엇을 의미하는 것인지 전혀 알지 못했던 거죠. 학교에서는 본격적으로 연구라는 것을 해 본 적이 없었기 때문에 이 분야가 어떻다는 것을 거의 모르고 있었어요.

나는 컴퓨터에서 작업하는 것도 좋아하고 경제학이나 통계분야의 일도 좋아해요. 하지만 지금 생각으론 이 일을 장기적으로 하고 싶지 않아요. 이 일을 하게 되면서 내 자신이 더욱 냉소적으로 변하는 것 같아요. 경제학이라는 분야가 사실은 현실과 너무나 분리되어 있다는 생각만 들 뿐이에요. 이 사람들이 측정하려고 하는 그 모든 것들, 예컨대 인간의 행동양식 같은 것들은 사실 예측하기가 불가능한 것들이거든요. 게다가 경제학은 가정이나 추측에 엄청나게 많이 의존해야 해요. 나는 가끔 이 짓을 내가 왜하고 있나 하는 생각이 들어요.

마넬의 말에 따르면, 직장에서 크게 힘든 일은 요구하지 않으며, 주당 근무시간도 대부분의 다른 친구들의 평균근무시간에 훨씬 못 미치는 고작 40시간밖에 되지는 않았지만, 전체적으로는 직업 세계에 적응하느라 무척 힘들었다고 한다.

∞ 직장생활에 완전히 매달려서 살지는 않았지만, 하루 두어 시간 정도 강의실에 앉아서 어떤 결과물을 생산해야 한다는 압박감 없이 그냥 지식만 탐닉했었던 대학생이라는 신분을 떠나서, 하루 8시간을 앉아서 일을 해야 하는 직장인의 생활에 적응하는 것은 힘든 일이었어요.

대학에서 공부한 전공과 관련된 일에 큰 의미를 느낄 수 없었던 마넬은 얼마 후 의과대학을 지원했다. 자신의 학위와 관련된 분야에서 만족스러운 직장을 찾는 희망을 완전히 포기해 버린 것이다.

뉴욕에 거주하는 빅토리아(뉴욕거주 25세)는, 대부분의 학생들이 자신의 전공이 진정으로 도움이 되는지를 파악하려고 노력하지 않고 단지 대학 졸업장만 따려고 함으로써 20대 과도기를 그들 스스로가 더 힘들게 만들고 있다고 생각했다. 그래서 자신에게 맞는 전공을 찾느라 빅토리아는 7년이라는 기나긴 대학생활을 경험하게 된다.

295

다음은 빅토리아의 말이다.

∞ 다른 애들과 마찬가지로 나도 4년 동안 다니면서 대학 학위만 따면 된다는 생각으로 무턱대고 대학에 들어왔어요. 무슨 전공을 하고 싶었냐구요? 아무 생각도 없었어요. 그래서 나는 '개론학의 여왕'이 되어 내가 다녔던 퍼듀대학에서 개설된 개론이란 개론은 죄다 신청해서 들었어요. 물론 내가 수강과목 선택하는 것을 보시고는 저희 부모님께서는 수업 듣는 게 무슨 뷔페식당에서 음식 골라먹는 건 줄 아느냐며 나무라셨죠.

빅토리아는 계속 말을 이었다.

∞ 나는 만나는 사람들마다 전공을 어떻게 선택하게 되었냐고 물어보았어요. 그들의 대답에 나는 놀라지 않을 수 없었어요. 어떤 사람은 단지 누구의 권유로 택하게 되었다고 하고, 또 어떤 사람은 부모님의 희망을 따른 것이라고도 했어요. 어쨌거나 명백한 사실은 진정으로 관심이 있어서 전공을 택한 사람은 거의 없다는 사실이었어요. 나는 이렇게 되지 않아야겠다고 생각했어요. 그리고 대학을 졸업하기 위해 아무 전공이나 선택하지는 않을 거라고 결심했어요. 기왕에 대학을 계속 다닐 생각이면 내가 어떤 분야에 열정을 가지고 있는지 알아내야 한다고 생각했죠. 그래서 오랜 시간을 고심한 다음 대학 2학년 때 의학을 전공으로 택하게 되었어요.

빅토리아가 자신의 계획을 아버지께 말씀드렸을 때, 빅토리아의 부친은 의사가 되기 위해서 어떤 능력과 노력이 필요한지 전혀 생각도

해보지 않고 내린 결정이라고 나무라면서, "네 한계를 알아라."라는 뼈 아픈 말씀을 빅토리아에게 던졌다.

∞ 19살짜리가 자기의 한계를 어떻게 제대로 파악할 수 있겠어요? 아버지와 그런 대화를 나누는 동안 엄청난 좌절감을 느꼈어요. 온갖 종류의 질문들이 쏟아져 나오는 거예요. 도대체 내가 인생에서 하고 싶은 것은 무엇인가? 다른 사람들은 어떻게 자신이 하고 싶은 일을 확신할 수 있었을까? 왜 나는 다른 사람들보다 두어 단계 뒤쳐져 있다고 느끼는 것일까? 등등요.

이렇게 감정의 대혼란을 겪는 동안 빅토리아의 성적은 자연히 수직 으로 추락했고 마침내 의대를 포기하고 간호대학으로 갈 결심을 하기 에 이른다. 간호대학에서 3년 과정을 마친 후, 그녀는 다른 대학에 있 는 간호학 과정으로 편입하기로 결정한다. 비록 대 도시의 새로운 학 교로 편입한다는 것이 모든 것을 새롭게 시작해야 한다는 것을 의미했 지만 그것이 장래를 위해 도움이 되는 결정이라고 생각했던 것이다. 따라서 그녀에게 대학은 7년 과정이 된 셈이다.

∞ 이 결정에 낙관적인 생각을 가지고 있었지만, 한편으로는 여전히 회의가 들기도 했어요. 그렇게 해서 결국 잘 되리라는 보장을 어떻게 알 수 있겠어요? 제 직관을 따랐지만 여전히 내 자신을 믿을 수 없었 어요.

새 도시로 옮기자마자 빅토리아는 지역 병원에 있는 혈액 실험실에 서 일자리를 얻게 된다. 그 일을 통해 장차 학업을 마쳤을 때 간호사 직업을 얻는 데 도움이 되어 줄 인맥들을 형성할 수 있을 거라고 생각했다. 그러나 최악의 사태가 발생했는데, 바로 간호사 자격시험에 낙방한 것이었다.

∞∞ 그건 엄청난 충격이었어요. 간호사가 되려고 인생을 다시 설계했었는데. 학교 성적도 꽤 괜찮았거든요. 그리고 이 일이 내가 하고 싶은 일이라는 확신도 있었고요. 그런데 왜 합격을 못했는지 납득이 되질 않더라구요. 아버지가 하신 '네 한계를 알아라.' 라는 말씀만 내 머릿속에서 메아리칠 뿐이었어요. 의학을 공부하기에는 내 머리가 모자랐던 것일까요? 맙소사! 하고 싶었던 것을 이루지 못한 나는 한 마디로 실패자였어요. 뛸 준비가, 인생을 멋지게 시작할 준비가 되어 있었는데... 세상이 너무나 두려웠고, 엄청난 좌절감에 빠져들어 갔어요. 그 어떤 격려의 말도 효과가 없었어요.

몇 주간 슬럼프 상태를 보내고 난 후, 빅토리아는 상황에 거역할 게 아니라 순응하기로 결정했다. 그녀는 다시 자격시험 과정에 등록했고, 평점 4.0의 성적으로 졸업하면서 마침내 자격시험에도 합격했다. 따라서 그녀는 이제 경제전선으로 진군할 만반의 태세를 갖추었다고 생각했다. 그러나 현실은 분홍빛이 아니었다. 빅토리아의 이야기를 들어보자.

∞∞ 나는 언제나 상황이 점점 더 좋아 질 것으로만 생각했었는데, 그 생각이 틀렸던 거예요. 간호사로서 취직한 첫번째 직장은 내가 바랬던 상황과는 엄청나게 차이가 있었어요. 그건 내가 바라던 간호사의 업무가 아니었어요. 병원 행정과 경영 체제는 간호업무에 도움이 되기는커

녕 손발이 전혀 맞질 않았고, 간호사들은 능력 이상으로 환자를 맡았기 때문에 언제 불행한 사고나 터질지 장담할 수 없는 조건이었어요. 과중한 업무와 엄청난 스트레스로 비참할 지경이었죠. 그래서 나는 변화가 성장의 한 방법이며 긍정적인 결과를 가져다준다는 사실을 이전 경험으로 터득해왔기 때문에, 또 다른 변화를 시도하기로 결정했어요. 다른 병원에서 새 일자리를 얻었던 거예요. 예상이 맞았고, 나는 마침내 만족감을 느끼고 있어요.

25세가 되어서야 나에 대한 회의와 불확실성이 약간 줄어들게 되었어요. 그래도 이 상태까지 오는데 7년이란 세월이 걸렸어요. 하지만 내가 여기에 오기까지 엄청난 노력과 인내가 필요했다는 것을 떠올리면 자기만족감을 더 크게 느끼게 돼요. 학위 하나 받는데 7년이나 걸렸다는 사실이 문제가 됐느냐고요? 아뇨, 전혀요. 나는 고등학교를 막 졸업한 새내기들이 만약 무슨 전공을 택해야 할지 확신이 서지 않는다면 무턱대고 4년제 대학을 들어갈 생각을 하지 말고 잠시 기다려야 한다고 생각해요. 그 기간 동안 여행을 하거나 전문대를 다닐 수도 있지 않겠어요? 내가 만약 다시 그 시절로 돌아가게 된다면, 나는 그 둘을 다 해보겠어요.

빅토리아의 경우 자신의 학위를 활용할 수 있는 방법을 정확하게 알아내는 데 매우 오랜 시간이 걸렸다. 하지단 분명한 것은 모든 20대들이 대학에 다니는 동안 앞으로 10년 후의 인생을 구상할 만한 선견지명이나 인내력을 가지고 있는 것은 아니라는 것이다. 게다가 일레인이 말했다시피, 대학의 전공이 직업 세계에 그대로 연계되지 않는 경우가 비일비재하지 않는가. 그러나 최근 졸업생들 중에는, 비록 처음에는 단지 대학 졸업장만 따는 것이 유일한 목표였다 할지라도, 어떤 계기를 통해 대학에서 자신이 전공한 것이 유용한 것이었음을 깨닫게 되는 사람들도 있다. 알라바마 출신의 산드라(25세)는 교육 수준이 다소 떨어지는 인문대학에서 경영학을 전공했다. 대학 졸업 후 그녀는 완전히 다른 분야의 직장에 취직했고, 상당한 기간동안 컴퓨터 분야에서 일하게 되었다. 그러나 3년이 지난 후, 그녀는 자신이 가지고 있던 경영 지식을 활용할 수 있는 분야로 전향하기로 결정하게 된다.

∞∞ 내가 새롭게 택한 실내디자인 분야에서 마침내 나만의 사업을 시작하게 될 것 같아요. 대학교 때 배운 경영 지식을 이 분야에 활용할 수 있게 되리라 기대하고 있어요. 지금까지 사업에 대한 아이디어를 얻고자 두 명의 인테리어 디자이너들과 만나서 이야기를 해 봤는데, 두 사람 다 내가 경영학 학위를 가지고 있는 것에 무척 좋은 반응을 보이면서 그 학위가 귀중한 자산이 될 거라고 말하더군요.

위스콘신-메디슨대학을 1997년도에 졸업한 릭은, 대학 전공이 무엇이든 간에 20대들이 '22살의 함정'에 걸려들지 않을 유일한 방법은 자신이 아는 인맥을 총동원하여 네트워크를 만드는 것뿐이라고 말한다.

∞∞ 쉽지 않은 일이지만, 우리가 무언가를 배울 수 있는 좋은 직장을 찾는 것이 전혀 불가능한 일은 아니에요. 나는 회사 고용주들이 찾고 있는 실무경험을 얻을 수 있는 인턴 기간을 거치지 않았어요. 그것 때문에 좌절감을 느껴야 했어요. 경제학 석사학위를 가지고 있는데 고작 전화나 받고 있었으니까요. 하지만 아무리 한심한 직업이라 해도, 그것이 인맥을 형성할 수 있는 기회가 될 수 있다고 생각해요. 그리고 이력서를 모든 사람들에게, 그 사람의 친척한테까지 돌리는 거예요. 그

리곤 지속적으로 어떻게 되어 가는지 체크해야 해요. 그렇게 하면 어쨌든 당신의 이력서를 눈여겨보는 사람을 한 사람이라도 만나게 돼요. 사람들을 많이 만날수록 '경험'을 얻을 기회가 더 많아진다는 것은 기본 공식이죠. 가장 피해야 할 일은 어딘가에 들어가서 안주하고 더 좋은 기회를 찾는 것을 그만 두는 거예요. 그렇게 되면 한동안 전화나 받는 신세가 될 거예요(네, 나처럼요).

* * *

제짝을 찾아 헤매는 외로운 독신자들

사회생활에서 대학의 풍경과 크게 차이가 나는 곳이 직장 한 곳만은 아니다. 사실 직장이 졸업생들의 과거 16년 동안 이룩해 온 것 중 그 어느 것도 계승하지 않는다고 현실은 20대들에게 있어 실로 크나큰 충격이 아닐 수 없다. 이에 반해, 그들이 크게 주목하고 있지 않는 부분은 인간관계 즉 교제생활에서의 변화인데, 사실은 이것이야말로 그들의 인생에 엄청난 파장을 미치게 되는 거대한 변화인 것이다. 프랭클린 앤 마샬대학(펜실바니아 랭카스터 소재)의 1998년도 졸업생 마이클은 대학 졸업 후 법과 대학원으로 진학한 그 해에 아주 힘든 과도기를 겪었는데, 그 이유는 부분적으로 사람들과 만날 기회를 만드는 데 필요한 돈을 벌지 못했기 때문이었다.

∞ 대학 시절에는 남학생 클럽이 여학생 클럽과 교류가 많기 때문에 이성과 만나기가 훨씬 쉬웠어요. 그리고 법과 대학원에서도 파티를 비

롯한 많은 기회들이 있었죠. 그런데 사회에 나오면 사람들을 만나기가
훨씬 더 어려워져요.

격리된 누에고치 같은 대학을 떠나서도 한결같은 사교생활을 유지한
다는 것이 힘들다는 것은 그다지 충격적인 사실은 아니다. 대학사회
는, 그들이 귀에 못이 박히도록 들었다시피('대학 4년이 인생의 최고의 시
기이다'라는 연설도 있지 않는가), 같은 나이 대에 있는 많은 사람들과 함
께 지낼 수 있는 유일한 곳이니까 말이다. 이 사실은 졸업생들도 이미
알고 있을 것이다.

그러나 그들이 파악하기가 다소 힘든 것은 졸업 후에 사람들을 어떻
게 만날 것이며, 그 사람들과의 만남을 위해 얼마나 많은 시간과 정력
을 소비해야 할 것이며, 그리고 이미 알고 지내던 사람들과는 경제적,
지리적 그리고 시간적인 제약 속에서 관계를 어떻게 지속하느냐 하는
문제들이다. 펜실베니아 주립대학(유니버시티 파크 소재)의 1994년도 졸
업생인 빌은 현재 살고 있는 도시로 이사 온 지 여러 해가 지났는데도
여전히 친구를 사귀는데 어려움을 겪고 있다면서 이렇게 말한다.

∞ 새 친구들을 사귀기가 여전히 힘들어요. 남자들은 대게 어울리는
패거리들이 있기 때문에, 귀찮게 붙어다니는 존재가 아니라 그 패거리
의 진정한 멤버가 되기란 힘든 법이죠.

20대들이 안고 있는 근본적인 문제는, 대학시절에 사람들과 사귀는
데 아주 익숙해져 있기 때문에, 졸업 후에도 습관처럼 직장 내에서 사
람들을 사귀려고 한다는 것이다. 그러나 불행하게도, 대학시절 4년 동
안 질높은 인간관계를 단단히 다져 온 그들은 눈높이가 높아질 데로 높

아져 있기 때문에 직장 동료들과의 인간관계에서 얻게 되는 느슨한 밀도감에는 도저히 만족하지 못하는 것이다. 콜게이트대학(뉴욕 주 해밀턴 소재)을 1999년도에 졸업한 케빈은, 비록 익숙한 곳으로 이사 와서 살고는 있지만 사람들과 새롭게 사귀는 일은 쉽지가 않다고 말한다.

∞∞ 이 직장에 오래 있을 생각은 없었어요. 그래서 친근감이 드는 익숙한 곳으로 이사 와서 살고 있어요. 재미있게 시간을 보내려면 어디가 좋은지 훤히 알고 있거든요. 그런데 직장에서 직업을 구하러 이 도시로 이사 온 수많은 사람을 보게 되면, 그때마다 '내가 도대체 여기서 뭐하고 있는 거지?' 라는 생각이 문득문득 들곤 하죠.

내가 일하는 연구소에서 교제활동을 위한 모임을 주선해주곤 해요. 나는 24살에 대학을 졸업한 독신인데, 사회에서 만난 사람들은 내가 어울려 다니던 사람들과 다른 것 같아요. 직장에서는 인간관계를 가급적 안 가지려고 해요. 그러고 싶은 생각이 전혀 들지 않아요. 이것은 굉장히 실망스러운 부분이죠. 하지만 대학을 졸업하자마자 이 직장에 다니려고 이 곳으로 이사 온 사람들을 주위에서 많이 보게 되는데, 그 사람들 처지보단 내가 훨씬 낫다고 생각해요. 그 사람들은 여기에 아는 사람도 없고 갈 만한 데가 어딘지도 잘 모르니까요. 어쨌든 이 과도기를 수월하게 보내기 위해서 할 수 있는 일은 아무것도 없어요.

직장 동료와 교제할 수 있도록 직장에서 환경을 조성해 준다고 해도, 최근 졸업자들에게는 그 사교모임이 단순한 회식 이상의 의미가 되지는 못한다. 대학을 졸업하고 중서부 지역에 있는 직장에 다니고 있는 르네(25세)는, 비록 회사에서 동년배들과 만날 환경을 조성해 주기는 하지만, 자신은 그 회사 빌딩에 있는 사람들과 친구관계를 만들고 싶지 않다고 말한다. 게다가, 직장 동료들에게는 나이가 비슷하다는 것, 중서부 출신이라는 것, 그리고 그 회사를 다니고 있다는 사실만 제외하면 자신과 공통점을 전혀 발견할 수 없다고 말한다.

∞∞ 대학시절이 그리운 이유는 그때는 언제나 대화를 할 수 있는 지적인 친구가 있었다는 점이에요. 최근에 만난 친구들은 모두 일을 통해서 만났거나 혹은 직장에서 만났거나 혹은 지금 함께 직장에 다니고 있는 사람들인데, 때로는 너무 심하다는 생각이 들어요.

르네는 계속 말을 이었다.

∞∞ 일주일에 50시간을 함께 보내는 직장동료들과 때로 함께 밖에서 만나게 되는 경우도 있는데, 뭐 크게 나쁘진 않아요. 하지만 한두 시간 정도 직장생활에 대해 잡담을 하고 나면 할 말이 없어서 다시 시들해지기가 일쑤예요. 직장 밖에서 누군가를 만난다는 것은 힘든 일이에요. 관심분야가 같은 사람을 만나기가 쉽지 않지요. 그나마 젊은 사람들을 만날 수 있는 직장이란 곳에서 일을 하지 않는다면 어떻게 사람들을 만날 수 있을지 상상할 수도 없어요.
예를 들어, 내가 한 번은 직장 동료 이외에 다른 사람들을 만나볼 요량으로 테니스 클럽에 가입했었는데, 내가 주변머리가 없어서인지 함께 테니스를 치는 것 외에는, 친구관계로 발전시키거나 밖에서 만나게 되거나 그렇게 되질 않더라고요. 심지어 그 사람들 성이 뭔지도 모르는 걸요. 사회에서 만난 사람들은 내가 학교 다닐 때 만났던 사람들처럼 각양각색의 재미있는 사람들과는 다른 것 같아요. 모두 똑같아 보여요. 재미있는 친구들이 많았던 대학 시절이 그리워요. 대학 시절에는 모든 사람들이 기본적으로 같은 목적을 가지고 있고 생활이 전체적으로 드러나 있기 때문에 친구들의 생활에 대해 많이 알게 되잖아요. 그런데 졸업 후에 사람들과 만나는 것은 일종의 거래 같아요. 말하자면, '시간이나 노력을 많이 투자해야 한다는 사실에도 불구하고 사람들과 계속 만날 것인가 아니면 끝내는 것이 좋은 것인가'를 두고 저울질하는 거예요. 왜냐하면 그 사람들에 대해 아는 게 아무것도 없기 때문이지요.

그런 중에 르네는, 21세기를 사는 20대답게 이메일을 통해(이거야말로 완전 공짜 장거리 통신 방법이 아니겠어요?) 대학 친구와 우정을 지속시키고 있다. 하지만 '21세기 최첨단 컴퓨터 통신기술'도 르네가 남자친구를 찾는 데는 도움을 주지는 못하고 있다. 왜냐하면 상대방 남자가 누군지도 모른 채 이메일을 주고받을 순 없기 때문이다(비록, 켄터키 출신의 잭(28세)과 같은 사람들은 사이버섹스의 매력에 대해 끈질기게 옹호론을 펴고 있긴 하지만).

친구를 만나는 것보다 애인을 찾는 것이 더 힘들다는 것은 세상 모든 사람들과 마찬가지로 20대들에게도 해당되는 사실이다. 더욱이 이 문제는 대학이라는 울타리를 막 벗어난 사람들에게는 훨씬 더 심각하게 받아들여질 수 있는데, 그 이유는 대학세계에서 흔히 말하는 '꼬시기'라는 것은 난잡한 성생활을 의미하는 것이 아니며, 또한 첫번째 데이트 때 밤을 지내게 되는 경우라 하더라도, 그것은 성인들의 경우보다는 안전하다고 할 수 있다. 왜냐하면 대학이라는 안전한 울타리 속에서는 친구나 친구의 친구라는 관계가 그 사람에 대한 보증서 구실을 해 주기 때문이다. 이에 대해 아만다는 다음과 같이 이야기한다.

∞∞ 정말 힘들어요. 누군가와 만나는 문제에 있어서는 대학시절과 너무 다르고 그 사람에 대해 파악하기도 힘들어요. 그 사람이 믿을 수 있는 사람인지 어떻게 알 수 있겠어요? 대학교 때는 다른 기숙사에 점찍어둔 사람이 경제학을 전공하는지 혹은 성격은 어떤지 등등을 알 수 있었잖아요. 그런데 지금은 사람을 통해 사람을 만나기가 무척 힘들어요. 전에 클럽에서 알게 된 사람들과 만나고 있는데, 그 사람들이 재미있기 때문에 좋긴 하지만 때로는 걱정이 되기도 하지요.

르네는 어느 정도 규칙이 있었던 대학의 교제 환경이 '무료입장' 처럼 완전히 종잡을 수 없는 사회의 교제환경으로 변화된 것은, 짝을 찾으려고 혈안인 성인들의 태도에서 어느 정도 기인한다고 볼 수 있다고 주장한다.

∞∞ 사람들과 자연스럽게 만날 수 있는 대학과 같은 조직이 없다는 것은 사회생활에서 가장 나쁜 측면이라고 생각해요. 지금까지 나도 대규모 '짝짓기' 파티에 몇 번 참석한 적이 있었는데, 분위기가 이상해서 굉장히 불편했어요. 여자들을 모두 사냥감으로 생각하는 것 같았어요. 사냥감을 쫓는 그 남자들의 질을 반드시 의심해 봐야 한다구요.

그녀는 계속 말을 이었다.

∞∞ 특히나 내가 다니는 직장에서는 남자 만나기가 정말 힘들어요. 왜냐하면 직장 동료들이 대부분 여성들이거든요. 어디를 함께 다니기 위해 남자가 필요한 것은 아니에요. 하지만 비록 내가 혼자서도 충분히 자족하며 재미있게 살 수 있는 성격이긴 해도, 남자친구란 생과일

케이크 위의 설탕 옷처럼 삶의 광채를 더해주는 존재라 할 수 있죠. 그리고 가끔은 삶이 지루하게 느껴질 때가 있어요. 그 때 누군가에게 전화해서 내 하루 생활에 대해 말 할 수 있다면, 그런 남자 친구가 있다면 좋겠어요. 내 얘기가 아무리 단조로익도 바로 나이기 때문에 관심 있게 들어줄 수 있는 그런 남자친구 말이에요.

버팔로에 사는 니콜(25세)은, 대학 졸업 후 연애 상대를 만나는 것이 너무나 힘들다는 사실을 몸소 체험한 후, 자신이 대학에 다닐 동안 사람을 찾는 일에 더 노력하지 않았던 것에 크게 후회하고 있다.

∞∞ 언제 결혼해서 언제 아이를 가져야 하는지 아직 결정은 못한 상태지만 결혼상대를 찾고 있는 건 사실이에요. 하지만 직장에서는 사람을 사귈 수가 없고, 그렇다고 직장 밖에서는 사람 만나기가 더 힘들어요. 대학시절에 더 열심히 노력했더라면... 하는 후회가 생겨요. 대학에서는 사람 사귀기가 더 쉽고, 공통점을 발견하기도 더 쉬웠잖아요. 이런 걸 봐서, 대학 다닐 때 공부하는 것보다 사람 사귀는데 더 시간을 많이 투자해야 한다는 생각이 드는군요.

20대들은 사실 '어떻게 사람을 사귈 것인가' 라는 문제에 대해 실질적이고도 보편적인 해결책을 전혀 가지고 있지 않는 사람들이다. 하지만 많은 20대들이, 상대를 찾으려고 그렇게 애를 쓸 때는 만날 수 없던 사람을 아주 우연한 기회로 만나게 되었다고 말하고 있다. 다음은 다트머스대학(뉴햄프셔 하노버 소재)을 1993년도에 졸업한 조엘의 이야기다.

∞∞ 사회에 나오면 사람들 만나기가 훨씬 더 어려워요. 왜냐하면 축

제나 파티 같이 예정된 기회들이 많지 않기 때문이지요. 게다가 하루 종일 직장에서 일하고 나서 피곤한 몸으로 집에 돌아가면 다시 사람을 만날 에너지를 찾기가 쉽지 않지요. 나는 우연한 기회로 내 약혼자를 만났어요. 전철 안에서요. 우리 둘 다 집으로 향하는 길이었죠. 그런데 알고 보니 우리가 같은 아파트 같은 빌딩에 살고 있었던 거예요. 약혼 자와 그렇게 우연하게 만나기 전에는, 독신자 클럽 같은 데서 찾아보 려고 아주 많이 노력했었어요. 유대인 공동체에 있는 독신자 센터도 많이 들락거렸는데, 거기에는 항상 노총각들만 우글거렸어요. 그들은 모두 독신이긴 해도 내가 찾는 타입은 아니었어요.

1998년도에 미시건대학(앤 아버 소재)을 졸업한 패트릭은 약간 색다 르긴 하지만 사람을 만날 수 있는 쉬운 방법을 발견했다고 말한다. 그 건 바로 다른 나라로 떠나는 것이었다.

∞ 대학시절, 나는 좀 '덜 자란' 놈이었기 때문에 대부분의 여가 시 간을 남학생 클럽에서 비디오 게임을 하면서 보냈어요. 그래서 새 친 구들을 만날 기회가 거의 없었어요. 하지만 지금은 일본의 시골에 살 고 있는 영국인이나 미국인들을 위한 봉사 프로그램에서 일하고 있어 요. 말하자면 일본식 아팔라치아 프로그램(자원봉사자들이 아팔라치아 지역에 살고 있는 중하층 가정을 위해 집을 짓거나 수리를 해주는 프로그램 - 역자 주)이라고 할 수 있죠. 그래서 실질적으로 이 프로그램에서 일하 는 사람은, 아주 제한적인 역할만 하는 22살에서 35살 사이의 외국인 75명을 제외하면 모두 일본 사람들이에요. 매년 사람들이 떠나면 그 자리가 다른 새로운 사람들로 채워지지요. 내가 그 현에 있는 기술전 문가협회의 전직회장이었던 관계로 새로 들어오는 사람들을 비행기에

서 내리자마자 제일 먼저 만나게 된답니다(다음 주에 새로운 단원들을 데려 오기 위해 도쿄로 갈 예정이에요). 더욱이 나는 욱신거리는 엄지손가락처럼 어딜 가나 금방 눈에 띄어요. 우리 마을에 사는 2만 명의 주민들 중에 비아시아계는 나를 포함해서 몇 명 되지 않거든요.

새로 온 사람들 중에는, 이 마을에 대한 정보나 일본에 대해 내가 어떻게 생각하는지 알고 싶어서 저녁을 함께 하자고 제안하는 사람들이 많아요. 그럴 땐 모두 받아들이기보다 오히려 피하는 편이지요. 내년에 다시 미국으로 돌아가야 하는데, 그러면 여러 가지가 더 힘들어질 거라고 생각해요. 돌아갔던 동료들이 모두 그렇다고 하더군요. 어쩌면 여기 일본에 계속 머무르게 될지도 모르겠어요.

*　　*　　*

생활방식의 변화

완전히 다른 생활양식에 적응해야 하는 상황이 어쩌면 최근 졸업자들에게 있어 가장 큰 문제점 일 수도 있다. 생활양식에는 일, 교제생활, 새로운 경제적 상황, 그리고 졸업 후의 여러 가지 측면들이 모두 포함된다. 여러 해 동안 가족들의 보살핌과 다학 행정시스템의 지원에 익숙해 있었던 20대들은 갑자기 모든 것을 혼자서 처리해야 하는 상황에 놓이게 된 것이다. 그것도 20대가 성년기 중 가장 쉬운 시기라는 고정관념이 지배하는 이 사회 환경에서 말이다. 그러나 졸업 후에는 20대들을 보호해주는 안전한 둥지는 그 어디에도 존재하지 않는다.

브라운대학(로드아일랜드 프라비던스 소재)을 1997년도에 졸업한 애쉴리는 이렇게 말한다.

○○○ 내 경우는 이 과도기가 현실 같지가 않았어요. 나는 대학교 때 봄
방학, 겨울방학, 여름방학을 많이 기다렸죠. 그리고 아직까지 그 방학
을 기다리고 있어요. 다시는 오지 않을 방학을 말이죠. 대학을 졸업하
고 난 후 초기에는 항상 밖으로 나다녔어요. 심지어 졸업 후 1년 동안
은 매일밤 빠짐없이 외출을 했었죠. 지금은 대부분의 시간을 영화나
보면서 집에 있는 것을 더 좋아해요.

물론 '시간이 약'이라는 진리가 여기서도 통용될 수 있다. 시간이
지나면 한 사람의 성인으로서 어떻게 행동해야 하는지를 자연히 알게
될 것이기 때문이다. 그러나 그런 만고불변의 진리라 할지라도 이들의
과도기를 수월하게 만들어 주지는 못한다. 세인트 로렌스대학(뉴욕 주
캔튼 소재)을 1997년도에 졸업한 클라우디아는 이렇게 말한다.

○○○ 20대들은 아직 준비가 되지 않았기 때문에 대학에서 사회로 넘
어가는 이 시기를 아주 어렵게 보내고 있어요. 사회에는 대학 교육이
나에게 가르쳐준 만큼이나 내가 전혀 교육받지 못한 경험들이 존재하
고 있어요. 사람들은 대학에서 제공하는 행정지원에 길들여져 있다가
졸업하고 나면 혼자서 모든 것을 처리해야 하는 상황에 놓이게 돼요.
대학은 인생에 대한 교훈은 가르쳐 주지 않아요. 사회생활이 가르쳐
주죠.

위스콘신대학의 1997년도 졸업생 릭은 20대들이 사회생활에 전혀
대비하지 못한 것을 학생들이 진정으로 필요로 하는 주제를 교육하지

않는 최고학부 학원들의 탓으로 돌렸다. 그는 20대들이 어려움을 겪고 있는 것은, 대학에서 학생들이 성인으로 독립할 수 있도록 자극하는 게 아니라 과보호함으로써 그들을 다시 유아기로 퇴행시키는 상황을 조장하기 때문이라고 한다. 릭의 말을 들어보자.

ᴏᴏᴏ 대학은 독립적인 삶으로 가는 관문이 되어야 하는데, 지금 미국 의 학원 풍조는 더 높은 학비를 받아 내려고 더 안락한 학교를 만듦으 로써 이러한 기본적인 직능을 역행하는 쪽으로 흐르고 있어요. 룸서비 스를 옵션으로 제공하는 대학도 있다는 기사를 읽은 적이 있다니까요. 화장실 청소, 장보기, 음식 만들기, 세탁 등등 사회에서 독립적으로 생 활하기 위해 해야 할 이 모든 일들은 대학에 있을 때 몸에 익숙하게 만 들어야 하잖아요. 게다가 교수님들은 사실상 학생들에게 과제물을 제 시간에 받기 위해 거의 간청하다시피하고, 제출 기한을 연장해 주는가 하면, '깜짝 시험'이 있다고 사전에 알려주기까지 한다고요.

나는 1년 반 동안 독일과 스페인에서 공부한 적이 있는데, 거기서는 모든 것을 스스로 처리해야 했기 때문에 지금 생각해보면 그것이 훨씬 더 도움이 되는 경험이었어요. 혼자서 살 곳을 구해야 하고 자신의 의 지로 수업에 들어가야 하죠(교수님들은 수업에 나타나든 안 나타나든 상관 하지 않아요. 어쨌든 그건 학생 인생이니까요. 안 그래요?). 그리고 외부사 람들이 섞이는 것을 막기 위해 감시와 보호 속에 열리는 캠퍼스 파티 대신에 그 지역 술집에서 어울리는 일이 더 많아요. 그런데 우리는 현 실세계로부터 우리를 보호하는 대가로 그 많은 돈을 대학에다 지불하 고 있어요. 이것은 대학의 목표라고 주장하는 '학생들을 현실세계 속 으로 천천히 적응시키는'데에는 사실상 전혀 도움이 안된다고요.

많은 20대들이 새로운 생활양식에 적응하면서 겪는 좌절감의 원인은 대학이나 대학원 졸업 후 조직체계가 변화하는 데에 있다. 대학에서는 학위를 받고 졸업한다는 궁극적 목표를 달성하기 위해 따라야 하는 짜여진 일정표가 있긴 했지만 사실 일상적인 스케줄은 엄격하게 진행되지 않았다. 현실세계에서는 대학에서의 그런 양면적인 생활방식이 완전히 뒤바뀌게 되는데, 말하자면, 그 어디에도 우선적으로 따라야 하는 명령이나 규칙, 혹은 최근 졸업자들이 자신들의 사소한 잘못을 덮어 가릴 수 있는 '우산'이 존재하지 않으면서, 이와 동시에 이들은 다른 사람의 일정에 따라 일해야 만하는 처지에 놓이게 된다는 것이다. 이에 대해 1999년 콜게이트대학 졸업생인 케빈은 다음과 같이 말한다.

∞ 저와 비슷한 처지에 놓인 대부분의 사람들이 저와 똑같은 방식으로 생각하고 있어요. 말하자면, 대학에서 사회로 이동하는 것이 엄청나게 힘든 이유는 기본적으로 우리가 하루종일하고 싶은 것을 마음대로 할 수 있었던 환경을 떠나야 하기 때문이에요. 대학에서는 수업도 들어야 하고 여러 가지 지켜야 할 규칙이나 책임도 있지만, 언제나 융통성을 발휘할 여지가 있었거든요. 좀 피곤하다고 느끼면 수업에 빠지고 나중에 보충할 수도 있었죠. 배고프면 언제든지 먹을 수 있고, 자고 싶을 땐 언제든 잘 수 있고, 그 날 하루 일과는 내가 무엇을 하고 싶은가에 달려 있었죠. 그런 세계에 있다가 매일 아침 일어나서 정해진 시간에 직장에 출근해야 하는 현실세계로 옮겨 오게 된 거예요. 저요? 전 하루 8시간을 꼬박 엉덩이 붙이고 앉아 있어야 해요. 때로는 아무 하는 일이 없어도 어쨌든 거기 있어야 해요. 세상에 그 아무도 8시간을 연달아 일할 수는 없어요. 그래서 책상에 앉아서 스스로에게 이런

질문을 던지죠. '내가 왜 여기 앉아서 인생을 낭비하고 있지?' 라고요. 그때는 뭔가 다른 일을 하고 싶어요.

대학시절에는 다른 일을 할 수 있는 융통성이 있었잖아요. 집중이 잘 안 되면 체육관에서 운동도 하고 운동장에서 뜀박질도 하고 잠시동안 이리저리 돌아다니다가 좋은 생각이 떠오르면 다시 하던 일로 돌아올 수 있었잖아요. 그러나 직장에서는 그냥 자리를 지키고 앉아 있어야 돼요. 친구에게 이메일을 보내거나 전화로 수다를 떨 수도 있겠지만, 사무실 체제가 자유로운 발상에는 전혀 도움이 안 되는 환경이에요. 심리적인 측면에서 보면, 그건 사람을 좌절시키고 욕구불만만 일으키는 전혀 바람직하지 않은 환경이죠. 세상살이에 전혀 도움이 안 되는 교육을 받느라 4년 동안 한 해에 1단 달러나 되는 수업료를 꼬박꼬박 바쳤다니 정말 한심한 일이 아니고 뭐겠어요. 고등학교를 졸업하자마자 대학에 가는 대신 직업세계로 뛰어드는 게 훨씬 현명한 판단이라고 생각해요. 왜냐하면 고등학교 환경과 대학의 환경은 판이하게 다르거든요.

고등학교에서는 대부분이 하루 평균 예닐곱 시간을 앉아서 보내잖아요. 그리고 몇 시간 연달아서 수업을 듣고 나면 점심시간이 찾아오고... 모든 것이 시간표에 따라 움직이지요. 그런데 4, 5년 동안의 대학생활은, 그때까지 훈련받았던 모든 습성들을 완전히 버리도록 재교육하면서, 아주 유연한 사고방식을 권장하고 있어요. 대학시절에 무엇인가를 계획한다는 것은 어려운 일이에요. 그렇게 몇 년을 보내다가, 이번에는 아주 통제된 작업환경 속으로 다시 돌아가게 되는 겁니다. 대학에 바쳤던 그 많은 돈이 제 값을 못하고 있다는 생각뿐이에요.

케빈에게 있어 대학환경에서 직업환경으로 이동하는 것이 특히나 힘들었던 이유는 그가 단순히 앞으로 어떤 일이 닥칠지를 깨닫지 못했기 때문이었다.

∞∞ 대학은 우리가 세상 바깥에 어떤 직업이 있는지 탐색하는 데에 큰 도움을 주지 못해요. 만약 운이 좋아서 인턴사원 자리를 얻었다고 해도, 거기서 보내는 대부분의 시간이 실제 업무와 관련 있는 일을 하는 게 아니지요. 나는 IBM에서 3개월 동안 인턴으로 있었는데, 거의 한 일이 없어서 인턴직에 대한 안 좋은 인상만 갖게 되었어요. 3개월을 그냥 낭비한 것뿐이라는 생각이 들어요. 비록 돈은 받았지만요.

그는 직장에서 현재 하고 있는 일에 대해서도 만족감을 느끼지 못하고 있다. 대학교에서처럼 명확한 시작, 명확한 결말, 명확한 점수 등이 전혀 보장되지 않는 불명확한 프로젝트를 진행중에 있기 때문이다. 여기에다가 그는 천성적으로 가만히 앉아서 긴 시간에 걸쳐 무언가를 해내는 그런 타입이 아니기 때문에 사무실 환경이 그를 더욱 힘들게 하고 있는 것이다.

∞∞ 너무 힘들어요. 죄책감 때문이에요. 직장에 8시간 동안 앉아서 하루종일 생산적인 일을 할 수 없다는 사실에 어마어마한 죄책감이 들어요. 집으로 퇴근하면 아무것도 한 일이 없다는 생각에 끔찍한 느낌이 들지요. 더 나쁜 것은 이런 느낌을 짊어지고 산 지가 1년 정도 되어가는데 시간이 지남에 따라 죄책감의 강도가 점점 약해지는 거예요. 내가 마치 느려터진 굼벵이처럼 되어가는 느낌이에요. 직장 생활에 전혀 만족하지 못하기 때문에 올 가을에 대학원에라도 진학해야 되지 않나 생각중에 있어요.

314

케빈은 이러한 생활양식의 변화가 가져온 커다란 타격을 막을 만한 해결책을 빨리 찾지 못하고 있다. 그러나 그는 직업 세계가 지속적으로 변화하고 있기 때문에, 고용주들이 대학을 갓 졸업한 사회 초년생들이 사회에 적응할 수 있는 환경을 만들어 주는 것이 얼마나 중요한지 깨닫기를 희망하고 있다.

직장을 얻기가 비교적 힘들었던 수십 년 전의 직장 환경(그때는 20대들이 괜찮은 직장을 얻었다 해도 고용주가 던져주는 일만 받아서 해야 했다)과 달리, 실업률이 점점 떨어지고 있는 최근 이 시점에서는 고용주들이 그들의 신입사원들이 유쾌한 환경에서 근무를 하고 있는지에 대해 관심을 가질 필요가 있다는 것이다. 그는 또 그의 회사에 최근 들어온 신입사원들과 대화를 나누어본 적이 있는데, 그들은 한결같이 8시간을 꼼짝 않고 앉아서 일하는 것이 엄청나게 힘들며 그것이 바로 생산성 저하의 주요 요인이 되고 있다고 말했다는 것이다.

∞ 최근 들어, 매년 직업을 옮겨다니는 직장인들 수가 부쩍 증가했어요. 그 원인이 대부분 그들이 하고 있는 일에 만족하지 못하기 때문이에요. 따라서 만일 회사측에서 이들이 겪는 과도기가 얼마나 힘든지 이해하고 이 시기를 좀더 수월하게 만들어 주려는 실질적인 노력을 통해 고용인들을 돕는다면 경제적인 관점에서 회사측에 훨씬 더 큰 이익을 가져다 줄 겁니다. 그런 회사라면 나부터도 충성심을 발휘해서 열심히 일하게 될 거 같아요. 그렇게 되면 장기적인 관점에서 훨씬 이득이 될 것입니다. 하지만 이 부분에 대해서 생각하는 사람이 아무도 없어요.

졸업한 지 8년 정도 지나면 그 때 상황이 어떠했는지 깡그리 잊어먹게 되나 봐요. 만약 어떤 회사가 나한테 와서, 자기 회사에서는 대학에서 사회로 이동하는 과도기에 처한 사람을 도와주는 사내 프로그램이

315

마련되어 있고, 근무 조건도 직원에 따라 융통성을 발휘할 수 있다고 말한다면 그건 그 회사가 가지고 있는 놀라운 강점이 될 것이고 나는 당장 그 회사로 옮기고 싶은 생각이 들 거예요. 그래서 내가 만약 주당 40시간을 앉아서 일하는 게 아니라 매주 정해진 업무량으로 근로 조건을 채결할 수 있다면 – 일이 많아서 집에 가져가서 일해야 할 경우가 생긴다 할지라도 – 나는 그 쪽을 택하겠어요. 왜냐하면 내게 주어진 일을 다 완수하고 나면 훨씬 더 융통성 있게 시간을 사용할 수 있을 테니까요. 회사가 나같이 대학을 갓 졸업한 새내기들이 자기 발전과 성장을 도와주는 이런 식의 관리 방법을 초기에 시도한다면, 그 회사에 충성을 다하겠다는 생각이 절로 들 것 같아요. 이런 생각을 가진 사람이 아무도 없다는 것은 정말 실망스러운 일이 아닐 수 없어요. 회사측에서는 20대들이 과도기를 좀더 평탄하게 보낼 수 있는 방법을 찾는 노력을 기울여야 한다고 생각해요.

한편, 리치몬드대학(버지니아 소재)의 1995년도 졸업생인 윌과 같은 20대들은 대학시절의 파티 분위기에서 심각한 근로자 분위기로 이동하는 데 적응하느라 고투를 벌이고 있는데, 이것은 사실 듣기보다 훨씬 더 혼란스럽고 복잡한 상황이 아니라 할 수 없다. 왜냐하면 비록 대학시절의 방만한 생활태도를 버리는 것이 당연한 일이라고 그들 스스로도 인식하고 있지만, 문제는, 윌의 경우와 같이, 방만한 생활태도를 바꾸지 않았다는 이유로 해고되지만 않는다면 자신의 생활양식을 변화시켜야 한다는 동기가 20대들에게 크게 일어나지 않는다는 것이다.

윌은 대학 졸업 후 취직한 첫 직장에서 회사의 기술 지원팀으로 근무하면서 오후 1시부터 밤 11시까지 일했다. 그리고 일이 끝나면 밤새도록 친구들과 술을 마셔댔다. 그의 표현대로 말하자면 그것은 돈 받고 대학 다니는 것 같았다. 그 일이 시들해지자, 그는 다른 곳으로 직장을 옮겼다. 그것은 윌에게 더 많은 책임감 부여하고 새로운 기술을, 예컨대 대중 화법과 같은 기술을 기를 수 있는 직업이었다. 그러나 윌은 새로운 근무시간과 새로운 책임감에 대해, 그리고 이제는 게으름뱅이의 태도를 버려야 한다는 사실을 크게 자각하지 못했다. 윌의 이야기를 들어보자.

∞∞ 사교생활 측면에서, 대학시절 동안 배웠던 방식을 첫 직장에 있을 동안 30에서 40 퍼센트 정도 적용할 수 있었어요. 그리고 두번째 직장에서는 약 10 퍼센트 정도였고요. 저한테 어려웠던 것은, '어이, 나가서 밤새 나발이나 불자고!' 라는 생각과 '내일 아침 지각하지 말아야 해' 라는 생각 사이에 균형을 잡는 일이었어요. 마음 속 갈등이 엄청 심했죠. 그것을 조정하는데 시간이 꽤 걸렸어요.

어느 날 밤, 윌은 직장 상사와 술자리를 함께 하게 되었는데, 그 때 그 직장 상사가 파티로 일삼는 윌의 방만한 야간생활이 아침에 툭하면 늦거나, 졸면서 오전 시간을 다 보내는 그의 근무행태에 직접적으로 영향을 미친다는 사실을 눈치 채고야(아이고머나나!) 말았다. 윌은 대학을 떠난 후에도 대학의 생활방식을 여전히 고수한 채 살았기 때문에 자신이 위기를 맞게 되었다고 말하고 있다.

∞∞ 나는 회사에서 요구하는 성숙한 직장인이 될 준비가 전혀 되지 않은 상태였어요. 기본적으로 어른이 될 준비가 전혀 안된 상태였죠. 그래서 나는 해고를 당하고 계속 게으름뱅이로 살아갈 것인지 아니면 생활태도를 고쳐서 해고를 당하지 않을 것인지를 결정해야 했죠. 내가

그렇게 천치는 아니었던지 해고는 당하지 않았어요. 지금은 졸업한 지 5년이 되었지만, 아직도, '어이 술 마시러 가자'라는 말만 나오면 좋아서 어쩔줄을 모르죠. 하지만 이와 동시에 내일 아침에 회사에 나와야 한다는 사실도 인식하고 있어요. 사교생활과 직장생활 사이에 균형을 맞추는 일은 정말 어려운 일이에요. 대학 다닐 때는 말도 못하는 게 으름뱅이였는데, 지금은 신망받는 어른이 되어야 하니까요.

월이 비록 게으름뱅이의 생활태도를 버리려고 스스로 노력해 오고는 있지만, 그것이 회사를 위해 일해야 한다는 생각에서 나온 것은 아니었다. 대부분의 20대들은 직장생활이 그들의 기대에 훨씬 못 미친다는 사실을 깨닫고는 실망하고 있다. 그러나 그들이 직업세계라는 거대한 조직 속에서 자신들의 존재가 얼마나 미미하고, 자신들이 하는 일이 얼마나 무의미한 일인지를 깨닫게 된다면 실망이 아니라 좌절의 구렁텅이로 곧바로 처박히는 느낌이 들 것이다. 월은 이렇게 말한다.

∞∞ 이 직장에서 4년 정도 근무하고 나니까 이 곳이 진저리가 나도록 싫어지더라구요. 처음 일을 시작할 때는 이 회사가 작지만 재미있고, 세련되고, 항상 뭔가 새로운 일이 일어나는 곳이었어요. 그런데 지금은 다른 회사와 똑같이 평범한 기업 환경으로 변해 버렸어요. 나는 회사라는 큰 톱니바퀴의 한 이에 지나지 않아요. 한 사람의 개인이라기보다 직원 X, 혹은 사원 번호 21335가 되어버렸어요. 이 조직 속에서는 나는 더 이상 한 사람의 개인으로서 인식되는 존재가 아니에요.

클라우디아도 역시 졸업 후 몇 년간을 대학시절의 연장으로 여기며 보내려다가 큰 어려움을 겪어야 했다.

∞∞ 나는 모교 근처 대도시에 직장을 구했는데, 그렇게 하면 아주 재미있고 행복하게 살 수 있을 거라 생각했어요. 내가 사는 도시는 젊은 직장인들이 많고, 재미있고 화끈한 밤이 보장되는 유흥가도 많은 곳이었고, 게다가 대학교 친구들은 엎어지면 코 닿을 곳에 살고 있었거든요. 하지만 내 삶이 대학생활의 연장이 될 것이라는 기대는 완전히 무너지고 말았죠. 밤늦게까지 일해야 하는 직장생활에 적응해야 하고, 평소에 즐겼던 오후의 낮잠과는 영원히 이별을 고해야 했어요. 친구들과 만날 약속도 그 자리에서 할 수가 없었어요. 어떤 친구들은 일주일 전에 미리 예약해야 할 정도였으니까요.

새로운 생활환경에 크게 낙담한 클라우디아는, 자신이 학창시절과 이별하는 유일한 방법은 모교가 있는 지역으로부터 가능하면 멀리, 아주 멀리 떠나서 새로운 삶을 시작하는 것이라고 판단하게 되었다.

* * *

지속적인 교육

일부 20대들은, 마술같은 해결책은 아니지만 대학 생활태도를 연장시키거나 그 후의 과도기를 순조롭게 보내는 이상적인 방법을 찾아냈다고 우리에게 알려 주었다. 그들의 주장에 따르면, 대학원이 대학에서 현실세계로 이동하는 과정을 순조롭게 만들어 주지는 않지만, 대학원은 이 두 세계의 요소들을 골고루 갖추고 있다는 것이다. 최근 대졸자 중에는 대학원을 시간 버는 방법의 하나로 이용하는 사람들이 있다. 그 이유는 그들이 아직 대학시절에 대한 향수를 버리지 못하고 있기 때문이거나, 자신들이 성인이 될 준비가 아직 되어 있지 않다고 느끼거나, 혹은 단순히 앞으로의 인생에서 자신들이 무엇을 하고 싶은지를 모르기 때문이다. 하지만 이런 모든 상황의 이면에는 대학원 학비 조달의 문제가 도사리고 있다. 단지 대학원을 다니려는 목적으로 자신의 돈을(혹은 부모님의 돈을) 쓴다는 것은 성인으로 가는 과도기를 가시방석처럼 느끼게 만들 것이다. 게다가 하고 싶은 것이 무엇인지에 대해 아무런 확신도 없는 상태에서 대학원에 진학하게 된다면, 확신이 없는 분야에서 무턱대고 몇 년간 시간만 보낸다고 해서 근본적인 문제가 해결되지는 않을 것이다.

유타대학(솔트 레이크 시티 소재)을 1997년에 졸업한 저스틴은 대학에서 전공한 분야를 좀더 공부하기 위해 대학원을 진학했다. 하지만 일단 진학하자 대학원이 대학에서 사회로 넘어가는 중간단계 이상의 의미라는 사실을 깨닫게 되었다. 왜냐하면, 다시 학생들로 붐비는 대학 캠퍼스에서 생활하게 되었지만 신입생과 같은 느낌은 전혀 가질 수 없었기 때문이었다. 저스틴은 이렇게 말한다.

∞ 대학시절에는 내가 알고 있는 사람들을 항상 볼 수 있었는데, 여기 대학원에서는 아는 사람 만나는 게 하나의 큰 사건이에요. 그리고 대학원에서는 사무실에서 교수님들과 함께 일이나 연구를 하게 되니까 대학시절과는 전혀 다른 느낌이에요. 그때는 교수님들이 단지 학점 주시는 분이라고만 생각했지 그분들과 학문적으로나 일적으로 관계를 형성하지 않았잖아요. 그런데 대학원에서 그런 관계를 맺게 되니까 학교에 다닌다는 게 색다르게 느껴지고, 대학 때처럼 그냥 재미나 보면서 이럭저럭 보내려는 게 아니라 성인으로서 책임감 있게 학교생활을

해나가는 나 자신을 발견하게 되었어요.

저스틴은 대학원 생활을 대학 시절처럼 보내려는 시도로 대학원 학생회의 친목회장이 되었다. 그리고 쌍쌍파티 같은 것을 열어보기도 했지만 그것을 널리 홍보하는데 무척 힘들었다고 한다. 왜냐하면 대학원생들은 일반적으로 각자가 속한 학부에만 신경을 쓰지 다른 일에는 관심을 가지지 않기 때문이었다. 그녀는 이렇게 말한다.

∞∞ 어떤 면에서 대학원은 대학과 완전히 다른 조직이라 할 수 있어요. 먼저 사교생활 면에서 큰 차이가 있는데, 대학에서는 사교생활을 즐기는데 시간을 더 많이 할애하는 반면 대학원에서는 대부분의 시간을 학문에 몰두하기 때문이에요. 그리고 학내 활동을 보는 시각이 학부생들의 사고방식과 전혀 달라요. 우리는 대학생활을 이미 다 경험해 봤기 때문에 그 생활에 어느 정도 질려 있다고도 할 수 있죠. 거기다가 대학시절 대부분의 학생들처럼 그냥 학교에만 나오면 된다는 식이 아니라, 마치 직장에 다니는 것처럼, 처리해야 할 임무와 과제들을 대학 시절보다 훨씬 더 많이 가지고 있기 때문에 그 시절처럼 생활하기가 사실상 어려워요.

그리고 수업규모도 훨씬 작아서 수업에 더욱 몰입하게 되고 더 많이 참여해야 해요. 강의시간 내내 그냥 앉아 있다가 몇 마디 짧은 대답만 하는 게 아니라, 집에서 한 주제에 대한 참고 문헌과 자료들을 읽어 와서 그 주제를 수업시간에 토론해야 해요. 그리고 자료들을 찾아내서 그것을 현실 생활에 적용해 보고, 다른 시나리오 속에서 또 다른 각도로 분석해 보고, 많은 질문을 제기 하면서, 교수님이나 학우들의 관심을 집중시켜야 해요. 그런 의미에서 대학원은 학교보다는 사회에 더 가깝다고 해야 하겠죠. 대학원은 나에게 새로운 관심분야를 갖게 해주었어요. 그리고 대학시절의 잡다한 관심사나 고민거리가 대폭 줄어들었어요.

에모리대학(아틀란타 소재)을 1995년도에 졸업한 마이클은 대학원이 성인으로서 마주해야 하는 여러 가지 도전들을 해결하는 방법을 배울 수 있는, 성인사회의 도입부와 같은 역할을 하리라고 생각했었다. 그리고 그의 예상대로 대학원은 도입부 역할을 톡톡히 해냈다. 그는 대학에서 에모리 법과대학원으로 진학하는 과정이 너무나 힘들었다고 한다. 그리고 그 힘든 경험은 법과 대학원에서 사회로 이동하는 과정을 훨씬 더 쉽게 만들어 주었다.

∞∞ 법과대학원은 버텨내기가 아주 힘든 곳이죠. 대부분의 사람들이 가장 재미있게 보내는 시기인 대학 4학년 2학기에 나는 눈물이 찔끔할 정도로 힘든 법과대학원 1학년에 진학했어요. 나는 그 어느 때보다 학업에 총 매진했어요. 그리고 친구 사귀는 것도 아주 중요한 일이었어요. 법과대학원에 다니는 사람들은 각자 다양한 배경과 다양한 연령대, 다양한 관점과 목표를 가지고 있어요. 개중에는 자기 잇속만 챙기려는 이기적인 사람들도 있기 때문에, 경쟁심이 강하거나 언제나 남보다 우위에 서려고 하는 사람이 아닌, 학우들에게 도움이 되는 사람들과 친구로 사귀게 되기까지 시간이 꽤 걸렸어요. 그래서 결국 멋진 친구들을 몇 명 사귀게 되었지만, 나쁜 친구들 사이에서 좋은 친구들을 가려내려니 시간이 걸렸던 거죠.

대학원은 새로운 도전이 있는 새로운 환경이라는 점, 새로운 사람들을 만날 수 있다는 점, 그리고 새로운 경험에 눈 뜰 수 있다는 점에서 성년기로 가는 과도기를 보내는데 아주 좋은 환경을 제공해 주었어요.

조엘의 경우 대학에서 법과 대학원으로 진학하는 과정이 힘들기는 했지만, 법정 용어로 '참작할 만한 사유'로 인해 대부분의 다른 20대들 보다 훨씬 더 성숙한 관점에서 그 과정에 대처할 수 있었다. 그 참작할 만한 사유란, 그가 뇌종양을 앓고 있었다는 것이다.

∞ 대학 3학년 때 아주 보기 드문 뇌종양이 발견되었는데, 그것이 시력과 청력에 영향을 주게 되었어요. 대학을 졸업하고 난 후 법과 대학원 진학하는 데 신경이 쓰이긴 했지만, 당시 내게 있어서 예전과는 다른 시력과 청각에 적응하는 것이 더 큰 고민거리였어요. 그것은 대부분의 졸업생들이 가질 만한 전형적인 고민거리는 아니잖아요. 그래서 나의 과도기는 대학시절이 끝났다는 데서 야기되는 문제보다는 종양과 싸우는 문제에 더 집중되어 있었어요. 그 과정이 힘들긴 했지만, 한편으론 해방된 기분도 들었는데, 그것은 그 당시 내가 법과 대학원에 갈 수 있을 정도로 건강해졌다는 느낌 때문이었죠.

조엘은 남들과 다른 그의 특이한 상황 때문에, 역설적으로 자신의 과도기에 적응할 수 있게 된 것인지도 모른다. 그리고 대학원을 다니는 그 시기에 그는 가족들 가까이로 이사를 했기 때문에, 다른 학생들 보다 법과 대학원에서 좀 더 쉽게 적응할 수 있는 여건을 가질 수 있었다.

∞ 대학원 생활이 대학생활과 크게 달랐던 점은 저의 부친이 그 학교 교수로 재직하고 계시기 때문에 학교 가까운 곳에 가족이 살고 있었다는 점이었어요. 가족이 가까이 있어서 도움이 되긴 했지만, 그래

323

도 낯선 도시에 적응하고 그 힘든 법과 대학원 공부를 해 내느라 여전히 힘들었어요. 나는 아주 작은 시골마을에서 대도시로 간 촌놈이었거든요. 그래서 쌀쌀맞고 서로 교류가 거의 없는 도회지 사람들을 상대하면서 사는 게 아주 힘들었어요. 전철을 타면 그 엄청난 인파 때문에 압도당하기도 했었죠. 나의 과도기는 점진적으로 진행되었어요. 법과대학원을 다니던 첫 해에는 기숙사에서 살기 시작했어요. 거기서 스스로 음식을 만들어 먹어야 했어요. 그런 다음 아파트로 옮겼어요. 이렇게 하나 하나씩 점진적으로 진행되었기 때문에 심한 정신적 쇼크 같은 것은 없었어요. 혼자서 음식을 만들어 먹는 것은 힘든 일이었어요. 예전에는 학교 기숙사 식단표에 사인만 하면 됐었는데 말이죠. 지금도 내가 직접 저녁을 차리지 않고 먹고 싶을 때 언제든지 먹을 수 있었던 대학 시절로 돌아갈 수 있으면 얼마나 좋을까 하고 생각할 때도 있어요. 저녁식사는 특별식이었어요. 사람들은 그 식사시간을 고대하면서 기다렸고 다른 곳으로 이사했을 때는 굉장히 그리워했었죠. 그리고 혼자 나와서 사는 데 힘든 점이 하나 더 있다면 화장실 청소를 하는 거예요.

조엘은 대학원 시절에 겪은 경험이 사회생활에 대한 대비를 훨씬 더 잘 할 수 있도록 큰 도움을 주었다고 말한다.

∞∞ 이제 '수업'하면 생각만 해도 지긋지긋해요. 생각해 보세요. 대학에다, 대학원, 그리고 병원에서까지... 배우는 것은 그것으로 충분하다고 생각했어요. 그리고 한 동안 일하는 재미에 푹 빠졌었죠. 그러다가 시간표 짜던 그 시절이 그리워지더라고요. 화요일과 목요일에는 9시에서 1시까지, 그리고 주 6일을 꽉 채워서 수업시간표를 짜던 그 시절이 말이에요.

324

＊　＊　＊

그럼에도 불구하고 인정할 만한 것이 있다면?

20대들이 대학이 자신들을 사회에 제대로 적응시킬 수 있게 교육하지 않았다는 사실에 낙심하고 있긴 하지만, 다행스럽게도 대학생활의 경험이 완전히 무의미한 것만은 아니라는 사실은 인정하고 있다. 최근 졸업생들은 대학생활 속에는 그들에게 도움이 될 만한 측면들이 몇 가지 있다고 말한다. 예를 들어, 뉴욕 와이트 플래인에 거주하는 캐시(23세)는 대학은 자신이 어린이가 아닌 성인으로 성장하도록 가르침을 준 곳이라고 말한다.

∞ 나는 대학에서 다른 사람들과 어떻게 만나고 관계를 형성하는가를 배웠어요. 물론 학문도 어느 정도 도움이 되지만, 대학은 우리가 성숙한 사회인이 되는 법을 배우는 곳이어요. 이것은 현실세계의 삶에 필수적인 것이죠.

대학이 가지고 있는 측면 중에서 20대들이 실제 세계의 삶에 직접적으로 적용하기에 가장 적절한 측면에 대해서는 노스웨스턴대학(일리노이주 에반스톤 소재)을 졸업한 로렌(26세)이 가장 명확하게 말해주고 있는지 모른다. 로렌은 대학시절 갈고 닦은 강력한 기술인 꾸물대며 질질 끄는 탁월한 능력은 자신을 직업세계에 쉽게 적응시키는데 절대적인 역할을 했다고 한다.

∞ 한 사람의 경제활동인구로서 3년을 보내고 나니까, 솔직하게 말

해서 대학에서 속도가 빠른 환경에서 살아남을 수 있는데 필요한 아주 실용적인 기술을 배웠다는 사실을 인정하게 되더군요. 대학에서 나는 못 말리는 굼벵이였어요. 사실 남에게 말하기는 좀 부끄러운 일이지만, 나는 언제나 마감직전에야 과제를 제출하는 학생이었어요. 맨 마지막 순간까지 쓰고 정리하는 것이 몸에 익숙하게 되자 나에게 주어진 어떠한 마감시간과도 맞출 수 있게 된 거죠. 물론, 내가 학교에서 공부했던 전공과목이나, 화술이나 연설 기법에 관한 수업들도 도움이 되었죠. 하지만 압박감 속에서 일을 쳐냈던 실제 경험이 현재의 제 위치에서는 가장 유익한 것이더군요.

로렌의 관찰은 적절한 것이라 할 수 있다. 왜냐하면 많은 20대들이 대학으로부터 졸업 후에 펼쳐질 나머지 인생 속으로 가져갈 수 있는 것이 얼마나 적은지를 깨달았을 때, 그들이 하게 되는 행동이 바로 '시간 벌기'이기 때문이다. 분명한 사실은 대학은 이제 더 이상 이 문제를 해결해 주지 않는다는 것이다.

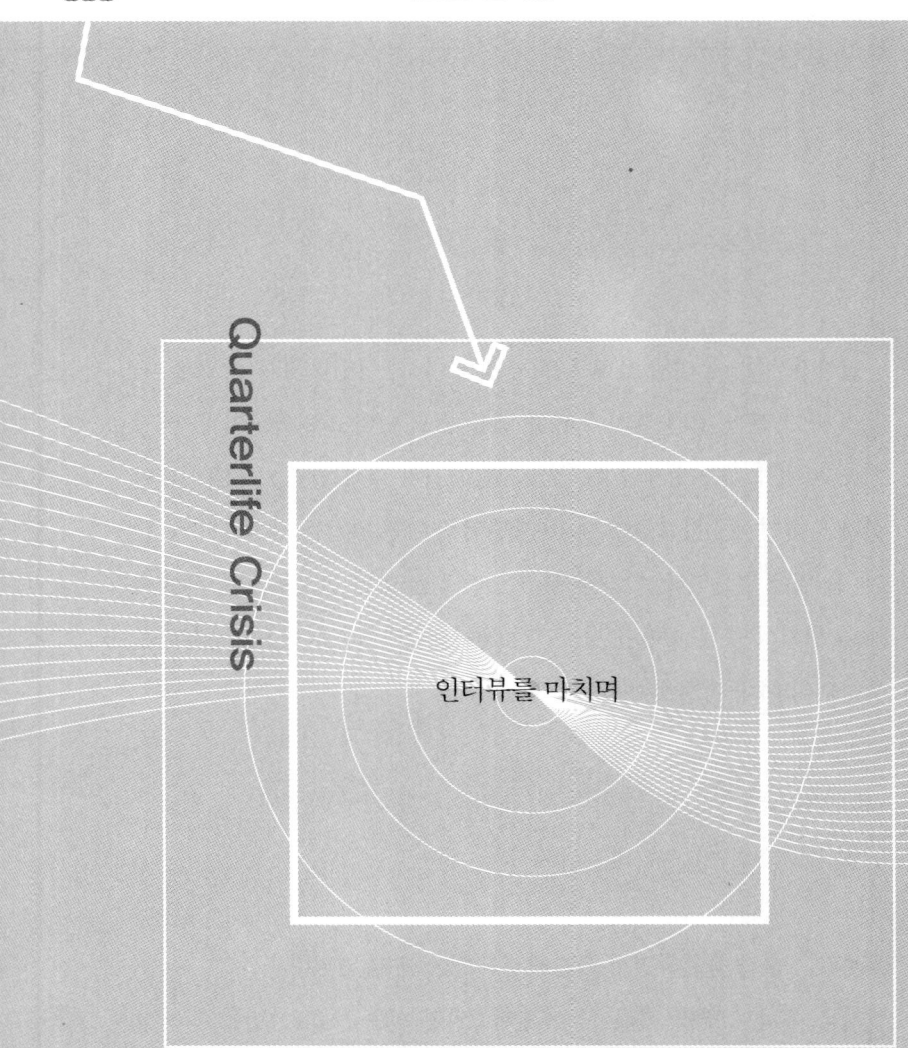

삶에 도전하는 20대를 위한 **특별한 인터뷰**

Quarterlife Crisis

인터뷰를 마치며

필자가 사는 동네에 올해로 90세를 맞이하는 어빙 씨가 살고 있다. 우리가 그 분께 청년 위기에 관한 책을 쓰고 있다고 말씀드리자, 어빙 씨는 20대가 겪는 정체성 위기가 중년 위기와 필적한다는 의견에 동의한다고 하면서, '사람들이 매 10년 단위로 어떤 위기를 경험하는 것 같다'는 말을 덧붙였다. 그래서 우리는 진담 반 농담 반으로 어빙 씨에게 90대 위기의 주제는 어떤 것들인지 물어보았다. 그는 2, 3초 생각하는 듯하더니 이내 이렇게 대답했다.

" 재미있는 소일거리를 찾는 것. 그리고 많은 친구들이 세상을 떠났다는 사실을 받아들이는데 익숙해지기."

우리는 순간 움찔하면서 숙연해지지 않을 수가 없었다.

지금 우리는 몇몇 비평가들에게서 "찡찡 짜는 소리 그만두고 직접 부딪혀 보라"는 여지없는 반응을 받을 게 뻔한 청년 위기에 대한 글을 쓰고 있는데, 1세기의 4분의 3이 넘는 70년 전에 이 위기를 겪었던 사람은 지금에 와서 그 보다 훨씬 더 충격적이고 지속적인 고통에 직면한 채 이를 견뎌내고 있었던 것이다. 20대들은 평생 친구로 삼을 수 있는 사람을 찾기에 골몰하고 있지만, 90대들은 그 친구들을 영영 떠나보내게 될까봐 걱정하고 있다. 그리고 그 후자가 훨씬 더 어려운 일이라는 것은 두말할 필요도 없는 것이다.

이 책에서 우리는 20대라는 나이가 성인들이 경험하는 것 중 가장 어려운 위기라는 것을 주장하려는 것이 아니다. 그 대신, 적어도 청년위기는 중년 위기만큼이나 중요하고 널리 만연해 있을 뿐만 아니라, 이 시기에 감수해야 할 시련의 강도가 무시할 수 없을 만큼 격렬하다는 것, 그리고 그렇기 때문에 청년 위기도 중년 위기가 갖는 만큼의 관심과 인식을 가질만하다는 사실을 제시하고 싶은 것이다. 우리가 인터뷰를 했던 20대 중 한 명이 '청소년과 성인 사이에 긴 변방세대'라고 표현한 이 시기는 진정 힘든 시기임에 분명하다. 그런데 이 시기에 있는 사람들이 힘든 이유가 부분적으로는 이 시기에 있지 않은 다른 사람들이 이들의 삶은 아주 쉽다고 믿는데 있는 것이다.

20대에게는 많은 혜택이 있는 것은 분명하다. 그리고 사람들도 이 사실을 알고 있다. 하지만 사람들이 인정하지 않는 것은 이 시기에 어두운 측면도 동시에 존재한다는 사실이다. 그 누구도 이 어두운 측면에 대해 얘기하지 않기 때문에, 20대들이 그 상황에 직면했을 때 충격을 받게 되고, 오직 자신들만이 이것을 경험하는 것이라고 믿고는 크게 좌절하게 되는 것이다. 이것은 어떤 사실을 함께 공유하지 못하도록 한 방향으로만 물리게 만든 비밀의 사슬과도 같다. 절대 비밀을 보장해달라는 조건을 걸고 자신들이 겪고 있는 우울증을 털어놓고 조언을 구하기 위해 차례차례 라이언을 찾아갔던 그의 여섯 명의 친구들처럼 말이다. 그들은 친한 친구들이 자신에 대해 뭐라고 말할지가 두려웠고, 또한 그 사슬을 구성하는 전 인원이 똑같은 위기를 경험하고 있다는 사실을 몰랐던 것이다.

들어가는 글에서 우리는 다양한 문화권에서 유년기에서 성년기로 가는 과도기를 어떻게 표징하고 있는지, 또 지금까지 인류가 이 시기를 수월하게 넘기기 위해 얼마나 다양한 방식을 사용해왔는지를 살펴보았다. 최근 1세기 동안 우리는 대학생활을 성년기로 가는 하나의 통과의례로 삼기에 충분히 가치 있는 경험이라고 생각했었다. 그것이 과거에는 통했었던가? 그랬을 것이다. 그렇다면 지금도 통하는가? 그건 아니다. 지난 10년 이내에 대학을 졸업한 대다수의 20대들이 우리에게 거듭 강조한 바와 같이, 세월은 변했고, 20대도 변했으며, 따라서 과도기도 변했다. 앞으로 펼쳐질 21세기에는 청년 위기가 더욱 심각한

330

양상으로 전개될 것이다. 이 상황에서 그 심각성의 정도를 좀더 완화
시키기 위해 우리가 할 수 있는 유일한 방법은 바로 청년 위기가 존재
한다는 것을 인정하는 것이다.

    많은 20대들은 최근 대학 졸업자들을 지원하는 단체에 가입하고 싶
다고 했습니다. 20대들을 위한 지원 단체나 관련 기관의 정보를 얻고
싶거나, 공개토론장에서 자신의 의견을 나누고 싶으신 분들은 www.
quarterlifecrisis.com 사이트를 방문하시길 바랍니다.